AF488752

¿CÓMO PENSAMOS LAS DESIGUALDADES, POBREZAS Y EXCLUSIONES SOCIALES EN AMÉRICA LATINA?

¿CÓMO PENSAMOS LAS DESIGUALDADES, POBREZAS Y EXCLUSIONES SOCIALES EN AMÉRICA LATINA?

Luchas, resistencias y actores emergentes

Lorena Custodio Pallarés
Alicia Itatí Palermo
Ana Vigna
(coordinadoras)

¿Cómo pensamos las desigualdades, pobrezas y exclusiones sociales en América Latina?: luchas, resistencias y actores emergentes / Alicia Itatí Palermo … [et al.]; coordinación general de Lorena Custodio Pallarés; Alicia Itatí Palermo; Ana Vigna. – 1a ed. – Ciudad Autónoma de Buenos Aires: Teseo, 2019. 350 p.; 20 x 13 cm.
ISBN 978-987-723-211-0
1. América Latina. 2. Pobreza. 3. Desigualdad. I. Custodio Pallarés, Lorena, coord. III. Palermo, Alicia Itatí, coord. IV. Vigna, Ana, coord.
CDD 362.5

Coordinadora general de la colección: Ana Rivoir

Secretaria general de la colección: Natalia Moreira Cancela

TeseoPress Design (www.teseopress.com)

Presentación de la colección

La colección de la que forma parte este libro se sustenta en el XXXI Congreso de la Asociación Latinoamericana de Sociología (ALAS), realizado en Montevideo del 3 al 8 de diciembre de 2017. En el marco del Plan de Trabajo para el período 2017-2019, se propuso contribuir a la presencia internacional de la sociología latinoamericana, brindando visibilidad académica a partir de ALAS. Además de dar una amplia difusión a trabajos destacados que fueron presentados en el congreso, se suma el esfuerzo complementario que se realiza en la revista de ALAS: *Controversias y Concurrencias Latinoamericanas*.

Los libros de la colección siguen la lógica temática de los Grupos de Trabajo. Evidencian la madurez y riqueza de la producción sociológica latinoamericana, fundamentada en su diversidad de enfoques y su espíritu crítico. Cada texto se ubica en los debates de la actualidad social, política y cultural de la región, y así busca analizarla, explicarla y confrontarla. Se trata de una sociología crítica pertinente que se sostiene en la rigurosidad metodológica con base empírica y teórica. De esta forma, los artículos realizan una contribución destacada al desarrollo científico del conocimiento sin perder el compromiso social.

Con el propósito de garantizar la calidad de los trabajos, se convocó a los coordinadores y a las coordinadoras de los Grupos de Trabajo del congreso para que presenten las propuestas a partir de un proceso de selección de las ponencias. También se ocuparon de dar estructura a los libros trabajando en forma directa con las autoras y los autores, y elaboraron la introducción al libro.

Se conformó, por otro lado, el Comité Editorial Académico (CEA), integrado por el Dr. Fernando Calderón, el Prof. Gerónimo de Sierra, la Dra. Nora Garita y el Dr.

Aberto Riella, y coordinado por quien suscribe en calidad de presidenta de ALAS. El CEA evaluó las publicaciones presentadas, realizó observaciones y sugirió cambios para su aprobación. Además del criterio de calidad y a los efectos de contemplar la mayor diversidad y equidad posibles, se solicitó que cada libro incluyera autores de al menos cinco países del continente y que se cuidara la proporción de artículos de varones y mujeres.

Corresponde, finalmente, agradecer el intenso trabajo tanto del CEA como de las coordinadoras y los coordinadores de los Grupos de Trabajo: sin su dedicación y trabajo académico no podríamos tener este hermoso producto de ALAS. A su vez, queremos destacar el valioso y eficiente trabajo de la Mg. Natalia Moreira, quien ejerció la Secretaría general de la colección.

Por último, agradecemos el apoyo del Consejo Latinoamericano de Ciencias Sociales (CLACSO), que contribuye con la difusión y diseminación de los libros de la colección a partir de sus redes y de la incorporación a su prestigiosa biblioteca virtual.

Esperamos que los objetivos y alcance deseados de la colección se hagan realidad y que su lectura sea de gran utilidad y disfrute para las lectoras y los lectores.

Dra. Ana Rivoir
Presidenta de ALAS
Coordinadora general de la colección

Índice

Introducción

Lorena Custodio Pallarés, Alicia Itatí Palermo y Ana Vigna

Las desigualdades, las pobrezas y los procesos de exclusión social son fenómenos que caracterizan al continente latinoamericano. Si bien pueden encontrarse relacionados, estos tres conceptos suponen miradas y enfoques distintos. Es necesario esclarecerlos y aportar a su reflexión.

En este libro, nos proponemos presentar aportes teóricos y metodológicos productos de investigaciones y reflexiones de cientistas sociales latinoamericanos, que permitan el análisis crítico y profundo sobre los procesos que conducen a que América Latina sea el continente con más desigualdad, con elevados índices de pobreza, y con importantes problemas de integración social. La descripción de diferentes formas de desigualdad y de procesos de exclusión social, la reflexión teórica y metodológica sobre estos conceptos, el análisis sobre las acciones y los fundamentos de los diferentes Estados o actores sociales para resistirse y enfrentarse a estas problemáticas guiará el contenido de la publicación.

En un contexto en el cual se habla del fin del ciclo de los gobiernos progresistas en América Latina, o se cuestiona el alcance de sus logros y los límites de sus propuestas, en un contexto marcado por incertidumbres en el ámbito de la economía y de la política, y también de lo social –aún cuando existen indicadores que ilustran la reducción de la pobreza y la desigualdad monetaria en algunas regiones y países del continente–, resulta importante aportar nuevas miradas para comprender y transformar la realidad que vivimos desde una perspectiva que contribuya a la democratización y a la justicia social.

Los cambios acontecidos desde los inicios del siglo XX muestran tendencias contradictorias. Por un lado, se observa la persistencia de sociedades duales, con contradicciones estructurales, desigualdades socioeconómicas, con la permanencia de brechas sociales, aumento de la fragmentación social y déficit de integración, formas de dominación simbólica y cultural de pueblos y grupos en situación de vulnerabilidad. Por el otro, se destaca la emergencia de nuevos espacios que promueven la participación y la integración social, y la puesta en marcha de políticas públicas de diferente tipo: afirmativas, distributivas y asistenciales. Se amplía el ámbito de lo social, se promueven nuevos derechos, se conceptualizan nuevos enfoques que dan fundamento a las políticas sociales y a las acciones de actores sociales.

En este marco, pretendemos abordar y reflexionar acerca de estas cuestiones a partir de diferentes enfoques teóricos, metodológicos y empíricos, que contribuyan a la democratización y a la justicia social de nuestras sociedades.

Este libro reúne trabajos seleccionados de entre los que fueron presentados en el XXXI Congreso de la Asociación Latinoamericana de Sociología "Las encrucijadas abiertas de América Latina. La sociología en tiempos de cambio", que tuvo lugar en Montevideo, Uruguay, entre el 3 y el 8 de diciembre de 2017. Específicamente, los quince trabajos que aquí se reúnen fueron seleccionados entre los 198 presentados a texto completo en el Grupo de Trabajo Nro. 8 "Desigualdad, pobreza y exclusión social". Los artículos se organizaron en tres partes: "Desigualdades e integración social", "Políticas sociales" y "Luchas, resistencias y actores emergentes".

La primera parte aborda diferentes perspectivas teóricas y metodológicas del fenómeno de la desigualdad, su reproducción y sus diversas manifestaciones expresadas en múltiples ámbitos: la ciudad, la vivienda, el trabajo, la identidad, su relación con la pobreza, etc. Los aportes dan cuenta de las tendencias que han tenido la concentración del ingreso, la expresión de diferentes formas y fuentes de desigualdades (de identidades, estructurales) y los mecanismos de su legitimación y reproducción. Al mismo tiempo, los artículos que integran este apartado buscan promover la reflexión respecto de los procesos y mecanismos de integración social y/o las relaciones sociales de dominación que están en mayor o menor medida naturalizadas e institucionalizadas.

En primer lugar, el artículo de Pérez analiza los vínculos entre trayectoria laboral y reproducción de la desigualdad de jóvenes provenientes de sectores vulnerables en la ciudad de Bahía Blanca, Argentina. Así, la precariedad, informalidad, baja permanencia y bajo vínculo entre trabajo y credenciales educativas se tornan características distintivas de la inserción laboral de este grupo.

Por su parte, el aporte de Ibáñez Martín y London consiste en una discusión conceptual en torno a la exclusión social, presentando una revisión de los indicadores existentes para medir el fenómeno, así como una discusión acerca de las dimensiones relevantes para abordarlo empíricamente en Argentina.

El trabajo de Cortazzo y Herrero analiza la posición social que ocupa la figura del cartonero en la gestión de residuos sólidos urbanos y las políticas que se han desarrollado en Argentina para abordar esta problemática.

A continuación, el trabajo de Álvarez y Grunstein Dickter estudia –a la luz del herramental conceptual propuesto por Bourdieu y Veblen– las expresiones simbólicas de superioridad social de un sector de viejas fortunas venido a menos, de Ciudad de México de mediados del siglo XX.

La segunda parte reúne trabajos que resultan del análisis y la investigación crítica sobre el quehacer del Estado y su relación con la pobreza y los procesos de exclusión social. Se propone un abordaje crítico de los programas sociales que se han impulsado en la región a partir de un discurso o conceptualización que promueve la inclusión, la integración social, la equidad y/o la disminución de la pobreza y las desigualdades. ¿Cuáles son sus fundamentos y resultados, sus alcances, límites y contradicciones?

Dentro de este marco, el trabajo de Maglioni analiza las diferencias que han asumido los Programas de Transferencias Condicionadas en Uruguay y Argentina, cuestionando el modo en que se problematiza la tensión entre seguridad y ayuda social en el contexto de surgimiento y consolidación de la Asignación Universal por Hijo y el Nuevo Régimen de Asignaciones Familiares.

El trabajo de Najman y Fainstein describe la política de relocalizaciones que tuvo lugar en la Ciudad Autónoma de Buenos Aires, analizando el modo en que estos programas impulsados –al menos, a nivel discursivo– por la intención de mejorar las condiciones de vida de determinados sectores sociales abren la puerta a una serie de nuevos conflictos relativos a la inclusión social.

El artículo de Lijterman plantea la distinción entre los conceptos de "trabajo decente" y "trabajadores vulnerables" para abordar las políticas de inclusión social vinculadas al mundo del trabajo en Argentina luego de la crisis de 2001 y 2002.

El trabajo de Feliu analiza los modos en que fue abordada la construcción cotidiana de la subjetividad de la población destinataria de programas sociales en la Argentina de principios del siglo XXI, a través de la interacción entre la burocracia y los destinatarios de las políticas.

El trabajo de Seveso cuestiona la idea de "escenificación inclusiva" relativa a las políticas sociales a partir de las experiencias de beneficiarios del Programa de Seguridad Pública y Protección Civil llevado adelante en San Luis, Argentina, argumentando cómo la presentación de estos programas bajo la idea de "rostro humano" tiende a desdibujar los parámetros ideológicos de las medidas adoptadas.

Velázquez Pineda estudia el programa dirigido a familias en extrema pobreza llamado "Fortalecimiento a familias de áreas rurales dispersas" en Colombia, en particular en lo que refiere al desarrollo de la capacidad de acción de las familias hacia el logro de las metas que ellas consideran relevantes para sus vidas.

Finalmente, Gradin y Verstraete analizan la metodología de trabajo de los Equipos Territoriales de Atención Familiar que llevan adelante el programa Cercanías en Uruguay. El artículo llama a la reflexión respecto de los límites que presenta el acompañamiento familiar, en un contexto en que persisten, a nivel de las políticas sociales, importantes vacíos respecto de la atención a la pobreza extrema.

La tercera parte hace foco en las formas de lucha y resistencia y en el accionar de los diversos actores emergentes y movimientos sociales que se han desarrollado en la región para hacer frente a los procesos de dominación y reproducción de las desigualdades, y a la imposición de los proyectos hegemónicos centrados en el despojo de bienes naturales y la violación a los derechos humanos de poblaciones vulneradas. Así, el aporte de Silva Forte analiza los problemas de la diferencia en la universalización del derecho al trabajo asociativo y a la economía solidaria entre los pobladores de comunidades rurales, indígenas y quilombolas del Brasil.

Por su parte, el trabajo de Silva Ventura do Nacimento aborda el trabajo en condiciones semejantes a la esclavitud –particularmente en el ámbito rural– en el Brasil actual a partir del trabajo de la Comisión Pastoral de Tierra.

Finalmente, el trabajo de Verissimo Veronese y Fachini da Silva presenta los resultados de investigaciones centradas en la idea de "epistemologías del sur" que buscaron darles voz a las opiniones de grupos quilombolas, indígenas, pescadores artesanales y recicladores de residuos urbanos, a través de la sociología de las ausencias y emergencias (Boaventura de Souza Santos).

Esperamos que los trabajos expuestos sobre las diversas problemáticas de la desigualdad, la pobreza y los procesos de exclusión persistentes en Latinoamérica constituyan un aporte crítico para la reflexión sobre las prácticas de los sectores dominantes, los mecanismos productores y reproductores de estos fenómenos, el rol del Estado, y las poblaciones más vulnerables, poniendo énfasis en sus luchas, sus formas de vida y sus formas de resistencia.

I. Pobrezas, desigualdades e integración social

Precariedad y transiciones ocupacionales como reproductoras de la desigualdad

Stella M. Pérez

Resumen

A pesar de los cambios en las conformaciones de las sociedades contemporáneas, el trabajo sigue siendo, sin lugar a dudas, el principal vehículo de inserción y movilidad social. En este sentido, la preocupación de este texto se orienta a la vinculación entre la trayectoria laboral y la reproducción de la desigualdad.

Siguiendo el sentido de estas preocupaciones, la situación de los jóvenes ocupa un lugar fundamental. Distintos estudios indican que estos se ven sometidos a distintas situaciones de desigualdad, algunas vinculadas a sus diferencias con los adultos (Deleo y Fernández Massi, 2016), pero aquí interesan fundamentalmente aquellas que se verifican entre los propios jóvenes de acuerdo con sus credenciales educativas, su inserción inicial, el nivel de precarización e informalidad, la estabilidad y modalidad contractual, entre otras.

Es por eso que el objetivo del presente trabajo apunta a caracterizar algunos elementos específicos (las inserciones en el mercado de trabajo y las transiciones desde la inactividad hasta la ocupación) de las trayectorias laborales de jóvenes marginales, a fin de vincular dichos elementos con el logro en la superación de su condición de pobreza. Dicho objetivo tiene continuidad con la caracterización de trayectorias laborales realizada para los jóvenes en condición de marginalidad económica de la ciudad de Bahía Blanca

(Pérez, 2015), en la que, a partir de entrevistas a jóvenes (de 18 a 25 años) y adultos jóvenes (de 26 a 35 años), se identificaron como elementos trazadores: la inserción precaria e informal, la alta rotación entre los trabajos, la baja calificación de la tarea y el ingreso al trabajo sin vinculación con credenciales educativas o técnicas.

Cuando se habla de trayectoria laboral, se hace referencia al conjunto de prácticas y representaciones que se vinculan al mundo del trabajo, donde el recorte tempo-espacial es crucial para la comprensión del fenómeno. A fin de continuar la caracterización de dichos elementos entre los jóvenes de Bahía Blanca, se propone un análisis de las transiciones ocupacionales a partir de los microdatos de la EPH-INDEC, identificando, a la vez, diferencias por género, permanencia en el sistema educativo, nivel socioeconómico del hogar y precariedad o no del trabajo.

Previamente, se analizan los datos descriptivos de la situación de los jóvenes y adultos jóvenes en barrios periféricos de la misma ciudad, para luego presentar dos análisis diferentes para el total del país y sentar las bases para el estudio de las transiciones ocupacionales que interesan a la investigación en curso.

Palabras clave

Jóvenes; trabajo; desigualdad.

I. Introducción

La situación de "bonanza" experimentada en varios indicadores laborales en el periodo 2003-2014 se verificó tanto entre la población general como entre los jóvenes en particular, aunque cabe señalarse que estos últimos continuaron situándose como los más vulnerables (Deleo y Fernández Massi, 2016). Incluso, a pesar de cierta mejora relativa, se verifican importantes diferencias de acuerdo al sector o características de la inserción observada (Fernández Massi, 2014).

Es entonces importante preguntarse acerca de las condiciones y mecanismos que permiten la persistencia de la desigualdad. En esta línea teórica, se encuentran los estudios que sostienen que los factores socioeconómicos son los que marcan la diferencia con respecto al desempleo y a la desafiliación juvenil, situando a los jóvenes, desde un inicio, en una situación de mayor o menor vulnerabilidad (Salvia, 2013; Salvia y Chávez Molina, 2007). Se reconocen así puntos de partida desiguales que implican una inserción laboral estratificada y, a la vez, estratificante (Díaz Langou *et al.*, 2014, p. 47). Esto significa que el acceso a mejores niveles de bienestar está asociado directamente a las formas de inserción en el mercado laboral, lo que tiende a reproducir las condiciones de pobreza y marginalización, protegiendo institucionalmente a unos jóvenes más que a otros (Waisgrais, 2005, citado en Díaz Langou *et al.*, 2014).

Siguiendo estas cuestiones, el objetivo del presente trabajo es caracterizar elementos específicos (las inserciones en el mercado de trabajo y las transiciones desde la inactividad hasta la ocupación) de las trayectorias laborales de jóvenes marginales, a fin de vincular dichos elementos con el logro en la superación de su condición de pobreza. Dicho objetivo tiene continuidad con la caracterización de trayectorias laborales realizada para los jóvenes en condición de marginalidad económica de la ciudad de Bahía Blanca (Pérez, 2015), en la que, a partir de entrevistas a jóvenes (de 18 a 25 años) y adultos jóvenes (de 26 a 35 años), se identificaron como elementos trazadores: la inserción precaria e informal, la alta rotación entre los trabajos, la baja calificación de la tarea y el ingreso al trabajo sin vinculación con credenciales educativas o técnicas.

Los siguientes datos son algunos ejemplos:

Cuadro 1. Distribución según formalidad del trabajo en PEA de 18 a 30 años

Situación		18 a 25		26 a 30	
Desocupados		25,6		17,2	
Trabajadores formales		15,9		22,3	
Trabajadores informales	Por tamaño establecimiento	8	58,5	9	60,5
	Por registración	8,8		7	
	Ambos criterios	41,7		44,5	
TOTAL		**(1034)**		**(626)**	

Fuente: Sabatini y Pérez (2017).

A fin de continuar la caracterización de dichos elementos entre los jóvenes de Bahía Blanca, se propone un análisis de las transiciones ocupacionales a partir de datos descriptivos de la situación de los jóvenes de 18 a 25 años de un barrio periférico de la misma ciudad, para luego presentar dos análisis diferentes para el total del país y sentar las bases para el estudio de las transiciones ocupacionales que interesan a la investigación en curso.

Como primera parte del análisis de las transiciones, y a partir de microdatos de la EPH-INDEC, se comparan los datos anteriores con los del total de la ciudad para el mismo tramo etario, identificando diferencias por género, permanencia en el sistema educativo, nivel socioeconómico del hogar y precariedad o no del trabajo.

II. Precariedad e informalidad en la inserción del mundo del trabajo como mecanismo de reproducción de la desigualdad entre los jóvenes

Anteriormente, se describió la situación de "bonanza" experimentada en el periodo 2003-2014 y algunas diferencias entre estos. Es entonces importante preguntarse acerca de ellas, así como también acerca de las condiciones y mecanismos que permiten la persistencia de la desigualdad.

Por lo tanto, la preocupación por la desigualdad podría sintetizarse en la pregunta formulada por Tilly: "¿Cómo, por qué y con qué consecuencias las desigualdades duraderas y sistemáticas en las posibilidades de vida distinguen a los miembros de diferentes categorías socialmente definidas de personas?" (Tilly, 2000, p. 20). En este trabajo, nos centraremos en el análisis de la inserción de los jóvenes en el mundo del trabajo, partiendo de la perspectiva de que es en este escenario donde se manifiesta una serie de mecanismos sociales que, a pesar de los intentos del individuo por mejorar su posición económica, resultan en desigualdad de resultados, debido, en gran parte, a relaciones sociales específicas, sostenidas históricamente. O sea que nos enfrentaríamos a una sociedad exclusógena (Alonso, 2002) donde la desigualdad implica el aumento cualitativo del bienestar y poder del grupo integrado y el aumento del tamaño y las dificultades del grupo excluido y vulnerable.

Por otro lado, las mediciones de la desigualdad tradicional, al centrarse en la distribución de ingresos, descuidan el efecto de ciertos fenómenos macroeconómicos sobre las condiciones iniciales de las trayectorias individuales: "Las nuevas desigualdades no se observan más que a costa de un seguimiento de las trayectorias efectivas de los individuos" (Fitoussi y Rosanvallon, 1997, p. 86). Es por esto que la propuesta aquí presentada implica comprender cómo estas cuestiones, traducidas en condiciones para la acción, dificultan la superación de la desigualdad, aun cuando el agente en su trayectoria "opta" por la opción que se presenta como más propicia. Esto implica proponer el análisis de la desigualdad haciendo hincapié en sus microfundamentos, o, dicho de otra manera, en su reproducción a partir de las prácticas realizadas por los propios agentes.

A fin de poder abordar la situación que nos preocupa, en escritos anteriores (Pérez, 2015) se trabajó con el concepto de "trayectoria laboral", entendiéndola como el conjunto de prácticas realizadas por un actor social a lo largo del tiempo con el fin de garantizar su reproducción material, ya sean remuneradas o no, donde el "beneficio" puede servir para sí mismo y/o contribuir al mantenimiento de su grupo familiar de pertenencia. Estas deben interpretarse como conceptos construidos por el investigador a partir del relato de los propios actores con una estructuración temporal que articula periodos "continuos" de tiempo y eventos "disruptivos" con relación al trabajo, pero contextualizados en el marco más general del relato biográfico.

Es en este escenario en el que el joven "transita" al mundo adulto a partir de cinco hitos:

1. la terminalidad educativa,
2. el ingreso al mercado laboral,
3. la salida del hogar familiar de origen,
4. la formación de una pareja y de un hogar propio, y
5. el nacimiento del primer/a hijo/a (Filgueira y Mieres, 2011, citado por Díaz Langou *et al.*, 2014, p. 13).

En el caso de los jóvenes marginales, los mecanismos institucionales que enmarcan esta transición y definen alternativas de acción fallan en cuanto promueven caminos de segmentación más que de integración. La idea de que es una etapa en que se preparan para asumir la vida adulta donde pueden "esperar" es solo posible en otros sectores sociales. En paralelo, el hecho de que en esta etapa de la trayectoria[1] se interrumpa, adelante o invierta el orden temporal de hitos generará efectos que condicionarán la trayectoria futura (Filgueira, Filgueira y Fuentes, 2001, en Díaz Langou *et al.*, 2014).

A las cuestiones antes señaladas, debe agregarse la cuestión de que estamos tratando con jóvenes y adultos jóvenes, caracterizados por una doble vulnerabilidad: la socioeconómica y la etaria. Los jóvenes se enfrentan con menores probabilidades que sus pares adultos de acceder a puestos formales de trabajo, que exigen, por lo general, experiencia laboral (Beccaria, 2005), lo que genera cadenas de mayor inestabilidad ocupacional, con episodios de desempleo y de trabajos precarios. "Se puede estimar que entre el conjunto de jóvenes ocupados en un momento dado, aproximadamente el 55 % dejará el puesto (por renuncia o despido) durante los doce meses siguientes; esa proporción se reduce al 32 % entre los empleados de mayor edad" (Beccaria, 2005, pp. 179-180).

Así, podríamos caracterizar a estas trayectorias como las propias del sector informal (Longo, 2010), caracterizadas por "tanteo de la actividad, desinstrumentalización del trabajo y experimentación penosa del mundo laboral". El siguiente gráfico muestra la caracterización típica de una de estas trayectorias.

---

[1]   Los autores hablan del periodo de 15 a 29 años (Filgueira, Filgueira y Fuentes, 2001, en Díaz Langou *et al.*, 2014, p. 13), y aquí se presentan datos de adultos jóvenes hasta 35 años. Sin embargo, esta extensión en la edad no se considera que invalide la cita.

Gráfico 1. Trayectoria típica de joven en el sector informal

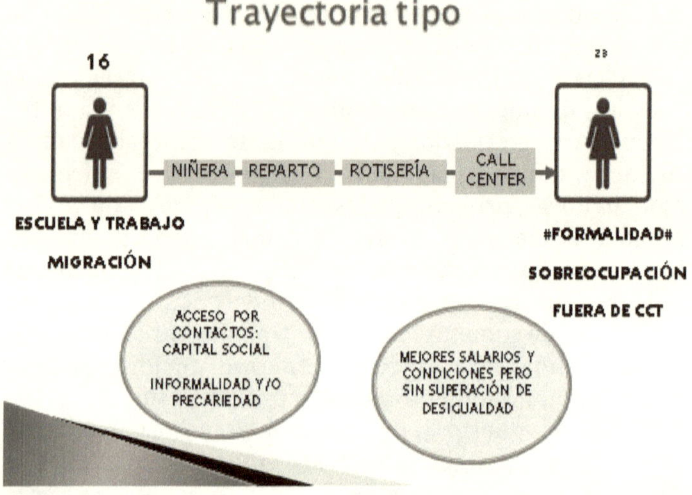

Fuente: elaboración propia (Pérez, 2015).

III. Metodología

Retomando los hallazgos de trabajos anteriores, el objetivo del presente trabajo se focalizó en las condiciones de inserción y algunas transiciones ocupacionales de las trayectorias estudiadas previamente. Así, nuestra propuesta de trabajo responde a tres propósitos:

1. profundizar la caracterización de las trayectorias y revisar su registro estadístico;
2. observar si las secuencias de trabajos se estabilizan y revierten a través de estudios de panel; y
3. comparar las trayectorias de estos jóvenes con las de jóvenes de otros niveles sociales, sobre todo en niveles de estabilidad y formalidad.

Es por eso que, en primer lugar, se analizan hitos definitorios en las mencionadas trayectorias (la inserción precaria e informal, la alta rotación entre los trabajos, la baja calificación de la tarea y el ingreso al trabajo sin vinculación con credenciales educativas o técnicas), a partir de un relevamiento realizado por el proyecto VERSE del Departamento de Economía de la Universidad Nacional del Sur en un barrio marginal de la ciudad de Bahía Blanca. En dicho asentamiento se encuestó a 140 hogares, lo que permitió estimar datos para una población de 489 personas. Para esta presentación, básicamente se trabajó a partir de los datos observados en los jóvenes de 18 a 25 años del barrio, considerando en realidad la comparación con los grupos etarios mayores como una cohorte construida. Debe admitirse que, para varios cruces de datos, la cantidad de observaciones es pequeña, pero representa un importante porcentaje de los barrios estudiados, y la concordancia de los datos es muy alta respecto a lo observado en otros trabajos (algunos de ellos se mencionan a continuación).

Posteriormente, se plantean posibles diseños de análisis de panel desarrollados en Argentina por otros grupos de investigación. Las posibilidades concretas desde la Encuesta Permanente de Hogares (EPH) se realizan luego de recuperar las tres ondas que trabajan sobre los mismos hogares a partir de las transiciones anuales de estados laborales básicos: inactividad, desocupación y ocupación. En este *paper* se retoman los realizados por Pérez, Pablo y otros (2013) y el de Díaz Langou y otros (2014), y se los compara con nuestra propuesta de análisis, para finalmente mostrar algunos avances en ese tipo de análisis.

IV. Hitos de trayectorias y transiciones en jóvenes pobres de Bahía Blanca

En primer lugar, es importante caracterizar a la franja etaria de 18 a 25 años que reside en el barrio encuestado. El 84 % de las mujeres son cónyuges del principal sostén del hogar (PSH), mientras que el 87,5 % de los hombres son PSH, por lo que se observa una temprana conformación de nuevos núcleos familiares. En cuanto a la existencia de actividad educativa, solo el 11,1 % permanece en el sistema, mientras que el resto había abandonado y siendo mayor el nivel de actividad entre las mujeres.

Si tomamos los datos de la población mayor de 14 años, solo el 58 % trabajó en la última semana de referencia. Entre los que trabajaron, el 52 % lo hizo en ocupaciones habituales, mientras que el 33 % reconoce que dichas ocupaciones son transitorias/inestables.

Al controlar estos números para los intervalos que nos interesan se observa lo siguiente:

Cuadro 2. Distribución de jóvenes y adultos jóvenes según hayan trabajado o no en la última semana de referencia

Intervalo de edad	Trabajó		No trabajó	NS/NC	Total
18 a 25 años	52,2 %		42,2 %	5,6 %	(90)
	Habituales	Inestables(*)			
	64 %	34 %			
26 a 35 años	68,8 %		31,2 %	0	(93)
	Habituales	Inestables(*)			
	61 %	37 %			

Fuente: elaboración propia con base en relevamiento VERSE 2016.
(*) Los porcentajes no suman 100 por existir casos de no respuesta.

Como se observa en el cuadro superior, dentro del grupo de 18 a 25 años, el 52,2 % trabajó en la semana de referencia. Al analizar esto según género, solo el 24 % de las mujeres trabajan, mientras que el porcentaje asciende al 87,5 % en el caso de los hombres. La misma situación de perfiles por género que se observó en educación se repite en términos de ocupación y de actividad. Mientras que casi el 90 % de los varones de 18 a 25 años trabaja, las mujeres se dividen en un tercio como amas de casa y casi otro tercio que trabaja.

Si retomamos el grupo que trabaja, observamos que el 36,2 % lo hizo en trabajos inestables o changas y que el 31,9 % desea o necesita trabajar más horas de las que lo hace en la actualidad. Esta situación no parece revertirse en el tiempo, si observamos y comparamos con los grupos de edad más avanzada (cuadros 1 y 2).

La situación de los jóvenes (trabajen o no) aparece en esta instancia como altamente desfavorable. Varios datos permiten describir a estas trayectorias como atadas a la necesidad inmediata, y de ninguna manera referidas a la construcción de un trayecto vital o a una perspectiva temporal medioplacista.

Cuadro 3. Distribución de jóvenes de 18 a 25 años según búsqueda de trabajo en la semana de referencia

Buscó trabajo	38,8 %
No buscó trabajo	61,2 %
Total	(90)

Fuente: elaboración propia con base en relevamiento VERSE 2016.

La búsqueda de trabajo no implica no disponer de uno en la actualidad. El 74,3 % de los que buscan trabajo lo hacen a fin de aumentar los ingresos actuales, y solo un 5,7 % desea cambiar de trabajo. Estos datos parecen moverse en la misma línea que varias de las entrevistas realizadas a jóvenes de esta condición[2], en las que se observa que la urgencia por un ingreso pospone decisiones que tengan que ver con el deseo, el futuro o la proyección personal. Entre los que no buscan trabajo, el 85 % ya tiene trabajo y el 27,3 % es ama de casa. Por otro lado, el 3,3 % de todos los jóvenes de esta franja etaria está desalentada y, por lo tanto, no busca empleo; este porcentaje se compone en su totalidad de mujeres. De la misma manera, y siguiendo la tendencia a la feminización del dato anterior, solo el 6,7 % no trabaja por dedicarse en forma exclusiva al estudio.

El hecho de tener trabajo tampoco implica una inserción plena y estable. En el caso de los jóvenes con estudios, hace entre 1 y 4 años que más de 6 de cada 10 de ellos ocupan su trabajo actual, y hace menos de un año que el 31,9 % se encuentra en el mismo. En el mismo sentido, con respecto a esta alta tasa de rotación entre trabajos, debe señalarse que, de los que no trabajan en la actualidad, el 34,9 % lo hizo en el último año, y solo el 4,4% nunca trabajó. O sea, es muy difícil para estos jóvenes mantenerse fuera del mercado de trabajo, por lo que aceptan distintas actividades sin importar sus condiciones, con la consecuente tasa de rotación entre ocupaciones. Un indicador similar de estas condiciones es el que refleja la precariedad laboral, señalada en el cuadro siguiente:

---

2 Recuérdese que este trabajo se inscribe en el PGI "Desigualdades educativas y en salud: implicancias para la inserción laboral y trampas de pobreza en Argentina", pero es continuación de otro PGI, "Trayectorias laborales y reproducción de la desigualdad", y abreva en dos series de relevamientos realizados por el Programa VERSE, todos ellos radicados en el Departamento de Economía de la Universidad Nacional del Sur.

Cuadro 4. Distribución de jóvenes de 18 a 25 años según indicadores de precariedad laboral

Trabaja con tiempo de finalización/contrato/transitorio	22,2 %
Percibe aguinaldo	28,9 %
Tiene obra social	28,9 %
Aportes jubilatorios	22,2%
Vacaciones pagas	28,9%

Fuente: elaboración propia con base en relevamiento VERSE 2016.

En síntesis, los datos del barrio analizado son congruentes con las observaciones realizadas en estudios previos y permiten caracterizar a las trayectorias de la siguiente manera:

1. La trayectoria típica de inactividad-desocupación-ocupación se presenta en estos grupos abreviando lo más posible la etapa de desocupación, lo cual se traduce en la alta rotación entre las ocupaciones y la precariedad laboral. Estas últimas características se asocian a cualquier tarea que implique un salario, aunque sea inestable, insuficiente y no respete las condiciones de protección social propias de nuestro país.
2. Las inserciones son tempranas. Si se analiza la cantidad de años que se lleva trabajando, se observan inicios de actividades laborales desde los 14-16 años. Recordemos que solo el 4,4 % de los jóvenes de entre 18 y 25 años nunca había trabajado.
3. La mayoría de los jóvenes bajo estudio habían, de alguna u otra manera, constituido sus propios núcleos familiares, abandonando la situación típica de "hijo/a" para convertirse en "principal sostén del hogar" o "cónyuge". Esto implica también una temprana asunción de

los roles adultos con gran influencia de los roles tradicionales asignados al varón, como "jefe", y a la mujer, como "ama de casa".

4. No se ha tenido en cuenta al trabajo doméstico como actividad laboral, dada la gran dificultad del registro de este tipo de actividad con la metodología de encuesta utilizada. Sin embargo, es muy importante señalar las diferencias entre los géneros para las trayectorias laborales. Mientras que la amplia mayoría de los hombres trabajan fuera del hogar, las mujeres solo en una tercera parte trabajan, otro tercio es ama de casa y un último grupo se encuentra en diversas situaciones. También entre las mujeres aumenta la probabilidad de mantenerse activo/a en el sistema educativo.

5. En trabajos anteriores la relación entre educación y trabajo no aparecía de manera consistente (Pérez, 2015). Esto implicaba que las entradas y salidas del sistema educativo no estuvieran vinculadas a la existencia de trabajo. En este caso, hay una alta asociación entre la actividad laboral y la permanencia en el sistema educativo, siendo muy pocos los casos de jóvenes que continúan estudiando. Solo un caso de estos observados corresponde a un joven varón.

En realidad, los datos analizados son solo una aproximación a la inserción inicial de las trayectorias laborales. Las posibilidades concretas de analizarlas a partir de los microdatos de la Encuesta Permanente de Hogares (EPH) se concreta luego de recuperar las tres ondas que trabajan sobre los mismos hogares a partir del pasaje de la situación de inactividad a la desocupación y finalmente la ocupación, para la construcción de matrices de transición anuales para un periodo. En esta propuesta se reconocen fundamentalmente dos trabajos como antecedentes.

El primero corresponde a Pérez, Pablo y otros (2013), y se llama "Desigualdades sociales en trayectorias laborales de jóvenes en la Argentina"; y el segundo corresponde a

Díaz Langou y otros (2014), cuyo título es *Inclusión de los jóvenes en la Provincia de Buenos Aires*. El siguiente cuadro sintetiza las características de estos trabajos y de la presente propuesta:

Cuadro 5. Comparación de análisis de transiciones ocupacionales con base en microdatos de EPH

	Pérez y otros (2013)	Díaz Langou y otros (2014)	P.G.I. – UNS (2018)
Periodo	2003-2010	2003- 2013	2005- 2015
Población bajo estudio	GBA	Provincia de Buenos Aires	Bahía Blanca
Corte de edad	18 a 24 años	15 a 29 años	16 a 29 años
Tratamiento de categorías ocupacionales	Distingue ocupado precario de no precario e inactivo en sistema educativo de inactivo fuera del sistema educativo.	Analiza transiciones de categorías de ocupados: asalariado formal, asalariado informal, trabajo independiente.	Distingue ocupado precario de no precario e inactivo en sistema educativo de inactivo fuera del sistema educativo.
Variables asociadas	-Estrato de ingresos. -Género.	-Edad. -Comparación entre jóvenes y adultos.	-Estrato de ingresos. -Comparación entre jóvenes y adultos. -Género.

Fuente: elaboración propia.

Como puede observarse, este tipo de análisis obliga al estudio de periodos largos en el tiempo. En el caso de nuestra propuesta, se decidió ubicar el punto de corte final en 2015 por los cambios acontecidos *a posteriori* en la EPH.

Esto implica una dificultad porque los datos trabajados difícilmente puedan ponerse en relación con los que se disponen para el periodo actual.

En cuanto al recorte espacial, los trabajos anteriores remiten a conglomerados mucho más poblados que la ciudad de Bahía Blanca, lo cual también implica una desventaja por ser pocos los casos recogidos en la ciudad, que no tienen representatividad estadística para el nivel local.

Los grupos etarios son bastante similares. En el caso del trabajo de Bahía Blanca, se optó por incluir como "jóvenes" a partir de la edad en que la ley autoriza el trabajo en Argentina. El límite máximo se corresponde con el mayor que la revisión bibliográfica reconoce como tal.

Respecto a la condición de precariedad laboral, es fundamental su distinción, aunque implique un aumento en el error de las estimaciones estadísticas. De la misma manera, y en virtud de revisar la relación entre estas cuestiones y la reproducción de la desigualdad, se revisa la relación con el nivel educativo y el ingreso percibido y se busca comparar la situación con la de los mayores en una suerte de cohorte construida.

Sintéticamente podría decirse que la EPH aplicada en Bahía Blanca ofrece limitaciones que deben ser tenidas en cuenta y obliga a complementar los datos con otras fuentes de información por escasez de datos, poco sostenimiento en el tiempo de la unidad de análisis y cambios en la metodología de aplicación. Por otro lado, el análisis de los datos del VERSE describe los elementos que nos interesan para una población vulnerable. Su comparación en un año puntual con el total de jóvenes en Bahía Blanca (independientemente de su procedencia social) permite una suerte de convalidación de los hallazgos presentados en términos de inserción y, en menor medida, de transición ocupacional.

Cuadro 6. Comparación de datos varios sobre jóvenes
de 18 a 25 años en Bahía Blanca

	E.P.H.	VERSE
Inactividad	47,6 %	38,9 %
Desocupación	10,1 %	8,9 %
Ocupación	42,3 %	52,2 %
Empleado u obrero	82 %	91 %
Están en ese empleo hace menos de un año	31,9 %	36 %
Vacaciones pagas	50,7 %	28,9 %
Aportes jubilatorios	50,7 %	22,2 %
Activo en sistema educativo	56,6 %	11,1 %

Fuente: elaboración propia.

Los datos se verifican en las direcciones esperadas. La tasa de actividad es mayor si se toma en cuenta a todos los jóvenes, porque en los estratos más acomodados la permanencia en el sistema educativo acompaña la posibilidad de no iniciarse en el mundo del trabajo. Por otro lado, los que se ven obligados a incorporarse en el mercado laboral pero no logran hacerlo presentan porcentajes muy similares, y por esta razón es muy interesante recuperar la distinción entre trabajos precarios y no precarios.

Los dos indicadores recogidos de tal situación (en realidad, de informalidad más que de precariedad) indican que, entre la población en general, casi el doble recibe el beneficio de vacaciones pagas y aportes jubilatorios. Estos elementos indican que la situación de apremio económico empuja a la actividad a los jóvenes de menores ingresos y a la aceptación de cualquier trabajo, aunque sea en condiciones de precariedad. Aquí también los bajos ingresos y las bajas calificaciones requeridas implican una pérdida en la posibilidad de revertir la marginalidad y, por sobre todo, los deja fuera del sistema educativo.

En este último aspecto, es muy difícil establecer la relación entre el nivel de educación alcanzado y el trabajo, pero se observa una importante asociación entre la inactividad laboral y el hecho de cursar estudios superiores, así como también entre la desocupación y el anterior abandono de los estudios primarios.

Conclusiones

Los jóvenes, al insertarse en el mundo del trabajo, lo hacen dentro de condiciones sociales que determinan objetivamente las consecuencias de sus actos y están vinculadas a la reproducción de la desigualdad. Sus decisiones resuelven el día a día, pero dificultan (o impiden) lograr mejores situaciones laborales futuras, en términos de superación de la precariedad, informalidad, bienestar material o desarrollo personal.

En ese contexto de opciones limitadas, la proyección de un recorrido lineal donde cada ocupación sea fruto de una decisión se desdibuja, subrayándose la necesidad de enfrentar eventos o sucesos a partir de iniciar la actividad laboral aceptando condiciones de precariedad e informalidad. Es entonces cuando esos hitos en el tiempo (llegada de un hijo, despido del padre, abandono, etc.) se constituyen en puntos de inflexión en los que "adaptan" su abanico de opciones restringidas. De esta manera, las trayectorias podrían describirse como "hilvanadas" en cuanto no son lineales, son ricas en incertidumbre y no pueden superar la necesidad de consolidar el presente.

De esta manera, hay continuidad entre el problema de la segmentación educativa y el de la segmentación en el mercado laboral. El hecho de que los pobres acceden a escuelas pobres y los ricos a las ricas implica la imposibilidad de transitar de un nivel a otro. De la misma forma, un joven estudiante de una escuela pobre solo accederá a una ocupación con bajos ingresos, perpetuándose su situación de marginalidad.

Existen diferencias por género. Los hombres tienden a trabajar desde muy jóvenes mientras que las mujeres se dedican a tareas domésticas. Esta situación tiende a naturalizarse, lo que genera situaciones controversiales en que la propia estrategia familiar relega a la mujer a dicho rol. La pregunta es si el hecho de trabajar fuera del hogar realmente es una aspiración o implica agregar más presiones sobre las mujeres. Algunas han planteado que no les conviene trabajar fuera porque lo que cobran es superior a lo que necesitan para dejar a sus hijos a cargo de otras personas. Estas cuestiones contradictorias obligan a repensar si, de alguna manera, las políticas públicas reproducen estas situaciones y si, al tratar de revertirlas, no alteran la estrategia general del hogar sin dejar margen ni alternativas para la subsistencia de este.

Tanto en este aspecto como en otros que hemos revisado, es fundamental poder recuperar el análisis de manifestaciones fuera de las grandes ciudades, aplicando un análisis crítico de los avances realizados en el diseño de políticas sociales, porque permiten ver mecanismos reproductores de la desigualdad en la vida cotidiana. De no hacerse, se correría el riesgo de invisibilizar ciertos mecanismos de reproducción de la desigualdad, como los revisados en relación con las trayectorias laborales.

Bibliografía

Alonso, L. (2002). "Centralidad del trabajo y cohesión social: ¿una relación necesaria?". Universidad Autónoma de Madrid. Disponible en https://bit.ly/2VXb9r5. Consultado el 10 de noviembre de 2009.

Beccaria, L. (2005). "Jóvenes y empleo en la Argentina". *Anales de la Educación Común*. Tercer Siglo, año I, n.° 1-2, pp. 177-182.

Deleo, C. y Fernández Massi, M. (2016). "Más y mejor empleo, más y mayores desigualdades intergeneracionales. Un análisis de la dinámica general del empleo joven en la posconvertibilidad". En M. Busso y P. Pérez (2016). *Caminos al trabajo: el mundo laboral de los jóvenes durante la última etapa del gobierno kirchnerista*. Buenos Aires: Miño y Dávila Editores.

Díaz Langou, G. *et al.* (2014). *Inclusión de los jóvenes en la Provincia de Buenos Aires*. Buenos Aires: CIPPEC.

Evans, V. J. (2004). "Percepción del riesgo y noción del tiempo". *Desastres y Sociedad*, n.º 3, año 2. Disponible en https://bit.ly/2YHutpk.

Fernández Massi, M. (2014). Una mirada sectorial sobre las inserciones laborales precarias de los jóvenes en Argentina. En P. Pérez y M. Busso (2014). *Tiempos contingentes: inserción laboral de los jóvenes en la Argentina posneoliberal*. Buenos Aires: Miño y Dávila Editores.

Fitoussi, J y Rosanvallon, P. (1997). *La nueva era de las desigualdades*. Buenos Aires: Ediciones Manantial.

Longo, M. (2010). "Trayectorias laborales de jóvenes en Argentina". Tesis de doctorado en Ciencias Sociales, UBA y Docteur en Sociologie, Université de Provence (Aix- Marseille I) (UP). Buenos Aires. Disponible en https://bit.ly/2YCcy3o.

Muñiz Terra, L. (2012). "Carreras y trayectorias laborales: una revisión crítica de las principales aproximaciones teórico-metodológicas para su abordaje". *Relmecs*, vol. 2, n.º 1, primer semestre, pp. 36-65.

Pérez, P. *et al.* (2013). "Desigualdades sociales en trayectorias laborales de jóvenes en la Argentina". *Revista Latinoamericana de Población,* año 7, n.° 13, julio-diciembre de 2013.

Pérez, S. (2015). "Inserciones precarias, trayectorias laborales entrampadas y reproducción de la desigualdad". Presentado en mesa 4: "Estudios sociales del trabajo" de las X Jornadas de

Estudios Sociales de la Economía "La dimensión social de los procesos y objetos económicos", CESE- IDAES- UNSAM. Buenos Aires, 9 al 13 de noviembre de 2015.

Sabatini, C. y Pérez, S. M. (2017). "Caracterización del trabajo de los jóvenes pobres en Bahía Blanca: notas y reflexiones". En *Los pilares del desarrollo económico. Salud, educación y empleo* (pp. 123-142). Bahía Blanca: EDIUNS.

Salvia, A. (2013). "Juventudes, problemas de empleo y riesgos de exclusión social. El actual escenario de crisis mundial en la Argentina". Publicado en Friedrich-Ebert-Stiftung. Departamento de Política Global y Desarrollo. Disponible en https://bit.ly/2Jz6-Eww. Consulta realizada el 2 de mayo de 2013.

Salvia, A. y Chávez Molina, E. (2007). *Sombras de una marginalidad fragmentada. Aproximaciones a la metamorfosis de los sectores populares de la Argentina.* Buenos Aires: Miño y Dávila Editores.

Tilly, C. (2000). *La desigualdad persistente.* Buenos Aires: Ediciones Manantial.

Medición de la exclusión social: su relación con la desigualdad y la pobreza

Observaciones para Argentina

MARÍA MARÍA IBÁÑEZ MARTÍN Y SILVIA LONDON

Resumen

El término "exclusión social" ha tomado gran relevancia en los estudios académicos y discursos políticos de las últimas cuatro décadas. Sin embargo, la ambigüedad de su definición y su carácter polisémico han puesto en evidencia la inexistencia de un significado único. Rubio (2002) sostiene que no existe consenso sobre su definición a pesar de la gran utilización del término en el ámbito político, académico e institucional, y de la relativa antigüedad del concepto.

La exclusión y los excluidos son una característica de las sociedades desde que los hombres y mujeres han vivido colectivamente (Estivill, 2003). La relevancia actual, en el análisis económico como en el interés político, proviene de la misma sociedad que genera excluidos: el nivel de tolerancia hacia esta situación y la generación de importantes conflictos sociales colocan este particular resultado en la agenda de investigación económica, social y política.

Bajo el estigma del disenso, la discusión sobre qué es la exclusión social toma diversos matices. Más allá de su definición, es necesario analizar qué dimensiones deben ser contempladas, si se trata de un concepto dicotómico o se permiten una escala de situaciones intermedias, si es un fenómeno social en sí mismo o es un nuevo término para expresar los fenómenos de pobreza, marginalidad, desigualdad y vulnerabilidad, entre otros aspectos sustanciales.

El disenso en los diversos aspectos planteados expone y profundiza la dificultad en la medición de la exclusión, que resulta en la inexistencia de indicadores universalmente utilizados –como sí sucede con otros fenómenos sociales– e implica que los resultados de las políticas que buscan terminar con la exclusión tengan resultados difíciles de evaluar. Sin embargo, Estivill (2003) enfatiza que conocer en qué fase de exclusión se encuentra el colectivo y los diferentes matices es fundamental para la intervención eficaz. La planificación y concreción de políticas con desconocimiento del fenómeno puede conducir a efectos perversos y desviaciones considerables respecto de los objetivos buscados. El resultado de los esfuerzos se ve fuertemente influenciado por el estado de conocimiento del fenómeno social que quiere atacarse.

En este marco de ideas, el trabajo presenta una discusión conceptual en torno a la exclusión social, estableciendo sus diferencias con otros fenómenos sociales. Se realiza una revisión de los indicadores existentes para mensurar el fenómeno, se presenta una discusión en torno a las dimensiones relevantes y se realiza un análisis cuantitativo para Argentina.

Se concluye que, en Argentina, la exclusión social podría estar dominada por ciertas dimensiones, que tienen correlación con dimensiones menos dominantes y conllevan diversos grados de "no inclusión". El reconocimiento de las dimensiones dominantes y de su relación con el resto es clave al momento de plantear un esquema de políticas. Finalmente, se reconocen las limitaciones del análisis presentado.

Palabras clave

Exclusion social; pobreza; desigualdad.

I. Introducción

Las definiciones del concepto de "exclusión social" son numerosas (Hopenhayn, 2008; Atkinson *et al.*, 2005; Kessler, 2009; entre otros). Según Hopenhayn (2008), la inclusión es la capacidad real de las personas de desarrollarse en la esfera civil, política y ciudadana, implicando el acceso a los bienes, a redes que colaboren con el desarrollo del proyecto de vida y a la participación en las deliberaciones. Por el contrario, la exclusión afecta el comportamiento, la disposición de recursos y/o el acceso a instituciones, lo que genera una proporción de la población que "funciona" dentro de la sociedad con ciertas dificultades.

En el ambiente académico, la adopción del término tuvo reacciones diversas: mientras que un grupo de autores considera que es un eufemismo de conceptos previos y es adoptado como elemento político para evitar temas más severos (Levitas, 1996; Atkinson, 1998), otros lo tratan como un fenómeno en sí mismo que implica la ruptura de lazos sociales (Tonwsend, 1979) y la falta de participación en esferas relevantes para el desarrollo individual y la participación en la vida social (Steinert y Pilgram, 2003)

Debido a la ambigüedad de su definición, suele confundirse con otros fenómenos sociales, como la pobreza, la desigualdad y la vulnerabilidad social. Así, se caracteriza a una sociedad desigual, pobre o excluyente, como si implicara las mismas consecuencias en los individuos, los grupos y las sociedades (Ibáñez Martín, 2017). La postura de este trabajo –en función de la revisión conceptual– es que la exclusión social es un fenómeno marcadamente distinto a los anteriormente nombrados. La existencia de una proporción de la población "no incluida" indica la presencia de desigualdad social. Sin embargo, la relación inversa no es cierta: podría existir desigualdad entre los individuos sin que ninguno de ellos esté excluido. Lo mismo puede sostenerse respecto de la pobreza: una persona puede vivir en condición de pobreza sin estar excluida, y viceversa. El concepto de "pobreza" es más acotado que el de "exclusión" (Tezanos, 2001).

La medición de la exclusión presenta serias dificultades, que suelen fundamentarse en sus tres características principales: relatividad, dinamismo y multidimensionalidad. Los antecedentes sobre el avance en la temática son –según nuestro esfuerzo de revisión– escasos. Sin embargo, las medidas permiten dimensionar el fenómeno, pero, sobre todo, encontrar factores de exclusión y saber si en un área específica hay más o menos exclusión social respecto de otras (Quinti, 1999).

Por lo anteriormente expuesto, el objetivo de la ponencia es presentar una discusión conceptual en torno al fenómeno de exclusión social, exponiendo sus diferencias con la desigualdad social y la pobreza. Adicionalmente, se busca presentar (aunque no exhaustivamente) los antecedentes respecto de su medición y un análisis de estadísticas descriptivas para Argentina.

Esta investigación forma parte de la investigación en curso realizada por las autoras, específicamente del cuerpo de la tesis doctoral de una de ellas.

II. Marco teórico/marco conceptual

La definición de "exclusión social" es aún un tema en desarrollo, aunque la exclusión y los excluidos son una característica de las sociedades desde que los hombres han vivido colectivamente (Estivill, 2003).

El surgimiento del término "exclusión social" tuvo diversas reacciones en el ambiente académico. Siguiendo las ideas de García Lizana y Zayas Fuentes (2000), se identifican dos posturas: crítica y positiva. En la primera, se considera que la noción de exclusión social no es más que un eufemismo de conceptos previos como "pobreza", "vulnerabilidad", "desempleo" y "marginalidad" (Atkinson, 1998; Révauger, 1997; Oyen, 1997) y, por otra parte, se sostiene que la expresión no es más que un elemento político utilizado en los discursos para evitar otras cuestiones más relevantes (Levitas, 1996, 2000; Kennett, 1999).

En la postura opuesta, se postula que el concepto surge del análisis necesario sobre cómo y por qué el sistema social genera procesos y dinámicas que excluyen en un momento y lugar determinados, siendo su medición algo menos descriptivo que la pobreza (Busso, 2005). Estos autores han dedicado sus esfuerzos a definir y caracterizar el fenómeno (Atkinson, 1998; Burchardt,1998):

1. Relativo: es en un momento dado del tiempo y en referencia a algo deseable.
2. Multidimensional: la participación es relevante en dimensiones que superan el consumo y los ingresos. La exclusión se vuelve una cuestión de matices, no una opción binaria.
3. Dinámico: es un proceso que se desarrolla a lo largo del tiempo e implica pasado, presente y futuro.
4. Agencia: depende de la interacción de los individuos, políticas, etc. La condición de excluido no depende de la persona en sí misma, sino que algo o alguien interviene en el resultado.
5. Multinivel: la exclusión no es un concepto agregado, sino que puede evaluarse para una persona, un grupo de personas, hogares, comunidades, barrios, regiones, entre otros.

Subirats y otros (2005) mencionan que las características que lo separan de los demás fenómenos sociales son su carácter estructural (ruptura de ciertas coordenadas básicas de integración, que genera un nuevo sociograma de colectivos excluidos) y politizable (susceptible de ser abordado desde los valores, la acción colectiva, la práctica institucional y las políticas públicas).

La exclusión social es un *proceso* –no una condición– cuyas fronteras van cambiando en el tiempo y lugar (Castells, 2004).

También existe disenso en las dimensiones que intervienen en el proceso. Un primer conjunto de autores considera la igualdad de incidencia, discrepando en cuáles son las relevantes (Walker, 1997; Bhalla y Lapeyre, 1997). Numerosos trabajos definen la exclusión en función de las actividades o acciones normales de una sociedad, sin especificar a qué se refieren. Burchardt, Le Grand y Piachaud (1998) consideran que un individuo está socialmente excluido si es parte de una sociedad determinada pero, por cuestiones involuntarias, no puede participar en las actividades normales de esta, aunque deseara hacerlo.

Por otro lado, numerosos trabajos identifican una/s esfera/s como determinante/s de la exclusión. Puede considerarse la dimensión laboral dominante (Comisión Europea, 1993, 2000; Nair, 1997; Minujín, 1999; Castells, 2001; Pérez, Sáez y Trujillo, 2002; Jiménez Ramírez, 2008; Subirats *et al.*, 2004; Fundación Encuentro, 2001) y la dimensión institucional (Marshall, 1964; Comisión de las Comunidades Europeas, 1992; Rodgers y Figueiredo, 1994; Berghman, 1995; Lo Vuolo, 1995; Tezanos, 1999; Barnes, 2005; Banco Interamericano de Desarrollo, 2007); otro conjunto de autores sostiene que "la rotura de lazos sociales" es la que determina la situación (Mingione, 1993; Sen, 2000; Atkinson *et al.*, 2005; Rizo López, 2006; BID, 2007; Berkman *et al.*, 2008). Finalmente, un cumulo de trabajos identifica a la educación como la dimensión más relevante (Rama, 1983; Rivero, 1999; LATAS, 2002; Subirats, 2002; Muñoz, 2004; Blanco, 2006; Sarrionandia, 2006; Hopenhayn, 2008; Ramírez, 2008; De la Puente, 2009; Kessler, 2011; Sánchez, 2012; Ibáñez Martín, 2015).

La ambigüedad de su definición y la falta de consenso facilitan la confusión con otros fenómenos sociales, en particular la desigualdad social y la pobreza.

Diversos trabajos definen la desigualdad a partir de la dimensión económica, específicamente la distribución del ingreso. Estos estudios reconocen la pluralidad de esferas que determina el bienestar, sin embargo, consideran innecesario multiplicarlas para evaluar la desigualdad porque todas se relacionan con la inequidad del ingreso como causa explicativa (Kessler, 2014).

Durante la década del 90, la crítica hacia la unidimensionalidad recayó sobre el resto de los conceptos sociales: vulnerabilidad, pobreza, marginalidad y exclusión. Fitoussi y Rosanvallon (1997) mencionan que el espacio de las desigualdades es multidimensional y que a las desigualdades tradicionales –que describen la jerarquía de nivel de ingresos– se les adicionan nuevas generadas en espacios considerados homogéneos en épocas pasadas. Estas nuevas desigualdades son denominadas "dinámicas", porque provienen de la evolución del sistema y, en la medida que persiste el tiempo, se consideran injustas. Sin embargo, mientras no se legitiman, generan situaciones de exclusión.

Interpretar la desigualdad social como un fenómeno multidimensional implica definir las dimensiones que lo caracterizan. Existe cierto respeto a dimensiones "clásicas", tales como educación, salud, trabajo y vivienda. Adicionalmente, aparece un cúmulo de dimensiones diversas, como la infraestructura, la territorialidad, el medioambiente, el transporte, el delito, la inseguridad, entre otras. La pluralidad de esferas convierte a la desigualdad en un proceso complejo. La desigualdad tiene causas y consecuencias en cada dimensión, implicando una generación de interrelaciones dinámicas con otros temas –pobreza, marginalidad, vulnerabilidad y exclusión– (Kessler, 2014).

La desigualdad es un concepto relativo, no refiere a la situación de personas/grupos en términos absolutos, sino que es un concepto relacional que puede evaluarse en varios niveles (OEA, 2014).

Una sociedad puede ser desigual, sin que en ella esté presente el estigma de la exclusión social. La existencia de exclusión social implica la desigualdad, pero lo inverso no es cierto. La exclusión refiere a procesos sociales de carácter más general, mientras que la desigualdad permite apreciar cuestiones referidas a grupos vulnerables. Así, vincular ambos conceptos permite transitar de manera fluida entre procesos autorreforzados y excluyentes de personas (grupos) que padecen la desigualdad.

La confusión también se genera entre la exclusión y la pobreza; los individuos pueden estar socialmente excluidos sin indicar algo respecto de su condición de pobreza. "Pueden existir grupos fuertemente integrados aunque cuenten con pocos recursos" (Castel, 1997, p. 13). La pobreza es la expresión de la exclusión, los factores que producen exclusión social no generarán –necesariamente– pobreza, y viceversa (Jiménez Ramírez, 2008). Así, los excluidos pueden no ser pobres y los pobres pueden no ser excluidos. Un ejemplo de esta última situación pueden ser las poblaciones pobres de los países africanos.

Sobol (2005) señala que la exclusión sustituye la tradicional definición de "pobreza", debido a que esta última no permite describir adecuadamente las causas de la diversidad de formas en las que se manifiesta la privación humana.

Los estudios sobre pobreza proliferaron en la década de los 80, considerando la dimensión de ingresos como determinante esencial de la situación de los hogares e individuos. El enfoque unidimensional soportó diversas críticas y se enfatizó en la necesidad de incorporar la multiplicidad de esferas al estudio del fenómeno.

Desde el enfoque multidimensional, la pobreza recae sobre los individuos que no pueden acceder a las oportunidades disponibles para la media de la población. El término coincide, al menos parcialmente, con el concepto emergente de "exclusión social". La incorporación de nuevas esferas permite evaluar estados que se traducen en desventajas crónicas y severas (Levitas *et al.*, 2007).

El Banco Interamericano de Desarrollo (2007) concluye que las privaciones materiales son un resultado esperable de la exclusión, pero, sin embargo, constituyen solo una de las dimensiones que afectan a los excluidos. La pobreza es un concepto más acotado que la exclusión social; incorpora privaciones económicas y omite aspectos sociales y de percepción. El concepto de "exclusión social" se convierte en una herramienta extremadamente útil para analizar las situaciones en las que se padece una privación que va más allá de lo económico (Tezanos, 2001). Para Oppenheim (1998), el interés debe posicionarse sobre la exclusión social porque incorpora cuestiones relativas a la autopercepción, la pérdida de estatus, expectativas, acceso institucional, entre otras cuestiones.

El surgimiento del concepto de "exclusión" se nutre principalmente del debate en torno a la definición de "pobreza" (Saraví, 2003). Minujín (1999) afirma que "pobreza" y "exclusión social" no son conceptos que compiten entre sí, sino que, por el contrario, en conjunto enriquecen el análisis social.

A pesar de la complejidad que conlleva la separación de la pobreza multidimensional y la exclusión social, la distinción se explica fundamentalmente en la incorporación de dimensiones no económicas y el aspecto dinámico; la exclusión es un proceso y la pobreza, un estado. El concepto de "exclusión" incorpora la dinámica y el proceso temporal que la pobreza deja de lado; a su vez, la multidimensionalidad incorporada supera la contemplada por el enfoque multidimensional de pobreza (Berghman, 1995). La visión multidimensional los convierte en conceptos complementarios y evita su confusión: no todo pobre es excluido, ni todo excluido es pobre (Rizo López, 2006).

"Pobreza" y "exclusión social" son conceptos que implican fenómenos sociales marcadamente diferentes. Sin embargo, las personas que se sienten excluidas son más vulnerables a caer en una situación de pobreza y permanecer en ella (Gutiérrez, 2007). En este sentido, es relevante identificar las dimensiones que dominan la exclusión en una sociedad para focalizar los esfuerzos y recursos de las políticas públicas. La identificación y medición colaborará en la reducción del número de personas que puedan sucumbir en la pobreza y estén inmersos de manera disfuncional en la sociedad.

III. Metodología

Tal como ha sido mencionado, el estudio de la exclusión social es complejo debido a la diversidad de dimensiones que intervienen en él y a la relatividad que lo define.

La medición del fenómeno es tarea pendiente en el ambiente académico; son diversos los esfuerzos que se realizaron para encontrar una medida de exclusión social. Entre las mediciones internacionales, se destacan "Social exclusion index for Europe and Central Asia" (Peleah, 2016) y "At risk of poverty or social exclusion" (EUROSTAT, 2016). El primero fue construido a partir de la método Alkire-Foster considerando tres dimensiones fundamentales: dimensión económica, servicios públicos y participación civil y política. Cada dimensión está compuesta por ocho indicadores equitativamente ponderados. Este indicador indica que una persona está socialmente excluida si cumple con nueve de las 24 privaciones incorporadas en la dimensión, calculada como el producto entre las privaciones individuales y el porcentaje promedio de privaciones entre los excluidos. Por su parte, AROPE es el indicador que la Unión Europea utiliza para medir la exclusión social, a partir de la consideración de tres dimensiones, definidas como: riesgo de pobreza, privaciones materiales severas o vivir en hogares con baja intensidad laboral. En este caso, se define a un individuo como excluido si cumple con alguna de las tres condiciones mencionadas, siendo el punto débil respecto al tratamiento de la multidimensionalidad. En términos agregados, se calcula como el porcentaje de la población respecto del total (excluyendo mayores de 60).

El tratamiento empírico en Argentina cuenta con diversos antecedentes; sin embargo, en muchos casos se declara como intención la medición de la exclusión social, y en el desarrollo de los trabajos se hablaba de pobreza, vulnerabilidad y exclusión como sinónimos. El trabajo de Con, Susini, Catalá y Quinteros (2011) desarrolla el índice de vulnerabilidad social a partir de los datos del Censo Nacional del 2001, contemplando dos categorías: activos materiales (hacinamiento del hogar, calidad de los materiales de la vivienda y carga de dependencia sobre los perceptores de ingresos) y activos no materiales (acceso al sistema de salud y clima educativo del hogar). En la construcción del indicador, las dimensiones están desigualmente ponderadas y se priorizan las dimensiones laborales. Finalmente, las autoras identifican diversos grados de vulnerabilidad social.

Por su parte, González y Gutiérrez (2017) construyen el indicador de vulnerabilidad y exclusión social. Se toman en cuenta las dimensiones de vivienda, educación y empleo y protección social, mediante seis indicadores equitativamente ponderados. Nuevamente, sobre el final del trabajo se habla del reconocimiento de grados de vulnerabilidad.

Así, a pesar de no ser una revisión exhaustiva, queda en claro que la medición del fenómeno es un aspecto por desarrollar. Si bien no es objetivo de este trabajo desarrollar una medida alternativa, sí lo es la investigación marco de la cual se desprende este.

Dentro de las dificultades de la medición, se encuentra la determinación de esferas que incorporar, que es el punto en el cual el trabajo se focalizará. A partir de una revisión de estadística descriptiva de las dimensiones de las que se disponen datos, se realizará una conclusión preliminar sobre qué características posee el proceso excluyente en el país.

IV. Análisis y discusión de datos

Dentro de las dimensiones relevantes, se destaca la calidad habitacional de los individuos. Las características del hogar, el ambiente en el que viven y cómo este está compuesto son cuestiones fundamentales para entender las posibilidades de las personas y su situación de inclusión o exclusión. Gutiérrez (2017), analizando la Encuesta Permanente de Hogares provista por el INDEC para la última década, concluye que las condiciones han mejorado a lo largo de la última década en todos los indicadores que pueden ser captados a partir del relevamiento mencionado. Sin embargo, si se analiza de manera conjunta a las privaciones, pueden verse dos periodos distinguidos: del 2006 al 2012 las privaciones conjuntas cayeron, mientras que aumentaron en el resto del periodo temporal analizado.

Si bien puede considerarse que ha habido una mejora en términos habitacionales, queda pendiente el cuestionamiento respecto a si estos umbrales captan el dinamismo que caracteriza a la exclusión y si son realmente representativos para la sociedad argentina.

Gráfico 1. Condición habitacional en Argentina

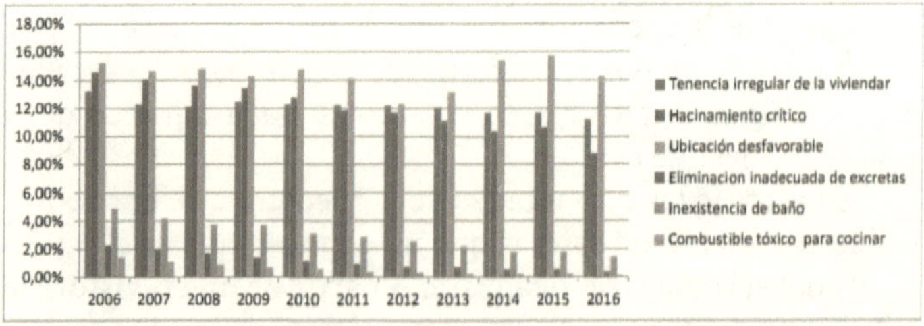

Fuente: Gutiérrez (2017).

Una segunda dimensión relevante es la educación de los individuos. Se analizan las cuestiones de acceso, eficiencia interna y resultados referidas al nivel medio de educación, debido a que existe cierto consenso en considerarlo el umbral necesario para que una persona desarrolle su vida adulta (Formichella, 2014). El 55 % de los individuos mayores de 20 años habitantes del territorio argentino urbano posee título secundario (EPH, 2014).

La tasa neta de escolarización se define como la razón entre los estudiantes que asisten al nivel educativo medio y tienen la edad correspondiente para hacerlo, y el total de individuos que tiene dicha edad, y expresa en qué medida los adolescentes tienen acceso a la educación secundaria. Dicha tasa ronda el 86 % en términos globales, indicando que alrededor de un 15 % de los individuos queda fuera del sistema educativo o se encuentra cursando un nivel inferior al correspondiente. Asimismo, se destaca la brecha (más de 20 puntos) entre quienes son parte de un hogar con clima educativo[1] medio o alto y quienes habitan un hogar de bajo clima educativo.

Por su parte, la tasa de extraedad representa la proporción de alumnos del nivel medio que tienen dos años o más de atraso escolar con relación al total de alumnos de cada grupo de edad. La proporción de extraedad (la media es de 32 %) no es despreciable, y es más severa en los estudiantes que habitan hogares de bajo nivel educativo o bajo nivel de ingresos, aunque la incidencia del clima educativo es más notoria.

A partir de la información recabada, se observa cómo la exclusión puede perdurar y profundizarse a través de la historia de los hogares.

---

[1] El clima educativo se define como el promedio de años de estudio de los miembros mayores de 18 años. Bajo: menos de 6 años; medio: entre 6 y 12 años; alto: 12 años o más (SITEAL, 2017).

Tabla 1. Tasa neta de escolarización secundaria, tasa de extraedad y porcentaje de jóvenes que no estudian y son económicamente inactivos, según clima educativo del hogar

Clima educativo del hogar	Tasa neta de escolarización secundaria	Tasa de extraedad respecto al grado en el nivel medio	% de adolescentes y jóvenes que no estudian y son económicamente inactivos
Bajo	65,33 %	42,84 %	24,04 %
Medio	86,74 %	39,27 %	15,58 %
Alto	89,29 %	20,78 %	8,53 %

Fuente: elaboración propia con base en SITEAL-EPH 2014.

También se vislumbran diferencias por clima educativo y nivel de ingresos del hogar al analizar lo que sucede con los adolescentes y jóvenes que no estudian, no trabajan y no buscan trabajo. La problemática de desinserción social en la que se hallan es extrema y afecta en mayor medida a quienes habitan hogares de bajo clima educativo o bajo nivel de ingresos (ver tablas 1 y 2).

Tabla 2. Tasa neta de escolarización secundaria, tasa de extraedad y porcentaje de jóvenes que no estudian y son económicamente inactivos, según nivel de ingresos del hogar

Nivel de ingresos	Tasa neta de escolarización secundaria	Tasa de extraedad respecto al grado en el nivel medio	% de adolescentes y jóvenes que no estudian y son económicamente inactivos
30 % inferior	82,91 %	35,29 %	18,92 %
30 % medio	90,33 %	33,08 %	9,00 %
40 % superior	93,84 %	23,17 %	4,23 %

Fuente: elaboración propia con base en SITEAL-EPH 2014.

La salud es una esfera difícil de medir debido a la disponibilidad de datos. Sin embargo, al analizar la tasa de mortalidad infantil por 1.000 nacidos vivos, puede aproximarse una correlación con las condiciones socioeconómicas agregadas, dada la imposibilidad de evaluar esto a nivel hogar. Las provincias con mayor proporción de pobres son aquellas que presentan tasas de mortalidad infantil más elevadas; para el año 2014, Corrientes (15,9 %), Formosa (14,2 %), La Rioja (13,4 %), Tucumán (13,3 %) y Chaco (12,8 %) lideraban el conjunto según datos provistos por el INDEC. Las tasas de mortalidad que presentan estas provincias duplican las de provincias ubicadas en el otro extremo de la distribución (La Pampa, Chubut, Tierra del Fuego).

Otro dato relevante es el tipo de cobertura en salud de la población. Según INDEC, el 37 % de los argentinos no contaba con ningún tipo de cobertura en el año 2010. El grupo más afectado son los jóvenes de 20 a 24 años, el que más incidencia tiene en el conjunto de los "ni-ni", de los cuales la mitad no cuenta con cobertura en salud de ningún tipo. A su vez, los niños entre 0 y 9 años están severamente "desprotegidos": el 45 % de ellos carece de protección.

Al observar el comportamiento de la tasas de mortalidad –infantil, neonatal y postneonatal– en correlación con las necesidades básicas insatisfechas, se encuentra una relación positiva. Las familias que presentan mayor cantidad de necesidades insatisfechas son las que sufren mayor cantidad de muertes, aunque se observa una tendencia decreciente en las tasas del año 1995 al 2005, las brechas entre los más pobres de los pobres y los pobres no se reducen (Buchbinder, 2008).

Con relación a la esfera laboral, se evidencia en la tabla 3 que es elevado el porcentaje de individuos que se encuentra buscando empleo, sea porque no tiene o porque necesita trabajar una mayor cantidad de horas semanales (15,5 %). Adicionalmente, más de un cuarto de la población económicamente activa (PEA) trabaja más de 45 horas semanales, lo cual representa un riesgo para la salud.

Por otra parte, un elevado porcentaje de trabajadores (25,5 %) se encuentra excluido del sector más dinámico de la economía y forma parte del sector informal. Se incluye en este a los ocupados que cumplen con alguna de las siguientes características:

1. son asalariados o patrones en establecimientos de hasta cinco personas;
2. son trabajadores por cuenta propia con una remuneración baja (ingreso horario promedio en el 30 % más bajo de la distribución de los cuentapropistas); o
3. son trabajadores familiares que no reciben una remuneración fija.

La precariedad se define como la situación de aquel trabajador que no posee aportes previsionales, sin ser exclusivo del sector informal (inclusive puede haber trabajadores informales no precarios). En la tabla 3 se observa que hay trabajadores precarios que se desarrollan en el ámbito dinámico de la economía, ya que dicho porcentaje (34 %) es mayor al de los informales (25,5%). El hecho de que el 34 % de los trabajadores no tenga aportes previsionales es grave desde dos aspectos: se ven excluidos del beneficio de acceder a una jubilación y, al mismo tiempo, dado que existe una alta correlación entre tener aportes jubilatorios y aportes a las obras sociales, se ven excluidos de tener un seguro de salud. Esto implica que sus posibilidades quedan restringidas a la salud pública o a su propia capacidad económica de hacer frente a eventuales enfermedades o accidentes.

No poseer aportes previsionales implica no poseer recibo de sueldo acorde a las normas vigentes, lo cual restringe el acceso al crédito y, por transitividad, genera mayores dificultades de acceder a vivienda propia.

Tabla 3. Indicadores del mercado laboral. Argentina urbana

Indicadores vinculados al trabajo	
Tasa de desempleo(*)	8,5 %
Tasa de subempleo demandante(*)	7 %
Tasa de sobreempleo	32 %
Porcentaje de trabajadores informales	25,5 %
Porcentaje de trabajadores precarios	34 %

Fuente: elaboración propia con base en SITEAL-EPH 2014. (*) INDEC.EPH, 3.º trimestre de 2016.

En la próxima tabla se expone la relación de los fenómenos laborales con el clima educativo. La incidencia del problema es mayor cuanto menor es la cantidad de años de estudio de los individuos. La excepción pareciera ser la tasa de desempleo; sin embargo, existe una explicación para esta cuestión: las personas menos educadas tienen una menor empleabilidad (Formichella y London, 2013), y eso las hace menos selectivas a la hora de tomar un trabajo. Esto queda en evidencia al observar la tasa de subempleo, la cual es mayor para los menos educados. Se vislumbra que quedar fuera del sistema educativo tempranamente condiciona la integración al mercado laboral y aumenta la probabilidad de una inserción endeble.

Tabla 4. Condiciones laborales según años de estudio. Argentina urbana

Años de estudio aprobados	% de trabajadores informales	% de trabajadores precarios	% de desocupados	% de subocupados
0-5	50,00 %	66,03 %	5,82 %	14,38 %
6-9	36,47 %	49,30 %	8,61 %	13,11 %
10-12	25,56 %	33,55 %	8,61 %	9,88 %
13+	13,62 %	18,15 %	5,83 %	8,30 %

Fuente: elaboración propia con base en SITEAL-EPH 2014.

Adicionalmente, relacionando la condición laboral con el nivel educativo, puede visualizarse que las brechas salariales entre aquellos que tienen nivel educativo alto y bajo han disminuido en la última década (con un valor máximo en el año 2006). Sin embargo, los salarios de los individuos con mayor nivel educativo duplicaban –en promedio– los percibidos por los menos educados.

Gráfico 2. Brechas salariales por nivel educativo

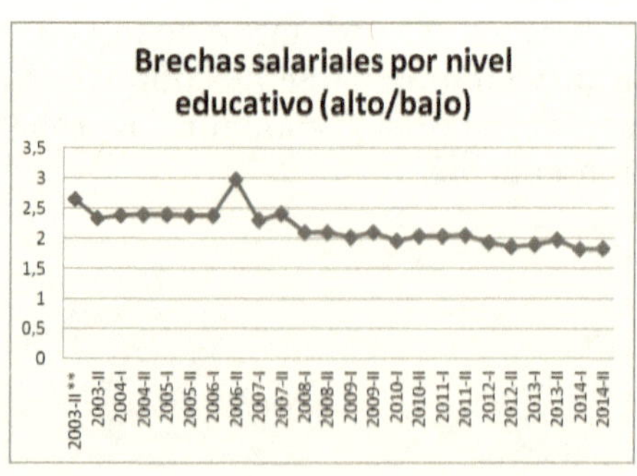

Fuente: elaboración propia en base a SITEAL-EPH 2014.

Por último, una dimensión que ha cobrado mayor importancia es el acceso a tecnologías de la información y la comunicación (TIC). En este sentido, cabe destacar que tan solo el 61,8 % de los hogares de la Argentina urbana dispone de Internet, el 89,6 %, de teléfono móvil, el 67 %, de computadoras, y el 10 %, de Internet Banda Móvil (ENTIC, 2015). Esto significa que más del 20 % de los hogares queda fuera de la posibilidad de acceder a Internet. En este caso, la esfera de acceso a TIC implicaría la capacidad de participar de redes sociales, de acceder a información, de poder complementar o culminar niveles educativos, de "sentirse parte", entre otras cuestiones.

Es dable reconocer que sería oportuno analizar las dimensiones correspondientes al acceso institucional y la participación social, la percepción, entre otras. Sin embargo, debido a la disponibilidad de datos, estas no serán abordadas.

Conclusiones

La exclusión social es un fenómeno con características propias y que se distingue de la desigualdad y la pobreza. La multidimensionalidad, relatividad y dinamismo son sus características principales, entre otras.

La medición de la exclusión es altamente compleja debido a dichas características. Entre los puntos de disenso, se encuentra la selección de las dimensiones que incorporar en la explicación del fenómeno. Sin dudas, hay dimensiones que lideran el proceso excluyente, como la educación, la salud, la dimensión laboral. En el estudio empírico, también se presenta la limitación respecto de la disponibilidad de datos, lo cual restringe ampliamente el desarrollo de indicadores.

En Argentina, en función de la estadística descriptiva analizada, parece haber una mejora en los indicadores de las dimensiones de condición habitacional, educación, salud y acceso a tecnologías de información. En lo laboral, la tendencia no es tan clara: se evidencian avances en la tasa de ocupación, pero persisten los problemas de precarización. Sin embargo, se observa que la historia de los hogares ejerce influencia en las "chances" de los individuos respecto de logros educativos, inserción laboral y calidad de vida.

A pesar de lo arriba comentado, e indicando las limitaciones del análisis, la multidimensionalidad del fenómeno requeriría de la incorporación de otras dimensiones (participación ciudadana, civil, percepción, etc.), y es debatible la utilidad de los umbrales que se desprenden de la EPH para evaluar procesos excluyentes. Por otro lado, debido a que la exclusión social es un proceso –y no un estado–, debería analizarse la persistencia de las privaciones individuales.

Bibliografía

Atkinson, A. B. y Hills, J. (1998). "Exclusion, employment and opportunity". *LSE STICERD research paper no. CASE 004*.

Atkinson, A. B., Cantillon, B., Marlier, E. y Nolan, B. (2005). *Taking Forward the EU Social Inclusion Process, an Independent Report Commissioned by the Luxembourg Presidency of the Council of the European Union*. Luxemburgo: CEPS/INSTEAD.

Banco Interamericano de Desarrollo (2007). "¿Los de afuera? La exclusión social en América Latina". En *Ideas para el Desarrollo en las Américas*, vol. 14.

Barnes, M., Heady, C., Middleton, S., Millar, J., Papadopoulos, F., Room, G. y Tsakloglou, P. (2002). *Poverty and Social Exclusion in Europe*. Londres: Edward Elgar.

Berghman, J. (1995). "Social Exclusion in Europe: Policy Context and Analytical Framework". En G. Room (Ed.). *Beyond the Threshold: the Measurement and Analysis of Social Exclusion* (pp. 19-28). Bristol: Policy Press.

Berkman, H., Pagés-Serra, C., Gandelman, N., Gandelman, E., Calónico, S., Azevedo, V. y Lora, E. (2008). *Outsiders?: The Changing Patterns of Exclusion in Latin America and the Caribbean*. Inter-American Development Bank.

Bhalla, A. y Lapeyre, F. (1997). "Social exclusion: towards an analytical and operational framework". *Development and Change*, 28(3), pp. 413-433.

Blanco, G. (2006). "La equidad y la inclusión social: uno de los desafíos de la educación y la escuela hoy". *Reice*, vol. 4, n.º 3, pp. 1-15.

Buchbinder, M. (2008). "Mortalidad infantil y desigualdad socioeconómica en la Argentina: tenden- cia temporal". *Archivos Argentinos de Pediatría*, 106(3), pp, 212-218.

Burchardt, T. (1998). "Submission to Glasgow Regeneration Alliance Social, Inclusion Inquiry". Documento de trabajo (Universidad de Glasgow, 1998).

Burchardt, T., Le Grand, J., y Piachaud, D. (1999). "Social exclusion in Britain 1991-1995". *Social Policy & Administration, 33*(3), pp. 227-244.

Castel, R. (1997). *Las metamorfosis de la cuestión social*. Buenos Aires: Paidós Ibérica.

Castells, M. (2001). "La conexión perversa: la economía criminal global". *La era de la información. Vol. 3: Fin de milenio*, pp. 199-243.

Castells, M. (2004). *La era de la información: economía, sociedad y cultura* (Vol. 3). Siglo XXI. Comisión de las Comunidades Europeas (1992). *Hacia una Europa de la Solidaridad. Intensificación de la lucha contra la exclusión social y la promoción de la integración*. Bruselas. COM (92) 1-542.

Con, M., Susini, S., Catalá, S. y Quinteros, S. (2011). "Índice de vulnerabilidad social (IVS). Do- cumento metodológico". *Informes temáticos de la Dirección de Investigación y Estadística del Ministerio de Educación del Gobierno de la Ciudad de Buenos Aires.*

De la Puente, J. L. B. (2009). "Hacia una educación inclusiva para todos". *Revista Complutense de Educación, 20*(1), p. 13.

Estivill, J. (2003). *Panorama de la lucha contra la exclusión social: conceptos y estrategias.* International Labour Organization.

Eurostat (2016). *EU statistics on income and living conditions (EU-SILC) methodology.* Disponible en https://bit.ly/2R0qKAn.

Fitoussi, J. P. y Rosanvallon, P. (1997). *La nueva era de las desigualdades.* Buenos Aires: Ediciones Manantial.

Formichella, M. M. (2014). "Equidad educativa: medición y aplicación a Latinoamérica". *Education Policy Analysis Archives*, vol. 22, n.° 1. pp. 1-26.

Formichella, M. M. y London, S. (2013). "Empleabilidad, educación y equidad social". *Revista de Estudios Sociales*, n.º 47, pp. 79-91.

Fundación Encuentro (2001). *Informe España 2001. Una interpretación de su realidad social.* Madrid: Fundación Encuentro.

García Lizana, A. y Zayas Fuentes, S. (2000). "Aproximación al concepto de exclusión social". *Anales de Economía Aplicada.*

Gutiérrez, A. (2007). "Pobre, como siempre". En *Estrategias de reproducción social de la pobreza.* Buenos Aires: Ed. Ferreyra.

Gutiérrez, E. (2017). "Vulnerabilidad y exclusión social en Argentina: un análisis durante el Vulnerabilidad y exclusión social en Argentina: un análisis durante el período 2006-2016".Tesis de Licenciatura en Economía. Universidad Nacional del Sur, Departamento de Economía.

Gutiérrez, E. y González, F. (2017). "Vulnerabilidad y exclusión social. Un análisis de la situación en el aglomerado Posadas durante el período 2006-2016". XII Jornadas de Sociología. Recuperado de https://bit.ly/2VOK5p2.

Hopenhayn, M. (2008). "Inclusión y exclusión social en la juventud latinoamericana". *Pensamiento Iberoamericano*, (3), pp. 49-71.

Ibáñez Martín, M. M. (2015). "Segmentación e inequidad educativa en Argentina: su relación con la movilidad social". Tesis de maestría, Universidad Nacional del Sur.

Ibáñez Martín, M. M. (2017). "Exclusión y desigualdad social: fenómenos que afectan el desarrollo. Un primer análisis para Argentina". VIII Congreso Nacional de Estudiantes de Posgrado en Economía. Bahía Blanca.

Jiménez Ramírez, M. (2008). "Aproximación teórica de la exclusión social: complejidad e imprecisión del término. Consecuencias para el ámbito educativo". *Estudios Pedagógicos (Valdivia)*, *34*(1), pp. 173-186.

Kennett, P. (1999). "Homelessness, citizenship and social exclusion". En P. Kennetty y A. D. Marsh (1999). *Homelessness: Exploring the New Terrain* (pp. 37-60). Policy Press.

Kessler, G. (2009). *El sentimiento de inseguridad: sociología del temor al delito*. Buenos Aires: Siglo XXI Editores.

Kessler, G. (2011). "Exclusión social y desigualdad, ¿nociones útiles para pensar la estructura social argentina?". *Lavboratorio*, (24).

Kessler, G. (2014). *Controversias sobre la desigualdad: Argentina, 2003-2013*. Buenos Aires: Fondo de Cultura Económica.

Latas, Á. P. (2002). "Acerca del origen y sentido de la educación inclusiva". *Revista de educación*, (327), pp. 11-29.

Levitas, R. (1996). "The concept of social exclusion and the new Durkheimian hegemony". *Critical social policy*, *16*(46), pp. 5-20.

Levitas, R., Pantazis, C., Fahmy, E., Gordon, D., Lloyd, E. y Patsios, D. (2007). *The multidimensional analysis of social exclusion*. Disponible en https://bit.ly/30F4qkt.

Marshall, T. H. (1964). *Class, Citizenship and Social Development*. Nueva York: Greenwood Press.

Mingione, E. y Morlicchio, E. (1993). "New forms of urban poverty in Italy: risk path models in the North and South". *International Journal of Urban and Regional Research, 17*(3), pp. 413-427.

Minujin, A. (1999). "¿La gran exclusión? Vulnerabilidad y exclusión en América Latina". En D. Filmus (comp.). *Los noventa. Política, sociedad y cultura en América Latina y Argentina de fin de siglo* (pp. 53-77). Buenos Aires: FLACSO/EUDEBA.

Muñoz, J. M. E. (2004). "La educación, puerta de entrada o de exclusión a la sociedad del conocimiento". En *Nuevas tecnologías y educación* (pp. 25-58). Pearson Educación.

Nair, S. (1997). "Pensamiento contemporáneo y exclusión social". En *Exclusión e intervención social: conferencias pronunciadas en el Centre Cultural Bancaixa* (pp. 11-18). Bancaixa.

OEA. (2014). "Desigualdad e inclusión social en las Américas: elementos clave, tendencias recientes y caminos hacia el futuro". En *Desigualdad e inclusión social en las Américas, 14 ensayos*.

Oppenheim, C. (1998). "An overview of poverty and social exclusion". En *An Inclusive Society: Strategies for Tackling Poverty*. Londres, IPPR.

Øyen, E. (1997). "The contradictory concepts of social exclusion and social inclusion". *Social Exclusion and Anti-Poverty Policy: A Debate* (pp.63-66). Ginebra: International Institute for Labour Studies. Disponible en https://bit.ly/2YLn5sX.

Peleah, M. (2016). "The UNDP social exclusion index for Europe and Central Asia". Presentation at the Seminar on regional well-being indicators (Development of the Inclusive Society Index), 19 de octubre de 2016, Bruselas. Disponible en https://bit.ly/2VK22VW.

Pérez, M. y Saéz, H. S. (2002). *Pobreza y exclusión social en Andalucía* (vol. 18). Editorial CSIC- CSIC Press.

Quinti, G. (1999). "Exclusión social: el debate teórico y los modelos de medición y evaluación". En J. Carpio e I. Novacovsky (comp.). *De igual a igual. El desafío del Estado ante los nuevos problemas sociales.* Buenos Aires: FCE-SIEMPRO, FLACSO.

Rama, G. W. (1983). "La educación latinoamericana: exclusión o participación". *Revista de la CEPAL*, n.º 21, pp. 13-38.

Revauger, J. P. (1997). "Depoliticising Inequality: Exclusion and Discrimination in French, British and European Social Policies". En *Conference on Dimensions of Inequality in Britain and France*, p. 9.

Rizo López, A. E. (2006). "¿ A qué llamamos exclusión social?". *Polis. Revista Latinoamericana*, (15).

Rodgers, G. y Figueiredo, J. B. (1994). *Overcoming Exclusion: Livelihood and Rights in Economic and Social Development.* International Institute for Labour Studies.

Rubio, M. (2002). *La exclusión social. Teoría y práctica de la intervención.* Madrid: Editorial CCS.

Sánchez, P. A. (2012). "Luchando contra la exclusión: buenas prácticas y éxito escolar". *Innovación educativa*, vol. 21, pp. 23-35.

Saraví, G. A. (2006). *De la pobreza a la exclusión: Continuidades y rupturas de la cuestión social en América Latina.* Buenos Aires: CIESAS/Prometeo Libros.

Sarrionandia, G. E. (2006). *Educación para la inclusión o educación sin exclusiones* (vol. 102). España: Narcea Ediciones.

Sen, A. (2000). *Social exclusion: Concept, application, and scrutiny*. Manila: Asian Development Bank. Disponible en https://bit.ly/2eFfR5u.

Sobol, B. N. (2005). "Los diversos significados de la exclusión social". *Comunicaciones Científicas y Tecnológicas*, Secretaría General de Ciencia y Técnica de la Universidad Nacional de Nordeste.

Steinert, H. (2005). "Welfare from below?". *European Business Review*, *17*(4).

Subirats, J. (Dir.) (2004). *Pobreza y exclusión social. Un análisis de la realidad española y europea*. Barcelona: Ed. Fundación la Caixa.

Subirats, J., Gomà, R. y Brugué, J. (2005). "Análisis de los factores de exclusión social". *Documentos de trabajo* n.º 4. Bilbao: Fundación BBVA. Disponible en https://bit.ly/2mvyyx3.

Tezanos, J. F. (1999). "El contexto sociopolítico de los procesos de exclusión social". *Tendencias en desigualdad y exclusión social. Tercer Foro sobe Tendencias Sociales*. Madrid: Editorial Sistema.

Tezanos, J. F. (2001). *La sociedad dividida: estructuras de clases y desigualdades en las sociedades tecnológicas*. Madrid: Biblioteca Nueva.

Townsend, P. (1979). *Poverty in the United Kingdom: a Survey of Household Resources and Standards of Living*. Londres: Allen Lane and Penguin Books.

Walker, R. (1997). "Poverty and social exclusion in Europe". *Poverty Publication-Child Poverty Action Group*, pp. 48-74.

Cuando el trabajo vale centavos

*Recuperación informal de residuos urbanos
en el Municipio de La Plata
desde un análisis de sus actores*

Inés Cortazzo y Vanesa Herrero

Resumen

En el siguiente trabajo presentaremos algunas reflexiones
provenientes de una investigación desarrollada en el periodo de 2015-2017, en el marco del trabajo de investigación
"Formas organizativas y redes de sociabilidad de los reco-
lectores informales de residuos y su relación con las Condiciones y Medio Ambiente del Trabajo (CyMAT). El caso de
los cartoneros en la ciudad de La Plata".

La actividad cartonera es una actividad de vieja tradición que ha ido adquiriendo características particulares en
distintos momentos históricos tanto en Argentina como en
diversos países de América Latina. También conocida como
"recolección informal de residuos", el cartonero es quien
recupera residuos urbanos para su posterior clasificación y
comercialización en diversas formas. A partir de la década
de los 90, y principalmente con la crisis del 2001, esta actividad creció tanto en el aspecto numérico y el volumen de
productividad, como en el de la organización del trabajo.
Tres cuestiones principales marcan la opción masiva de los
sectores más vulnerables por la recolección de basura: el
incremento acelerado de la desocupación y la pobreza, la
problemática de la basura, los conflictos a nivel municipal,

y la ineficiencia de qué hacer con los desechos urbanos y el incremento del precio de los materiales reciclables producto de la devaluación del 2001.

Entendemos esta actividad como parte del mercado informal de trabajo en un circuito de recuperación y reutilización de materiales reciclables más amplio. Lejos de ser una actividad aislada, solitaria e independiente, la recuperación informal de residuos envuelve una trama de actores e instituciones públicas, privadas y sociales que obtienen provecho económico de ella. Es en ese entramado donde se desdibuja la figura del recuperador urbano sin que se reconozcan el aporte económico que realiza ni las condiciones insalubres y precarias en las que lleva a cabo su trabajo. El vecino –productor de la materia prima (los residuos)–, los municipios, empresas concesionarias, los depósitos e industrias conforman el engranaje o circuito del reciclaje.

Este análisis lo hacemos a partir de bibliografía específica, fuentes secundarias y la voz de los actores con los que trabajamos en el campo. Analizaremos la posición que ocupa cada actor en la actividad, así como la política pública con relación a la problemática.

Palabras clave

Cartoneros; trabajo informal; gestión de residuos sólidos urbanos; recuperadores urbanos.

I. Introducción

El siguiente trabajo tiene como objetivo aproximarnos al tema de investigación de referencia desde un análisis en clave político-económica de sus actores. Estas reflexiones se asientan en una investigación realizada en la ciudad de La Plata acerca la actividad cartonera o recuperación informal de residuos sólidos urbanos[1], cuyos protagonistas son conocidos como "carreros" o "cartoneros". El cartonero es quien recupera residuos urbanos para su posterior clasificación y comercialización en diversas formas (Herrero 2016; Schamber y Suárez 2007, 2011).

La actividad cartonera es una actividad de vieja tradición que ha ido adquiriendo características particulares en distintos momentos históricos tanto en Argentina como en diversos países de América Latina (Anguita, 2003; Gorbán, 2014), fuertemente relacionada con cambios económicos y políticos, sean a nivel nacional, latinoamericano o internacional.

Suele asociarse el fenómeno del cartoneo en línea directa con la pobreza, entendiéndose como un estrategia de supervivencia, pero resulta necesario desentrañar qué hay detrás del fenómeno visible. Presentamos una lectura desde la economía política, teniendo en cuenta: el contexto político y socioeconómico que posibilitó el crecimiento exponencial de esta actividad a partir de la década de los 90 y principalmente luego de la crisis del 2001; la trama económica y los intereses de actores públicos y privados involucrados en la recuperación, comercialización y reciclado de RSU; y la discusión en torno a cómo leer la figura del cartonero dentro de clase trabajadora.

En este sentido, traemos a discusión la tesis de Nicolás Villanova (2015)[2], quien fundamenta, a través de una lectura marxista, que los cartoneros se constituyen en una parte de la superpoblación relativa de nuestro país en un modelo de capitalismo competitivo dependiente. Esta teoría desmiente las perspectivas de la marginalidad y la exclusión por considerarlas ajenas a una lectura de clase.

---

[1] Desde ahora, RSU.
[2] Nicolas Villanova es sociólogo y doctor en Historia por la UBA, investigador del CIECS.

Esta mirada permite comprender la actividad cartonera como una actividad productiva económica a nivel de la economía regional, debido a quienes se ven beneficiados por ella, pero, sobre todo, como una actividad que permite la reproducción doméstica de las familias que a esto se dedican.

II. Contexto macroeconómico y consolidación de la actividad cartonera en Argentina

Existe una discusión entre los especialistas en el tema en torno a la temporalidad de la masificación del fenómeno del cartoneo[3]. Por un lado, ciertos autores trazan una línea casi directa entre los cartoneros y la crisis del 2001 (Anguita; Schamber y Suárez, Reynals), entendiendo que son un producto de ese momento histórico específico. Por otro, están quienes consideran que ya existía un número relevante de personas dedicadas a esto, aunque sí se ve incrementado luego de ese año (Paiva, 2008; Gorbán, 2014; Villanova, 2014). Lo cierto es que en Argentina, a partir de la década de los 90 y principalmente luego de la crisis del 2001, la actividad de recuperación informal de residuos creció tanto en el aspecto numérico (cantidad de cartoneros) y volumen de productividad, como en el de la organización del trabajo.

Existe un consenso con respecto a las falencias de las estadísticas oficiales sobre la cantidad de cartoneros en nuestro país, ya que no se miden en el Censo Nacional y en la EPH, que son instrumentos de medición oficial[4]. Los datos duros con los que se cuenta provienen de tres fuentes

---

[3]   Nos referimos a la masificación ya que la actividad de recuperar objetos de la basura para el consumo personal o la reventa es muy antigua. En nuestro país estuvo representada durante décadas por la figura del ciruja o botellero, de quienes tanto los cartoneros como los investigadores han tendido a diferenciarse.

[4]   Para dar un ejemplo, en la EPH entrarían en la categoría de vendedores ambulantes, categoría amplia y difusa para su conceptualización.

desfasadas en el tiempo y espacio: el Registro de Recuperadores Urbanos de la Ciudad de Buenos Aires (RUR)[5]; investigaciones de corte etnográfico, principalmente concentradas en el AMBA; y datos proporcionados por las organizaciones de cartoneros[6] a nivel nacional. En el año 2002, según datos oficiales, en el RUR se habían registrado alrededor de 9.000 RU, número que ascendió a los 16.500 en 2008 (Villanova, 2014, 2015). Por su parte, la *Federación Argentina de Cartoneros y Recicladores* (FACyR) estima que en Argentina hay 300.000 cartoneros, carreros y recuperadores informales urbanos en disímiles condiciones de trabajo y/o contratación.

Retomando las posibles explicaciones sobre el aumento de personas dedicadas a la recolección informal de RSU, tres cuestiones principales marcarían la opción masiva de los sectores más vulnerables luego de la crisis del 2001 (Carenzo, 2013; Casovoc, 2009; Gorbán, 2008; Schamber y Suárez, 2007, 2011; Paiva, 2004, 2006; Perelman, 2010; Villanova, 2015). Estas son:

1. La problemática de qué hacer con los desechos urbanos, es decir, la Gestión Integral de Residuos Sólidos Urbanos[7]. La consolidación del capitalismo industrial trajo aparejado la concentración de población en las ciudades[8] y, por ende, el aumento de desechos, esto sumado al desarrollo de la medicina higienista (Gorbán, 2014; Herrero, 2015; Schamber y Suárez, 2007, 2011). Entonces, la problemática

---

[5] La Ley de Recuperadores Urbanos n.º 992 creó el Registro Único de Recuperadores Urbanos (RUR), el cual permitiría a los cartoneros obtener una credencial de permiso, elementos de higiene y salubridad, y ser incorporados al servicio de recolección diferenciada, entre otros. Es decir, dar un marco normativo al trabajo.

[6] Nos referimos a la Federación Argentina de Cartoneros y Recicladores (FACyR), la Confederación de Trabajadores de la Economía Popular (CTEP) y el Movimiento de Trabajadores Excluidos (MTE).

[7] Desde ahora, GIRSU.

[8] El 41 % de la población total latinoamericana vivía en ciudades en 1941, y aproximadamente el 77 % de los residentes vivía en áreas urbanas en el año 2000.

de la basura urbana se convirtió en una cuestión de agenda pública desde la conformación de las grandes urbes a nivel mundial hacia fines del siglo XVIII y principios del XIX, mismo periodo en el que Argentina se insertó en la economía mundial como país agroexportador (López, 2015; Marini, 1973, 1991). Hacia 1870 se asignó como lugar oficial el vaciadero municipal en la Zona Sur de Buenos Aires para la disposición y quema de los residuos a cielo abierto (Schamber y Suárez, 2002). Alrededor del vaciadero se conformó el denominado "Pueblo de las Ranas" o "de las Latas", un barrio marginal donde surgió la figura tradicional de "ciruja", la persona que selecciona de los desperdicios aquellas cosas que sirven para el consumo personal o para la reventa. En el año 1925, la resolución (n.º 1157/25) prohibió la separación y recolección de los residuos por parte de personas ajenas al circuito formal, lo cual hizo ilegal dicha práctica, que se siguió llevando a cabo en la ilegalidad hasta el año 2002. En el año 1977, durante la dictadura militar se fundó el CEAMSE (Cinturón Ecológico del Área Metropolitana Sociedad del Estado), encargado del control de la disposición de los residuos mediante el sistema de relleno sanitario en la Ciudad de Buenos Aires y el Conurbano bonaerense, privatizando la GIRSU. Sobre la cuestión de la privatización de la GIRSU, ahondaré más adelante, pero cabe destacar que las privatizaciones de las responsabilidades estatales son una característica del neoliberalismo. Como señala López (2015) citando a Osklak: "El núcleo de la reforma estatal se traslada hacia la redefinición de las fronteras entre el dominio de lo público y lo privado, al restringir de diversas maneras la extensión y naturaleza del Estado en los asuntos sociales".

2. El incremento acelerado de la desocupación y la pobreza a partir de la implementación del proyecto neoliberal (1970-2001). Hacia fines de los 90 y principios del 2001, cuando se hizo visible la presencia de familias cartoneras en las calles, la actividad fue caracterizada como un rebusque o estrategia de supervivencia momentánea,

ya que las trayectorias de estos sujetos se caracterizaban por la pérdida reciente de trabajos formales e informales (Schamber y Suárez 2007, 2011). Según el INDEC, en el 2001 la tasa de desempleo alcanzó su punto máximo con una cifra del 25 %. El aumento de la desocupación y de la pobreza fueron consecuencias de las medidas adoptadas por los gobiernos de turno en el marco de la implementación del proyecto neoliberal en Argentina, que conllevó la consolidación de un modelo de país con una economía dependiente de los avatares externos (Marini, 1973, 1991; Peralta, 2007). López (2015) realiza un recorrido sobre este *giro neoliberal* que permite dar cuenta de esta realidad, abarcando el periodo 1970-2001. Como plantean diversos autores, el neoliberalismo no solo es un modelo económico, sino ante todo un proyecto político al servicio de las clases dominantes, en detrimento de la clase trabajadora y los sectores subalternos.

En los 90, coincidentes con la masificación de la actividad, una serie de medidas produjeron cambios dramáticos en las formas de reproducción de la clase trabajadora producto del ataque al trabajo asalariado y el achicamiento del Estado social. Como ejemplo, se puede mencionar: el endeudamiento externo, la dependencia de la explotación de recursos naturales por empresas extranjeras, la privatización público-estatal, la devaluación de la moneda y las reformas laborales. La generación de ingreso por la reventa de residuos u obtención de recursos (alimentos, ropas, mobiliario, juguetes, etc.) es una actividad intrínsecamente ligada a la satisfacción de necesidades básicas de los sujetos para reproducir su existencia en el marco del sistema capitalista. En periodos de crisis entendidas, como la interrupción de los flujos de capital, la desocupación tiende a aumentar como consecuencia de las medidas que toman los grandes empresarios para no ver disminuidas sus ganancias, y la pobreza apremia cada vez más a los sectores menos favorecidos (Harry, 1985; Harvey, 2004). Es en este contexto en que se produjo la consolidación de la actividad cartonera como una forma más de reproducción cotidiana.

3. El crecimiento de la industria del reciclado y el incremento del precio de los materiales reciclables producto de la devaluación a partir del 2001. Diversos autores han hecho hincapié en este aspecto del mercado industrial para explicar la supuesta rentabilidad de la recuperación de RSU. Como analizan Schamber y Suarez (2007) y Villanova (2015), el crecimiento de la industria del reciclaje está ligado a dos fenómenos: el enfoque ambientalista asumido por los Estados latinoamericanos desde hace varios años para la GIRSU, y el incremento de los precios de materiales reciclables. La devaluación llegó luego del periodo de la convertibilidad durante el gobierno menemista y de la Alianza. La devaluación de la moneda nacional frente al dólar generó una disminución de los costos de producción que se pagan con moneda nacional, pues se estaba pagando con la misma cantidad de pesos una cantidad menor en dólares. Esto permitió en general disminuir el precio de los productos nacionales para que fueran más competitivos en relación con otros productos similares en el mercado internacional. Lo contrario ocurrió en el mercado interno, pues la producción nacional subió de precio frente a una devaluación del peso por efecto del reajuste que se realizó en varios eslabones de la cadena productiva para recuperar el ingreso que se perdía con la devaluación. Lo que las industrias antes recibían como ingreso en pesos perdió su valor en relación con el dólar mediante la devaluación, y por tanto los productores debieron incrementar el precio a fin de recuperar algo o la totalidad del valor perdido. Esto implicó, entre otras cuestiones, un aumento del gasto en importaciones y, por ende, la pérdida de ganancias, fomentando así la industria interna, en este caso, la industria del reciclaje de papel, vidrio y plástico principalmente, como se ve en el siguiente cuadro.

Listado de empresas recicladoras en Argentina. Febrero de 2011

Tipo de material	Cantidad
Recicladores de desechos textiles	7
Recicladores de desechos de aleaciones de aluminio	5
Recicladores de desechos de hierro-acero	5
Recicladores de desechos de aleaciones de cobre	7
Recicladores de tetrabrik	1
Recicladores de desechos de vidrio	5
Recicladores de desechos de papel y cartón	20
Recicladores de desechos de plástico	21
Recicladores de residuos de aparatos eléctricos y electrónicos (RAEE)	1

Fuente: cuadro de elaboración propia con base en los datos del Observatorio para la Gestión de Residuos Sólidos Urbanos, Secretaría de Ambiente de la Jefatura de Gabinete.

En el siguiente apartado, relacionaremos estos aspectos para dar cuenta del negocio que se esconde detrás de la actividad del cartoneo, y reflexionaremos sobre que los cartoneros son una parte de la clase trabajadora que es explotada en pos del beneficio de grandes empresas y del Estado mismo.

III. ¿Quiénes ganan? El negocio de la basura y la función de la recuperación informal

Según fuentes oficiales del Observatorio Nacional de Gestión de Residuos Sólidos Urbanos, en Argentina se calcula que cada habitante produce entre un kilo y un kilo y medio de desechos urbanos por día. Esto es, alrededor de 12 millones de toneladas de desechos al año. Como se registra en el siguiente cuadro, la cantidad de desechos varía de acuerdo a la región. Así, vemos que la Ciudad de Buenos Aires, la Provincia de Buenos Aires, Córdoba y Mendoza, caracterizadas por tener la mayor población del país y una economía activa, concentran la mayor cantidad[9]. Es también en estas provincias, principalmente en Buenos Aires, donde se concentran las grandes fábricas y plantas dedicadas al reciclaje de materiales que son revendidos a otras para ser repuestos en el mercado[10].

Provincia	Población Servida Año 2010 (hab)	Generación Per cápita (Kg./hab x día)	Generación Total (Tn/día)	Generación Total anual (Tn/año)
Buenos Aires	15.317.428	1,108	16.976	6.196.240
Catamarca	347.615	0,735	255	93.075
Ciudad de Buenos Aires	3.117.801	1,25	5.000	1.825.000
Córdoba	3.227.603	1,011	3264	1.191.360
Corrientes	865.100	0,814	704	256.960
Chaco	403.845	0,777	314	114.610
Chubut	442.103	0,903	399	145.635
Entre Ríos	1.138.506	0,79	899	328.135
Formosa	443.509	0,651	289	105.485
Jujuy	625.616	0,74	463	168.995
La Pampa	312.140	0,85	265	96.725
La Rioja	304.796	0,738	225	82.125
Mendoza	1.471.771	1,003	1477	539.105
Misiones	812.613	0,641	521	190.165
Neuquén	491.994	0,898	442	161.330
Río Negro	565.729	0,862	488	178.120
Salta	1.086.017	0,82	890	324.850
San Juan	637.454	0,891	568	207.320
San Luis	388.881	0,813	316	115.340
Santa Cruz	215.972	0,823	178	64.970
Santa Fe	3.177.295	1,006	3.043	1.110.695
Santiago Del Estero	672.354	0,829	557	203.305
Tierra Del Fuego	111.614	0,705	79	28.835
Tucumán	1.243.540	0,761	1002	365.730
TOTAL	37.421.296	1,003	38.614	14.094.110

---

[9] Lo que consume una población, su capacidad de compra, se refleja en el volumen de lo que desecha. Así es que en las provincias más pobres y zonas menos urbanas, esta cantidad suele disminuir.

[10] Consultar mapa de industrias recicladoras: http://recicladores.com.ar/.

La recolección de la basura en nuestro país es descentralizada y tercerizada; esto quiere decir que el Estado, a través de los municipios, contrata empresas privadas que trasladan los desechos a los lugares dispuestos y les paga por tonelada recogida.

Lo cierto es que la disposición final adecuada sigue teniendo porcentajes relativamente bajos en comparación con la cantidad de residuos recolectados. La basura es enterrada en rellenos sanitarios y en basurales clandestinos a cielo abierto. Existen alrededor de 2.000 basurales a cielo abierto, y la disposición de residuos en rellenos sanitarios alcanza el 63 % según datos oficiales, lo que no se condice con la cantidad de basurales ilegales. De acuerdo con organismos ambientales de índole no oficial, como Greenpeace o la Cámara de Construcción Argentina, solo el 40 % de los residuos se desechan en condiciones más o menos sanitarias, y el resto se distribuye en unos 2.000 basurales a cielo abierto. Estas diferencias se acentúan en las provincias con menos presupuestos.

Mapa de porcentaje de disposición adecuada de RSU por provincia

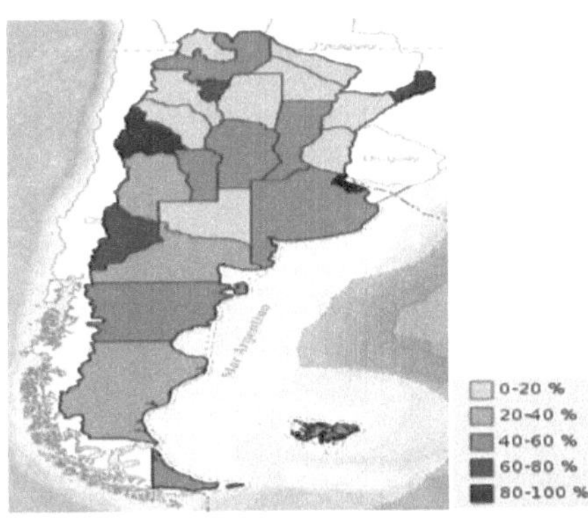

Fuente: Observatorio Nacional – Sistema de Información de Gestión de Residuos (SIGIRSU)

Distribución de Disposición Adecuada de RSU por región

Región	Proporción de la población nacional	Porcentaje de disposición adecuada	Porcentaje de disposición adecuada (sobre el total disposición adecuada)
Área CEAMSE	28,49 %	28,49 %	46,45 %
Resto Centro	38,42 %	20,62 %	33,61 %
Patagonia	5,24 %	2,44 %	3,97 %
Cuyo	7,94 %	3,09 %	5,04 %
NOA	11,41 %	3,96 %	6,45 %
NEA	9,17 %	2,75 %	4,48 %
Disposición no adecuada 38,66 %			

Los municipios establecen concesiones millonarias con estas empresas, como sucedió este año cuando la Municipalidad de La Plata renovó el contrato con ESUR por 18 millones, desatendiendo los reclamos de las cooperativas y organizaciones de cartoneros por ser reconocidos e incluidos en la GIRSU. La particularidad de la negociación fue que se entregó tanto la Gestión de Desechos como de RSU mediante el programa "Bolsa Verde"[11], atacando directamente la fuente de trabajo de los recuperadores.

Entonces, por un lado el municipio se beneficia por cada toneleda que los RU reinsertan en las industrias, ya que a menos toneladas, menos ganancia para las empresas reco-

---

[11] La municipalidad de La Plata implementa un sistema de bolsa verde, la cual reparte a los vecinos del centro a cambio de una colaboración y se recoge dos veces por semana en un horario establecido. Durante la gestión anterior, la mayor parte de esas bolsas eran redistribuidas a las cooperativas. Como consecuencia del nuevo contrato, ESUR dispone de ellas.

lectoras, y, por ende, menos gasto del presupuesto público[12]. Sin embargo, en vez de optar por el reconocimiento de los trabajadores cartoneros y carreros, continúa con contratos privados millonarios bajo el discurso de la eficiencia.

Por otro lado, las industrias se benefician en cuanto compran materiales para reciclar a los cartoneros y luego revenderlos a grandes fábricas de bebidas (en el caso de los envases), papeleras, fábricas de automotores, entre otros. En el caso de las papeleras, la relación de rentabilidad entre la producción de celulosa y la utilización de materiales de reciclaje es aproximadamente de un 40 % (Villanova, 2015). La ganancia industrial es la forma de ganancia que se apropian los capitalistas cuando invierten su capital en el proceso de producción directamente (Foladori y Melazzi, 2009).

Vemos que todos estos actores y otros intermediarios obtienen su ganancia; entonces, ¿cuánto obtiene un carrero sobre esta ganancia industrial? ¿Quién le paga por su trabajo?

En el siguiente cuadro se observan los precios de los materiales reciclables actualizados que pagan las empresas, a quienes se les entrega el material acopiado.

Material	$/kg	Var. trim. ant. ($)	Var. trim. ant. (%)	Acopiador/ reciclador
Papel mezcla	1,80	0,60	50,00	Reciclador
Papel diario	1,76	-0,09	-4,73	Reciclador
Cartón 1era	2,05	0,27	15,20	Reciclador
PET Cristal	5,42	0,28	5,34	Reciclador
PET Color	2,75	0,60	27,91	Reciclador

---

12 Como referencia, según cifras oficiales, en la Ciudad de Buenos Aires, se recuperan unas 1.000 toneladas diarias de material reciclable por parte de los RU, lo que se traduce en el 18 % de la basura domiciliaria que se genera en el distrito, estimada en 5.500 toneladas por día. Gran parte del presupuesto de un municipio se destina a la GIRSU.

PET Aceite	1,40	0,20	16,67	Reciclador
Soplado (PEAD)	4,00	-1,00	-20,00	Reciclador
Nylon	7,00	0,25	3,70	Reciclador
Bazar (PP)	3,00	0,40	15,40	Reciclador
Telgopor	5,00	0,00	0,00	Reciclador
Vidrio	0,50	0,03	6,38	Reciclador
Aluminio	8,00	2,00	20,00	Reciclador
Chatarra	0,30	-0,10	-25,00	Acopiador
Papel blanco	3,50	0,25	7,70	Reciclador
Papel revista	2,00	0,30	17,65	Reciclador
Tetrabrik	1,25	-1,45	-53,70	Acopiador
Trapo	1,80	0,00	0,00	Acopiador
Cobre	42,00	0,00	0,00	Acopiador
Maple	1,80	0,00	0,00	Acopiador

Los precios expresados corresponden al promedio del precio pagado por empresas recicladoras y/o acopiadores según lo informado por 5 plantas de clasificación, localizadas en el Área Metropolitana de Buenos Aires en un relevamiento a cargo de Conexión Reciclado. Última actualización: diciembre de 2016.

Hay que tener en cuenta que este no es el valor que recibe el carrero, porque existen intermediarios, entre ellos, los chatarreros (legales e ilegales), pequeños y grandes depósitos, acopiadores y cooperativas, empresas recolectoras, que van quitando cada vez más valor a la fuerza de trabajo. En entrevista con un referente carrero de la ciudad, él daba cuenta de la cantidad de kilos de cartón, papel o vidrio que se necesitan para cubrir las necesidades mínimas: "Nosotros todavía estamos viviendo en el mundo de los centavos... Un kilo de cartón vale 1,20 pesos, un kilo de vidrio vale 30 centavos, un kilo de chatarra vale 50 centavos". Para comprar un kilo de pan, que ronda los 18 pesos, un carrero debe juntar 18 kilos de cartón.

El trabajo de los cartoneros se puede dividir en tres momentos (Herrero, 2015): recolección en la vía pública, clasificación y acopio en los hogares o galpones (en el caso de las cooperativas), y comercialización, es decir, la venta de la mercancía. Los dos primeros momentos son los que conllevan el mayor tiempo y desgaste físico, dado que se trabaja en condiciones insalubres, en malas condiciones climáticas, sufriendo además discriminación en la vía pública. En este proceso hay entonces una apropiación de la fuerza de trabajo del carrero que no es pagada bajo ninguna forma, ya que se le paga por kilo de material, por lo cual debe adaptarse a las exigencias de intermediarios y empresarios.

En el siguiente esquema mostramos el ciclo básico de recuperación de residuos según la actividad y los actores involucrados.

Actividad de recuperación de RSU. Ciclo básico de reciclaje

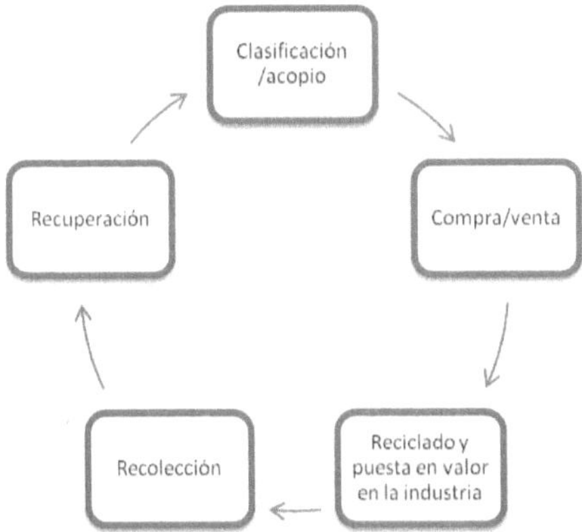

Actividad de recuperación de RSU. Actores del circuito productivo

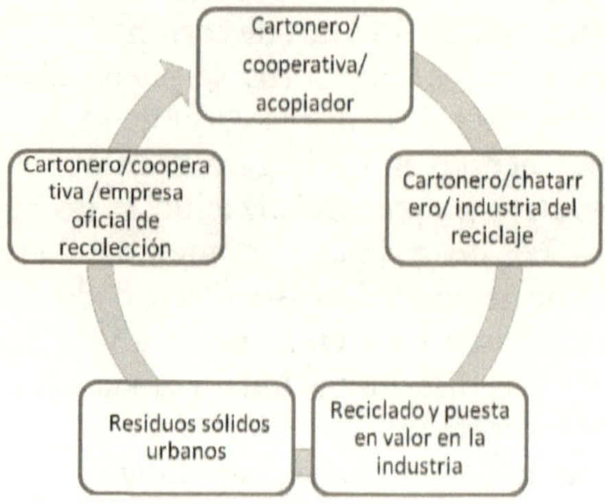

Los beneficios de estos actores se fundan sobre la explotación de la mano de obra de los cartoneros. "El proceso de producción, en la medida en que nos permite entender el de creación de plusvalía, da cuenta del proceso de explotación del trabajo por el capital. Lo que es valorización para el capitalista es explotación para el trabajador" (Marini, 1979).

En este sentido, Villanova plantea:

El capitalismo argentino se caracteriza por la baja competitividad en el mercado mundial y la caída de productividad relativa del trabajo. [...] la explotación de una clase obrera que vende su fuerza de trabajo por debajo de su valor, sobre todo desde la década de los 70, se vuelve un mecanismo compensatorio que presupone la existencia de una sobrepoblación relativa que crece y se consolida acompañando las transformaciones de la Gran Industria (Villanova, 2015, p. 53).

Esta superpoblación, o ejército de reserva, como lo definió Marx, "es el conjunto de trabajo desempleado y sub-empleado que se crea y se reproduce directamente por la acumulación de capital" (Shaikh, 2000). Dentro de esta sobrepoblación relativa[13], se ubican los cartoneros, en cuanto no son parte de la masa asalariada, como consecuencia de los altos índices de desempleo, pero desarrollan una actividad productiva que genera ganancias, al mismo tiempo que garantizan su propia reproducción.

Por último, y en relación con el tema más amplio que nos convoca –la organización colectiva–, remarcamos el papel que las organizaciones sociales vienen teniendo en este escenario, que le otorga cada vez más relevancia a la problemática en los últimos años en el distrito de La Plata. La organización colectiva de los cartoneros está particularmente asociada a la sanción de la Ordenanza Municipal Basura 10.061/09, que obliga al municipio a incorporar a las cooperativas de cartoneros en la GIRSU. A partir de este reconocimiento, la organización y la acción colectiva de cartoneros y cooperativas fueron sentando las bases de un reclamo continuo hacia el municipio y la sociedad civil.

En el plano de acciones colectivas, se ejecutan acciones de protesta, de movilización, de promoción y difusión en el derecho al trabajo y la obtención de recursos. También podemos nombrar las asambleas y espacios de discusión colectiva hacia el interior del movimiento: a nivel local, la participación directa en cortes, movilizaciones y las negociaciones con funcionarios públicos, y, a nivel nacional, la movilización junto con otros movimientos que permitió, por ejemplo, la sanción de la Ley de Emergencia Social en el año 2016.

Por esto, entendemos que cumplen una triple función, que sintetizamos en este esquema:

---

13 La función histórica de la superpoblación relativa es por un lado, ejercer una presión hacia la baja del salario, la tendencia de la flexibilización y precarización laboral en Argentina durante la década de los 90 y otros países latinoamericanos es un ejemplo en este sentido y por otro lado es utilizada por el capital en momentos de expansión económica.

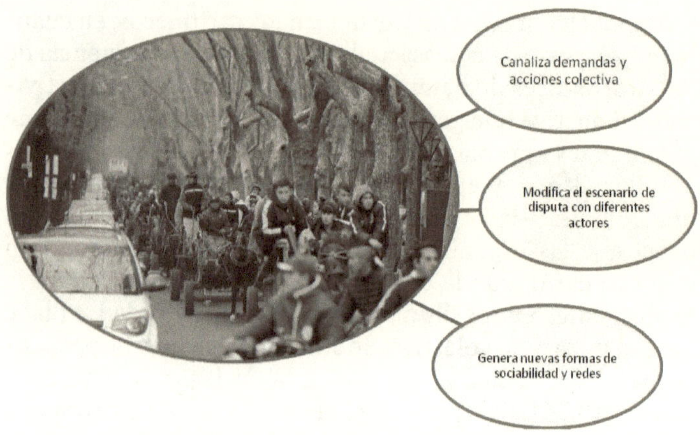

Reflexiones finales

En Argentina, la industria del reciclaje ha crecido por los aspectos que ya mencionamos, pero también por la falta de tratamiento de los RSU por parte de la gestión pública. Hay cuestiones de índole estructural que subyacen a la elección de la forma de tratamiento fuertemente asociadas a las economías regionales, la capacidad tecnológica y la disponibilidad de extensiones de tierras. En nuestro país la basura se entierra, y, gracias a la labor de los RU, se recicla un porcentaje.

A los cartoneros se los ha caratulado de trabajadores independientes y cuentapropistas, e incluso las cooperativas proponen el monotributo como forma de registro. Esto encubre la relación de explotación por el capital y, como plantea Villanova, los excluye de la definición tradicional de la clase trabajadora al no considerarlos como trabajadores asalariados. Horas y horas de trabajo no son reconocidas, y no se les otorga la posibilidad de acceder a beneficios sociales, proporcionando grandes ganancias al sector industrial. Existe una dependencia de ingreso que proviene, en último lugar, del sector industrial y empresarial. Coincidimos en que

> la definición de clase trabajadora como quienes se ven forzados a vender su fuerza de trabajo al capital debe entenderse de manera amplia, no acoge únicamente a quienes reciben un trabajo monetario, son todos quienes trabajan para el capital de distintas formas a cambio de una parte de la riqueza social (Cleaver, 1985).

Por lo tanto, un análisis desde la economía política permite ubicar a los cartoneros como trabajadores, y no solo como supervivientes o marginales, dando cuenta del negocio que se motoriza tras su explotación. Esta actividad es fuente de ingreso y de recursos necesarios para la reproducción de miles de familias. En este sentido, es necesario un análisis históricamente situado.

Bibliografía

Anguita, E. (2003). *Cartoneros, recuperadores de desechos y causas perdidas*. Buenos Aires: Grupo Editorial Norma.

Cleaver, H. (1985). *Una lectura política de* El Capital (pp. 181-292). México: Fondo de Cultura Económica.

Cosacov, N. y Perelman, M. (2011). "Modos de apropiación de la ciudad, conflicto y gestión del espacio urbano. La construcción de fronteras en la Ciudad de Buenos Aires". En Di Virgilio, M. *et al. La cuestión urbana interrogada: transformaciones urbanas, ambientales y políticas públicas en Argentina*. Buenos Aires: Café de las Ciudades.

De la Garza, E. (coord.) (2011). *Trabajo no clásico, organización acción colectiva. Tomo I y II*. México: Plaza y Valdés Editores.

Farías, L. y Herrero, V. (2013). "Lo visible invisibilizado. Condiciones y medio ambiente de trabajo de los cartoneros en la ciudad de La Plata: del trabajo al rebusque y del rebusque al trabajo". 11.º Congreso Nacional de Estudios del Trabajo.

Foladori, G. y Melazzi, G. (2009). "La ganancia y sus formas: ganancia industrial y comercial; interés del capital; renta del suelo". En *La economía de la sociedad capitalista y sus crisis recurrentes* (pp. 64-73). Uruguay: Universidad de la República.

Gorbán, D. (2014). *Las tramas del cartón. Trabajo y familia en los sectores populares*. Buenos Aires: Editorial Prometeo.

Harvey, D. (2014). *Diecisiete contradicciones y el fin del capitalismo* (pp. 27-95). Quito: IAEN-Instituto de Altos Estudios Nacionales del Ecuador.

Herrero, V. (2016). "De espacios, lugares y territorios. Transitar los estigmas de la ciudad: recuperadores no convencionales de residuos urbanos en la ciudad de La Plata". III Foro Latinoamericano de Trabajo Social. Disponible en https://bit.ly/2K3vrby.

Junyent, J. y Etxezarreta, M. (2009). "Elementos fundamentales para entender cómo funciona el capitalismo y su evolución histórica". En "Apuntes teóricos para entender la crisis", *Informes de Economía Crítica*, n.º 6, pp. 4-15.

López, E. (2015). *Los años post-neoliberales. De la crisis a la consolidación de un nuevo modo de desarrollo*. Cap. 4, 7 y 8. Miño y Dávila Editores.

Nell, E. (2005). *El resurgimiento de la economia política*.

Marini, R. M. (1979). "El ciclo del capital en la economía dependiente". En U. Oswald (coord.), *Mercado y dependencia* (pp. 37-55). Ciudad de México: Nueva Imagen. Disponible en https://bit.ly/2W5qZA8.

Marini, R. M. (1991), "Dialéctica de la dependencia". En *América Latina, dependencia y globalización* (pp. 99-136). Buenos Aires: Prometeo Libros, CLACSO. Disponible en https://bit.ly/1TQ0iIB.

Merklen, D. (2005). *Pobres ciudadanos. Las clases populares en la era democrática. Argentina 1983-2003.* Buenos Aires: Gorla.

Paiva, V. y Perelman, M. (2008). "Aproximaciones a la historia del cirujeo en la Ciudad de Buenos Aires". Disponible en https://bit.ly/2HEyC7T.

Paiva, V. (2008). *Cartoneros y cooperativas de recuperadores. Una mirada sobre la recolección informal. Área Metropolitana de Buenos Aires, 1999-2002.* Buenos Aires: Prometeo Libros.

Perelman, M. (2010). "Cartoneros en Buenos Aires: nuevas modalidades de encuentro". *Revista Mexicana de Sociología* 72, n.º 3, pp. 393-418.

Schamber, P. y Suárez, F. (comp.) (2007, 2011). *Recicloscopio* Tomos I, II y III. Buenos Aires: UNGS, Ciccus.

Shaikh, A. (2000). "Inflación y desempleo: una alternativa a la economía neoliberal". En D. Guerrero. *Macroeconomía y crisis mundial* (pp. 29-46). Madrid: Editorial Trotta.

Sotelo Valencia, A. (1996). "La reestructuración del trabajo y el capital en América Latina". En R. M. Marini y M. Millán (coord.). *La teoría social latinoamericana. Cuestiones contemporáneas*, Tomo IV (pp. 69-94). México: Ediciones El Caballito.

Villanova, N. (2015). *Cirujas, cartoneros y empresarios. La población sobrante como base para la industria papelera.* Buenos Aires: Ediciones RYR.

Villanova, N. (2014). "Los cartoneros y la estatización de su condición como población sobrante para el capital por intermedio de las cooperativas. Ciudad de Buenos Aires, 2001-2012". *Trabajo y Sociedad*, n.º 23, invierno 2014.

"Los trescientos… y algunos más"

Hábito y habitus de las clases altas
en la Ciudad de México, 1930-1970

Reyna Felipe Álvarez y Arturo Grunstein Dickter

Resumen

Desde sus orígenes, la estratificación y la persistencia de la desigualdad se encuentran en el núcleo del análisis sociológico. En nuestra ponencia nos enfocamos en un aspecto fundamental de estos fenómenos: las expresiones simbólicas de superioridad social. Desde la publicación del libro de Pierre Bourdieu *La distinción*, su noción de *habitus* ha ejercido gran influencia en los estudios de este problema. Sin negar la importancia de dicha contribución, proponemos que *Teoría de la clase ociosa* de Thorstein Veblen constituye una propuesta teórica y conceptual complementaria para el estudio de la permanencia y cambio de las prácticas de distinción social. No obstante, pocos son los investigadores en América Latina que se encuentran familiarizados con esta perspectiva teórica y que la han aprovechado. El trabajo inicia con un esfuerzo por comparar y contrastar los conceptos de "*habitus*" de Bourdieu con el de "hábito mental y de vida" de Veblen. Enseguida mostramos las ventajas de introducir una perspectiva evolucionista neovebleniana en el análisis histórico sociológico empírico de la cultura de las clases altas. Lo anterior lo realizamos con base en el estudio de caso de un sector específico de la Ciudad de México de mediados del siglo XX conocido como "Los trescientos… y algunos más", un sector de viejas fortunas venido a menos.

En particular, se explican los cambios en sus formas de exhibición de distinción social a través del ocio y consumo conspicuos, en un entorno de grandes convulsiones y transformaciones sociales, económicas y políticas. El hecho es que a la mayoría de estas familias la Revolución mexicana les hizo justicia, pero en un sentido inverso a los líderes militares triunfantes. Concretamente, las políticas cardenistas las impactaron con bastante severidad. En parte por esta razón desarrollaron un canon de estatus mediante el cual la riqueza pecuniaria pesaba menos que guardar las normas y costumbres propias de la gente bien. En breve, 300+ confirmó la hipótesis vebleniana de que, en comunidades contenidas de estatus hereditario, el ocio, sin excluirlo, desde luego, prevalece sobre el consumo conspicuo. Así pues, proponemos que la noción de *habitus* de Bourdieu requiere de una teorización para abordar la dinámica de permanencia y cambio en contextos históricos específicos, la cual se puede encontrar en la perspectiva evolucionista contenida en la de hábito mental y de vida de Veblen.

Palabras clave

Hábito; *habitus*; clase ociosa

I. Introducción

Nuestra ponencia, primer producto de una investigación en curso, se enfoca en los procesos de permanencia y cambio (evolución) en el estilo de vida de un sector de las clases altas de la sociedad mexicana (principal mas no únicamente de la Ciudad de México) de mediados del siglo XX, c. 1945-c.1970. Se trata del grupo al que el famoso cronista social Carlos González López Negrete, el "Duque de Otranto", identificó en sus escritos como "los trescientos... y algunos más" (al que nos referiremos en adelante como "los 300+"). Lejos de constituir un bloque compacto y homogéneo, los 300+ fueron un sector bastante heterogéneo, compuesto por individuos y familias prominentes, clasificados en distintos orígenes históricos y contextos socioculturales, que, durante el período estudiado, gozaron en formas y cantidades variables de riqueza, prestigio y estatus. Así pues, la investigación busca describir y explicar desde una perspectiva evolucionista los cambios y la diversidad en las manifestaciones de su *habitus* o disposición de gustos y prácticas enclasadoras y enclasantes de distinción social.

II. Marco teórico/marco conceptual

Con el fin de explicar los cambios que se pueden apreciar en los relatos del Duque de Otranto, en esta ponencia exploramos la utilidad heurística de dos conceptos, el de "hábito mental" de Thorstein Veblen y el de *"habitus"* de Pierre Bourdieu. Sugerimos que, aunque ciertamente no son sinónimos, estas dos nociones se encuentran emparentadas, y que es posible combinarlas de forma complementaria con el fin de utilizarlas para el estudio de la distinción social y otros fenómenos relacionados.

El concepto de "hábito" en Veblen se encuentra fuertemente influido por el desarrollado en la filosofía y psicología pragmatistas estadounidenses de su época. Se trata de una noción más compleja que la del sentido común, y es central a su teoría social. Sin embargo, en *Teoría de la clase ociosa* aún no ofreció una definición precisa, y su significado varía; en ocasiones lo utiliza de acuerdo con Darwin, casi como sinónimo de instinto de bases biológicas; en otras, se trata de una conducta arraigada socioculturalmente adquirida en adaptación al entorno. Cualquiera que sea nuestro juicio sobre la relación de Veblen con el pragmatismo clásico, persiste el hecho de que su teoría de la acción psicológica hace sentido óptimo cuando se entiende contra el telón de fondo de aquella filosofía. En este contexto, el hábito no se refiere a una rutina repetitiva completamente irreflexiva, sino a un patrón de conducta establecido abierto a la reflexión del sujeto actuante, incluso durante el tiempo en que está sucediendo. En la época de Veblen, filósofos como Charles S. Peirce, su maestro en Johns Hopkins, y John Dewey, su colega en Chicago, utilizaron el mismo concepto justo en el mismo sentido.

Lo que hay que subrayar es que, para Veblen, dichos patrones de conducta surgen y se desarrollan como parte de un proceso evolutivo por adaptación selectiva al entorno cultural e institucional. En la perspectiva pragmatista vebleniana, los hábitos en interacción con el medio ambiente constituyen al individuo en sociedad, configuran su carácter y prácticas etnoculturales, de género y –esto hay que subrayarlo– también clasistas.

Precisamente en su obra aludida, su preocupación central en buena medida fue explicar, desde una perspectiva evolucionista, el surgimiento, la consolidación y la variación de los hábitos de distinción social de las clases ociosas. Entre estos, destaca el del derroche, el cual, en términos generales, caracterizaba al proceso de institucionalización de las clases ociosas en distintas etapas históricas. Dicho hábito había aparecido en la fase bárbara, cuando las sociedades humanas empezaron a producir excedentes y a distinguir entre la indignidad del trabajo productivo frente al honor de las ocupaciones, propias de la proeza y la riqueza improductivas. El derroche de tiempo y esfuerzo en actividades "ociosas" tales como el aprendizaje de lenguas muertas, los buenos modales, etiqueta en el vestir, la práctica de deportes como el polo y el golf, así como el consumo conspicuo de bienes, sobre todo suntuarios, se convirtió en el medio para ostentar superioridad frente a otras clases. Ambos el ocio ostensible y el consumo conspicuo constituían hábitos derivados del más general del derroche envidioso.

En su explicación, Veblen muestra la dinámica por la cual dicho hábito, en todas sus variaciones –presunción de proeza, ocio ostensible y consumo conspicuo–, obedeció a un proceso adaptativo en el cual los individuos más aptos, es decir, aquellos que lo habían adquirido y desarrollado, ascendieron o mantuvieron su pertenencia a las clases ociosas. Asimismo, destaca que los hábitos del derroche son originalmente adquiridos con base en otro hábito, igualmente fundamental: el de la emulación. Los seres humanos imitamos a nuestros semejantes por naturaleza. Pero lo hacemos a partir de hábitos de emulación variables con relación a lo que en distintos entornos socioculturales se considera un modelo de éxito y genera reconocimiento y respeto. Si, en un entorno institucional determinado, es la riqueza la que confiere honor por sí misma, entonces la emulación se vuelca en las prácticas de derroche de recursos que la ostentan como el consumo conspicuo. Con el paso del tiempo, estas conductas se realizaban irreflexivamente, ya que precisamente su atributo principal ha sido contar con este rasgo de derroche habitual, manifestado a través de formas arcaicas sobrevivientes de proeza, así como de ocio ostensible y consumo conspicuo. Ya que los hábitos y las instituciones tienden a autorreproducirse, las clases que los sustentan son esencialmente conservadoras, por lo que el proceso evolutivo se caracteriza siempre por importantes desfases entre cambios en el entorno y hábitos mentales, de tal forma que las clases ociosas preservan rasgos arcaicos de conducta derrochadora.

De forma convergente con la centralidad de los hábitos aplicados a la esfera de la conducta clasista en Veblen, en su elaboración del concepto de "*habitus*" de su esquema teórico, Bourdieu se refiere a un conjunto complejo de disposiciones inconscientes producto de las condiciones de existencia, que produce juicios y acción. El *habitus* supuestamente tiene sus raíces en el entorno y antecedentes sociales de cada agente. Según esta perspectiva, los juicios culturales, incluyendo el gusto, dependen de las posiciones o trayectorias sociales.

En términos amplios, la clase dominante manifiesta su distinción, de manera que parezca espontánea o natural, a través de su sentido de lo que es propio o correcto, al mismo tiempo que contempla con desprecio ("violencia simbólica") los gustos de otras clases (medias y trabajadoras), reforzando así su condición de inferioridad y subordinación. En su argumentación, el gusto se despliega en una lucha constante en distintos espacios sociales y campos en la que intervienen diferentes tipos de capital, sobre todo cultural, social y económico, y en la que están de por medio el reconocimiento y la posición jerárquica dentro de diferentes clases sociales y entre ellas.

Bourdieu intenta mostrar la forma en que la dominación se encuentra oculta, expresada en "el gusto", consistente en un sistema de categorización que opera en la mente y en los cuerpos socializados de los actores y se convierte en distinción social que genera reconocimiento al exhibirse más bien sutilmente como estilo de vida. Precisamente, analiza el problema del gusto sobre el cual pocos se atrevían o se interesaban en explicar por aparentemente tratarse de un fenómeno meramente discursivo, propio de la esfera subjetiva personal y de su estructura psicológica. Así pues, se lanza a establecer las relaciones entre los gustos como "sistemas de clasificación" y "condiciones sociales de existencia", entendidas como las clases y sus sectores integrantes que conforman "el espacio social".

Cabe subrayar, entonces, que ambos Veblen y Bourdieu pertenecen a una misma tradición de pensamiento científico social que rechaza tajantemente las explicaciones reduccionistas, hedonistas, utilitaristas y racionalistas para asignarle su debido peso a un tipo de acción socialmente condicionado, pero en distintos grados irreflexivo, al que Veblen denominaba "hábito mental", y Bourdieu, "*habitus*". Sin embargo, para Veblen, por un lado, los hábitos socialmente adquiridos por las clases ociosas y sus emuladoras, como el ocio ostensible y el consumo conspicuo, se vinculaban estrechamente con impulsos no del todo irreflexivos, pero sí con bases innatas instintivas. Por el otro, Bourdieu considera al *habitus,* predisposición enclasada y enclasante del juicio y prácticas del gusto, como instrumento de distinción solamente en su dimensión sociológica.

Coincidimos con otros autores en que la propuesta vebleniana se puede enriquecer significativamente con la de Bourdieu de *habitus* y distintos tipos de capital. Asimismo, nos parece convincente el argumento de que el sociólogo francés abre un espacio mayor para la agencia estructurada que la que se encuentra en el esquema evolucionista de Veblen. En este sentido, hay que subrayar que, aunque sin duda el *habitus* tiene un peso estructurante de la conducta social e individual, dentro de estos parámetros las personas involucradas en una lucha dentro de distintos campos son las que diseñan y despliegan estrategias de distinción con base en su posición y los capitales de los que disponen.

Reconocemos que ciertas conductas humanas efectivamente tienen bases instintivas innatas, así como los avances sustantivos en lo que ahora se conoce como la teoría de la herencia dual. Sin embargo, para fines de esta ponencia, nos centraremos en la acepción más sociológica de Veblen y afín a la de "*habitus*" de Bourdieu.

Al mismo tiempo, sugerimos que la formulación de Bourdieu requiere de una perspectiva evolucionista para explicar la dinámica de permanencia y cambio en diferentes contextos históricos específicos, la cual se puede encontrar en la contribución teórica de Veblen. Cabe aquí reiterar que el evolucionismo que proponemos para esta investigación se limita a la esfera social y cultural, y en buena medida rescata la importancia de comprender el hábito mental o el *habitus* como proceso.

Así pues, más que de un análisis coevolucionista, de lo que se trata es de rescatar el darwinismo generalizado o por analogía, que se encuentra en la teoría institucional de Veblen. Al igual que en la vida biológica –en la que la lucha por la sobrevivencia en un entorno de recursos limitados, los miembros de la especie más aptos son los que por selección adaptativa transmiten con mayor éxito sus genes de una generación a otra–, en el mundo humano sociocultural, en el que la pugna se concentra en el recurso igualmente *escaso* de distinción social, son los agentes que adquieren y cuentan con ciertos hábitos o habiti los que, junto con sus cánones de decoro o de gusto, triunfan y prevalecen. De manera similar, para que exista selección, es necesario que haya variación en la población involucrada en el proceso evolutivo. Es decir, de manera análoga a la esfera biogenética, en la sociocultural intervienen mecanismos evolucionistas, como la selección adaptativa y otros, con el fin de determinar qué sistemas de clasificación y clasificadores son los que al final subsisten y dominan en distintos espacios sociales.

Es cierto que en el concepto de "*habitus*" de Bourdieu se encuentra una noción dinámica e histórica. Sin embargo, cuando menos en *La distinción,* el sociólogo francés no dedicó una parte importante de su investigación y reflexión a rastrear detalladamente los procesos de largo plazo de formación y cambio del *habitus* como base sociocultural enclasada y enclasante del gusto.

En la siguiente sección del trabajo, mostramos las ventajas de introducir en el análisis histórico sociológico una perspectiva evolucionista neovebleniana del "proceso del *habitus*" de las clases altas mexicanas de mediados del siglo XX. En particular, se explican los cambios en sus formas de distinción social, incluyendo sus "gustos", en un entorno de grandes convulsiones y transformaciones sociales, económicas y políticas.

III. Metodología

En los estudios sobre las clases altas y sus hábitos de distinción, pocos son los investigadores que han aprovechado en todo su potencial la crónica social como fuente de análisis histórico sociológico. Como suele ocurrir con estas figuras, Otranto era un miembro, pese a no haber sido ni remotamente el más prominente de la clase alta, correspondiente en un contexto mexicano del siglo XX a la clase ociosa de la Edad del Oropel estadounidense. Como otros, provenía de una familia de abolengo de la "provincia", de una región particular, de Durango, cuna de algunos de los individuos y grupos de terratenientes de cepa colonial y porfirista, que luego migraron a las grandes urbes, como la Ciudad de México y Guadalajara.

Así pues, las crónicas sociales del Duque de Otranto, además de datos valiosos sobre los integrantes de este sector clasista selecto –tales como sus lazos matrimoniales, negocios, viajes, fiestas, prácticas culinarias, actividades deportivas y recreativas, es decir, su "esquema general de vida" en términos de Veblen o "estilo de vida" de Bourdieu–, ofrecen una ventana privilegiada a los hábitos o *habitus* de este personaje, manifestado en sus cánones de gustos y fobias, sus criterios de distinción y de pertenencia a las clases altas, sus distintos recursos o capitales en un sentido bourdieuano, y su despliegue en la lucha por posición en diferentes campos del espacio social.

Desde una perspectiva evolucionista neovebleniana, se podría argumentar que, de alguna manera, en su tiempo, este personaje fungió como la fuerza de selección de los más aptos para seguir perteneciendo, incorporarse por ascenso social o ser excluidos de las altas esferas de la sociedad capitalina. Es un hecho que, independientemente de que fuesen parte de los "cien" o de "los doscientos", o incluso de "los algunos más", para los individuos, sus esposas y familias, seguir figurando o llegar a aparecer en las crónicas de González López Negrete confirmaba su calidad de superioridad social. Lo mismo ocurría con el libro de *Registro de los trescientos* actualizado como *Familias mexicanas,* elaborado y publicado por el mismo Duque de Otranto. Se podría inferir que la inclusión constituía una señal de éxito adaptativo, mientras que la exclusión representaba su rechazo como aspirante o declive, es decir, de probable extinción social, en las altas esferas de la sociedad mexicana de mediados del siglo XX.

Como Veblen con su noción de hábito mental y Bourdieu con la propia de *habitus,* se puede sostener que los gustos y criterios de selección del Duque no eran en buena medida una cuestión de carácter o preferencia personal. Se trataban más bien de manifestaciones de sus percepciones y apreciaciones de distinción, enclasadas y enclasantes, producto de su propia socialización, o sea de su *habitus,* con probables efectos en la estructura de estratificación y de distribución de estatus y prestigio de la alta sociedad mexicana de mediados del siglo XX.

IV. Análisis y discusión de datos. "Figurar en sociedad"

Corría el mes de mayo del año 1945 cuando, en su columna titulada "Cinegética social", publicada en la exclusiva revista *Social,* el prestigiado cronista Carlos González López Negrete, mejor conocido por su pseudónimo "el Duque de Otranto", escribió:

> ¿Cómo entrar en sociedad? [...] Hemos recibido una carta que ha provocado en nosotros dudas y cavilaciones. [...] el remitente es un señor de provincia que se ha incorporado recientemente a la vida capitalina y no concibe la existencia sin el logro de tal propósito [...] entrar en sociedad [...] en su pueblo natal –nos confiesa– cultiva relaciones de amistad con "lo mejor", pero allá es fácil, pues la buena sociedad está formada por el presidente municipal y su esposa, el boticario y los tres rancheros ricos.

Pero, en la capital […].

Otranto, en un deseo de ayudar al buen amigo provinciano, se permitirá aclarar ciertos conceptos sobre el discutido y complejo término "sociedad":

El diccionario nos dice que sociedad es el estado de los hombres o de los animales sometidos a leyes comunes, y que buena sociedad es la reunión de las personas que se distinguen por su cultura y modales […]. Ahora bien, todo es cuestión de puntos de vista, para algunas personas, la sociedad está integrada por los banqueros ricos, los industriales prósperos y los políticos de influencia […]. Para codearse con esta aristocracia de dinero está el Club de banqueros; total, la cuota de inscripción que, tenemos entendido, no pasa de diez mil pesos, y la cuota mensual de mil […] claro que siempre hay extras, un vaso de agua, cinco pesos; una comida, cien pesos; propina, veinte pesos; respirar (es más barato), dos pesos […] porque naturalmente perteneciendo a un club postinero, no es posible pichicatear sin riesgo de hacer el ridi […] pero, en cambio, conocerá usted y hará cuatachos entre los millonarios, y quien quita y caiga alguna cosa […] por ejemplo, puede ser que caiga usted en la más espantosa miseria después de una temporada corta. Para otras personas […] los seudo cultos, la primera plana de la sociedad se encuentra en las sociedades científicas y culturales y se perecen por figurar en ellas […]. La sociedad de geografía recibe cientos de solicitudes, de cultos insomnes que desean ser miembros de número […] ahora que, jerárquicamente superiores en el escalafón social, se encuentran los miembros de esa sociedad, cuyos pergaminos surgieron durante la colonia o en la vieja península y que aún conservan la peluca en el cofre y los apolillados pergaminos… y también los supervivientes y descendientes del dorado porfirismo…
Superficial ensayo si insistes, amigo provinciano, en frecuentar la sociedad capitalina, nos permitiremos algunas sugestiones… aprende a jugar *bridge* y *backgammon*… procura que alguien te introduzca al nuevo "Club" heredero de aquel afamado Jockey club, donde conocerás a toda la "Jeunesse dorée" dignamente encabezada por Homero Bandala… frecuenta, también el Ritz y los Baños Alameda y toma muchos

Mint Juleps, en el primero y muchos baños turcos en los segundos, con lo que lograrás conocer a los aristócratas, y enfermarás del hígado por los Mint Juleps, pero esa es cuestión tuya.

Enseguida, el cronista social cumplió con su promesa de informarle al anónimo provinciano sobre "esas personas que integran la primera fila de nuestra sociedad para evitarle así penosas confusiones": los Braniff, los Lascurain, los Martínez del Río, los Escandón, los Sánchez-Navarro, los Corcuera, y, desde luego, los Limantour. Enumeraba sus estrechos vínculos matrimoniales, así como sus extensas propiedades, incluyendo inmensas haciendas, así como orígenes coloniales y porfiristas. Remataba con lo siguiente: "Eso es, amigo provinciano, lo que se conoce por 'figurar en sociedad', lo que como, puedes ver, no se improvisa, pues este es resultado natural de una serie de circunstancias".

En esta primera etapa, el objeto de las crónicas de Otranto era un grupo nuclear de la "aristocracia" mexicana, relativamente más antigua, que en algunos casos se remontaba incluso al grupo de familias que había detentado títulos nobiliarios en el periodo colonial. En otros casos, sus orígenes eran más recientes, el siglo XIX y el Porfiriato. Para comienzos del siglo XX, estos dos sectores ya se encontraban bastante entrelazados por vínculos de negocios y familiares. Los más prestigiosos no habían hecho fortuna, sino que la habían heredado, y el que fuera así constituía, junto con "una serie de virtudes, cualidades y talentos", un criterio importante de pertenencia e incluso de presunción (Loeza, 2004, p. 15). Para el mencionado duque de Otranto, "constituían la columna vertebral de la sociedad mexicana, la parte estructural que conservando las virtudes tradicionales que heredara de sus antepasados, *ha sabido adaptarse a la vida moderna*, dándole [el] brillo y resplandor de lo auténticamente bueno" (citado en Loeza, 2004, p. 15)

Veinte años más tarde, en 1965, el mismo cronista social escribió en uno de sus relatos que aparecían periódicamente en su columna ahora titulada "Los trescientos... y algunos más" del diario de circulación masiva *Excélsior*:

En veinte años, la vida social en nuestra ciudad se ha transformado favorablemente en muchos aspectos, pero desfavorablemente en otras [sic.]. Por ejemplo, en las fotografías que conservamos de aquellos tiempos los varones vestían de jacquet en las bodas y de frac en las recepciones. Ahora el jacquet y el frac han desaparecido del panorama. En fiestas elegantes donde el anfitrión paga cena, champaña, orquesta, etcétera, muchos invitados se presentan en traje claro. Parece que van a jugar tenis. Ello constituye una grosería y una falta total de atención para el que invita. También debemos lamentar la pobreza actual de los espectáculos de altura. Aquellas temporadas de la Ópera Nacional donde las damas vestían de largo y los caballeros de frac. Donde los entreactos eran verdaderas fiestas de elegancia femenina, de alhajas magníficas, de damas hermosas se han perdido ya por desgracia. Ahora, en las esporádicas funciones de ópera de Bellas Artes permiten la entrada a jóvenes de chamarra y sin rasurar y mujeres de suéter y ello resulta indigno de una grande y hermosa ciudad como ya es México.

De esta manera, González López Negrete lamentaba cómo las murallas de pertenencia a las clases altas capitalinas, es decir, los requisitos para "figurar en sociedad", construidas por las prestigiadas familias de vieja cepa colonial y porfirista, se habían hecho bastante más porosas. No obstante, además de muchos aspirantes de la alta sociedad de provincia, también políticos y militares enriquecidos de la posrevolución, junto con algunos exitosos empresarios inmigrantes libaneses y judíos, ahora aparecían cotidianamente en sus columnas. Los de antiguo abolengo sin duda conservaban un lugar privilegiado, como los "cien" pero ahora, para bien o para mal, y Otranto en ocasiones pensaba lo segundo, lo tenían que compartir con los "doscientos". Estos últimos ya tenían cabida en sus crónicas, pese a sus lamentos y mofas constantes a las pifias de una personalidad semificticia a la que se refiere como la señora "Newrich". Pertenecer a la familia Rincón Gallardo o Braniff y ser visto en el Ritz seguía siendo lo más altamente valorado por el Duque de Otranto. Pero también contaba ahora ser visto en el Club de Yates o en una de las nuevas discotecas del Acapulco *a go-go*, así como frecuentar algún bar o restaurante de moda y ser dueño de una mansión de estilo neobarroco o funcionalista moderno en los nuevos suburbios de la Ciudad de México.

Conclusiones

Como Veblen con su noción de hábito mental y Bourdieu con la propia de *habitus*, se puede sostener que los gustos y criterios de selección del Duque no eran en buena medida una cuestión de carácter o preferencia personal. Se trataba más bien de manifestaciones de sus percepciones y apreciaciones de distinción, enclasadas y enclasantes, producto de su propia socialización, o sea, de su *habitus*, con probables efectos en la estructura de estratificación y de distribución de estatus y prestigio de la alta sociedad mexicana de mediados del siglo XX.

Así pues, al clasificar prácticas "aristocratizantes", tales como beber Mint Juleps en el Hotel Ritz o ir a la ópera en frac a Bellas Artes, el Duque de Otranto no estaba meramente expresando su buen gusto personal. O a la inversa lo mismo se puede decir con respecto a su disgusto hacia el mal vestir de los nuevos burgueses en fiestas y conciertos, o las innumerables torpezas de la señora Newrich. En el trasfondo de estas prácticas, incluso verbales y corporales, se encuentran los elementos estructurantes del *habitus* que, a la vez, lo enclasaban con los que enclasaba a otros, generados por el espacio social del sector de las clases altas del que provenía.

En otras palabras, González López Negrete estaba, desde una posición privilegiada, enfrascado en la lucha por la distinción social en los diversos e inestables campos en los que se estaba fraguando, en la sociedad del México posrevolucionario. Al hacerlo, ciertamente sus acciones estaban configuradas por sus condiciones de existencia, *habitus* y disposición de capital social, económico y cultural. Desde luego, procuró frente a los cambios de la posrevolución rescatar el valor distintivo del *habitus* de las sobrevivientes y más prominentes familias distinguidas de "los cien", con sus expresiones de gusto, pertenencia a las cuales no se obtenía solamente con voluntad, ni tampoco con riqueza pecuniaria o capital económico. Seguramente, parte del gusto, así como algunas de las prácticas arcaicas de "los cien", se encontraba asediado por las transformaciones del México posrevolucionario.

Las crónicas de Otranto confirman la perspectiva teórica vebleniana, en el sentido de que, en virtud de su condición de clase ociosa, los hábitos de "los cien" estaban fuertemente impregnados por viejas costumbres y tradiciones, y, desde luego, se caracterizaban por su conservadurismo social. Sin embargo, sorprendentemente, muchos de los individuos y familias de dicho sector habían logrado adaptarse para sobrevivir gozando de un nivel de prestigio y estatus, si bien discreto, bastante significativo y digno de emulación por parte de elementos de la nueva burguesía posrevolucionaria. A su vez, como parte de este mismo proceso evolutivo, el *habitus* de los primeros atravesó por cambios sensibles.

En 1945, el propósito de la misiva del personaje de provincia fue solicitar los consejos de Otranto en su afán por emular a las clases altas capitalinas tradicionales y así incorporarse en ellas. La respuesta del último es muy ilustradora: el *habitus* no se obtiene sencillamente por emulación ni tampoco solamente con la posesión de capital económico, como pensaba Veblen.

El "gusto" viene de la cuna en la que se nace, es decir, de la familia a la que se pertenece, y el entorno de socialización en el que se crece, lo que él reveladoramente explica como "resultado natural de una serie de circunstancias". Así pues, a su parecer, el provinciano debía desistir de sus esfuerzos, pues fracasaría en sus propósitos. La estrategia de distinción social del provinciano al intentar adaptarse al nuevo campo del entorno económico y sociocultural de la capital tenía forzosamente que adecuarse a la disposición de distintos capitales y al propio *habitus* con los que este contaba.

Sin embargo, la causa de Otranto de alguna manera también estaba perdida. Para 1965, los Rincón Gallardo, Corcuera y demás indudablemente lograron conservar estatus y prestigio, pero habían dejado de constituir el estilo de vida que era indispensable emular para alcanzar y mantener distinción social. El *habitus* y, por lo tanto, los gustos del sector aristócrata colonial-porfirista estaban en retirada y terminarían siendo arrollados por los nuevos sectores de las clases altas capitalinas posrevolucionarias, cuyos hombres, para disgusto de Otranto, ya no asistían en frac y jacquet a la ópera y cuyas damas tampoco lo hacían vestidas de largo y portando finas joyas.

Bibliografía

Bourdieu, P. (1979/2012). *La distinción: Criterio y bases sociales del gusto*. Madrid y México: Taurus.

González López Negrete, C. (Duque de Otranto) (1946). *Cinegética social*. México: Editorial Clásica.

González López Negrete, C. (Duque de Otranto) (1949). *El registro de los trescientos*. México: Edición del autor.

González López Negrete, C. (Duque de Otranto) (1966). *"Los trescientos"... y algunos más. Resumen de las columnas publicadas por el Duque de Otranto en el Diario Excélsior, de julio de 1965 a junio de 1966*. México: Edición del autor.

Loeza, G. (2002). *Los de arriba*. México: Plaza y Janés.
Veblen, T. (1899/2005). *Teoría de la clase ociosa*. México: Fondo de Cultura Económica.

II. Políticas sociales

Los programas de transferencias condicionadas de Argentina y Uruguay

Tensión entre seguridad y ayuda social

Carolina Maglioni

Resumen

El presente trabajo se realiza en el marco del proyecto de investigación "Reconfiguración de los regímenes de bienestar pos-neoliberales y de la pobreza persistente en América Latina. Las familias pobres como objeto de problematización e intervención del Estado social" (UBACyT PIUBA-MAS, programación científica 2013-2016) y constituye una versión ajustada de las líneas de investigación que se están llevando adelante en el contexto de una beca UBACyT de doctorado. Los programas de transferencias condicionadas (PTC) son una modalidad de intervención gubernamental extendida en América Latina y el Caribe para atender a la población en situación de pobreza y pobreza extrema, que no solo han logrado crecer en número, sino también consolidarse al aumentar los montos de las prestaciones monetarias ofrecidas, incrementar su cobertura y, en muchos casos, asegurar su institucionalidad dentro de los sistemas de protección social de cada país. No obstante la utilización de un instrumento de política social similar, en cada país estos programas han asumido características particulares y heterogéneas en función de los contextos sociales y políticos específicos en que fueron implementados. Argentina y Uruguay constituyen dos casos paradigmáticos que los diferencian de las experiencias del resto de los países de la región, pues en ambos casos los PTC se encuentran insertos en el Sistema de Seguridad Social. Tanto la Asignación Universal por Hijo para Protección Social (AUH), como el Nuevo Régimen de Asignaciones Familiares (NRAF), implementados desde 2009 y 2008, respectivamente, se presentan como una ampliación del Sistema de Asignaciones Familiares (AAFF), prestación clásica de la seguridad social, incluyendo a sectores que se encontraban históricamente excluidos de dicho sistema. En este sentido, a fin de conocer las singularidades que presentan esos programas en cada país, nos proponemos indagar, en perspectiva comparada, cómo se problematiza la tensión entre seguridad y ayuda social en el contexto de surgimiento y consolidación de la AUH y del NRAF. En particular, se pondrá el foco de la indagación en las trayectorias y objetivos que motivaron la creación de ambos programas, en la construcción conceptual de la población destinataria de la prestación, y de los principios que subyacen a tal recorte, como así también en la lógica con que operan (objetivos, rol de las transferencias monetarias y tipos o formas de las condicionalidades) y en el grado de centralidad que ocupan en los sistemas de protección social. El modo en que se resuelva la tensión entre seguridad y ayuda social en cada una de las experiencias, según nuestro parecer, definirá el alcance de los resultados a largo plazo que se pretenden lograr con estos programas.

Palabras clave

Programas de transferencias condicionadas; seguridad social; ayuda social.

I. Introducción

El presente trabajo se realiza en el marco del proyecto "Reconfiguración de los regímenes de bienestar posneoliberales y de la pobreza persistente en América Latina. Las familias pobres como objeto de problematización e intervención del Estado social" (UBACyT PIUBAMAS, 2013-2016) y constituye una versión ajustada de las líneas de investigación que se están llevando adelante en el contexto de una beca UBACyT de doctorado.

Los programas de transferencias condicionadas (PTC)[1] constituyen una modalidad específica de intervención gubernamental sobre la pobreza que se viene implementado en América Latina y el Caribe desde mediados de la década de los 90.

A partir de las experiencias de Brasil y México[2], estos se han impuesto en la región como la principal forma de intervención estatal para atender a la población en situación de pobreza y pobreza extrema, que no solo ha logrado crecer en número, sino también consolidarse al incrementar los montos de las prestaciones monetarias ofrecidas, aumentar su cobertura y, en varios casos, institucionalizarse dentro de los sistemas de protección social de cada país.

No obstante compartir una estructura básica común[3], en cada país estos programas han asumido características particulares en función de los específicos contextos sociales y políticos en que fueron implementados.

---

[1] Utilizamos la denominación "programas de transferencias condicionadas" (PTC), adoptada por la Comisión Económica para América Latina (CEPAL), entre las distintas acepciones que pueden encontrarse en la bibliografía sobre la temática.

[2] En Brasil, en 1995 se inició con experiencias locales en algunos estados y municipios; en 1999, a nivel federal con el Programa de Garantía de Renda Mínima; y, luego, en 2001, con el Bolsa Escola y otros programas sectoriales que se integran en el Programa Bolsa Familia en 2003. Por su parte, en México surgió mediante la creación en 1997 del Programa de Educación, Salud y Alimentación (PROGRESA), luego Oportunidades, y, actualmente, PROSPERA (Programa de Inclusión Social).

[3] La estructura básica común de esos programas consiste en prestaciones monetarias que contemplan la exigencia de condicionalidades en materia de salud y educación y que priorizan la titularidad femenina, articulando objetivos de alivio de la pobreza en el corto plazo y objetivos de incremento del capital humano en el largo plazo a fin de resolver la pobreza persistente, al buscar quebrar el ciclo intergeneracional de la pobreza.

Argentina y Uruguay constituyen dos casos paradigmáticos que los diferencian de las experiencias del resto de los países de la región, pues, en ambos casos, los PTC se encuentran insertos en el Sistema de Seguridad Social. Tanto la Asignación Universal por Hijo para Protección Social (AUH)[4], como el Nuevo Régimen de Asignaciones Familiares (NRAF), implementados desde 2009 y 2008, respectivamente, se presentan como una ampliación del Sistema de Asignaciones Familiares (AAFF).

Esta particularidad nos permite reflexionar sobre la tensión entre seguridad y ayuda social intrínseca a la noción de protección social, y problematizar cuál de esos componentes se ve más fortalecido en las formas concretas que asumen estos programas. Consideramos que el modo en que se resuelva esta tensión en cada uno de los casos definirá el alcance de los resultados a largo plazo que se pretenden lograr con estos programas.

El trabajo se organiza de la siguiente manera: en primer lugar, se presenta el marco conceptual en torno a la noción de protección social y la metodología que orientó la indagación; luego, se aborda el análisis comparado de los casos en estudio; y, por último, se plantean las reflexiones finales sobre la tensión seguridad-ayuda social en la AUH y el NRAF.

II. Sobre la noción de protección social (PS)

En los últimos años la noción de PS ha cobrado fuerza en América Latina y el Caribe como eje conceptual de las intervenciones sociales del Estado. Cecchini y Martínez (2011)

---

4   Adoptamos la asimilación de la AUH con los PTC que realiza la Administración Nacional de Seguridad Social. Esta asimilación es objeto de debate en el campo académico argentino.

se refieren a la PS como "un concepto en evolución", en la que participaron diversos actores, tales como la banca multilateral, organismos internacionales y la academia.

Es posible identificar tres enfoques de PS predominantes:

1. El promovido por el Banco Mundial (BM) y el Banco Interamericano de Desarrollo (BID) hacia fines de los 90, que entiende la PS como "el conjunto de intervenciones públicas destinadas a brindar apoyo a los miembros del sector más pobre y vulnerable de la sociedad, y a ayudar a los individuos, familias y comunidades a mejorar la administración de riesgos" (BM, s/d: p. 29). Los objetivos del sistema de PS son garantizar mínimos y acceso a servicios básicos, fortalecer activos y reducir la vulnerabilidad, inversión en capital humano y reducir la exposición de los sectores más necesitados (Repetto, 2009).

2. El sostenido por la Organización Internacional del Trabajo (OIT) a partir de la iniciativa de "Piso de Protección Social" (PPS)[5], definido como un conjunto de acciones orientadas a promover la garantía de acceso universal a los servicios esenciales (agua y saneamiento, nutrición adecuada, salud, educación y vivienda) y a la seguridad básica del ingreso (a través de transferencias monetarias y en especies) a lo largo de todo el ciclo vital, con especial atención a los grupos vulnerables[6]. Para la OIT, en el centro del sistema de PS continúa estando la seguridad social, considerada un derecho humano que deber ser garantizado a todas las personas por el Estado como principal responsable.

---

[5] Iniciativa impulsada en 2009 junto a otras agencias de las Naciones Unidas.

[6] Esta propuesta, a su vez, incorpora la progresividad en la ampliación de esferas de protección y provisión, al complementar la idea de piso con la noción de escalera de PS.

3. El impulsado por la CEPAL y Naciones Unidas, que vincula la PS al enfoque de derechos como expresión de la realización de la ciudadanía en función de los acuerdos vinculantes plasmados en los tratados internacionales de derechos humanos y ratificados por los Estados[7]. Si bien la PS debe ser universal en su orientación, debe adaptarse a las necesidades de diferentes categorías poblacionales a través de instrumentos diferenciados y focalizados (CEPAL, 2006), garantizando umbrales mínimos de bienestar económico y social a todos los miembros de la sociedad que posibilite sostener niveles de calidad de vida considerados básicos para el desarrollo de las personas, que facilite el acceso a los servicios sociales y que fomente el trabajo decente, a partir de la combinación de mecanismos contributivos y no contributivos (Cecchini y Martínez, 2011).

Estos debates en torno a la redefinición de la noción de PS atravesaron la evolución de los PTC. En sus inicios, los PTC se enmarcaron en el enfoque de PS impulsado por el BM y el BID, constituyendo una expresión de continuidad de las políticas minimalistas focalizadas para paliar los efectos de la crisis económica y de los programas de ajuste de los 80 y de la primera parte de la década de los 90. Luego, incorporaron objetivos vinculados al desarrollo de los activos, del capital humano y de las capacidades de los más pobres, y evolucionó en los últimos años hacia un enfoque más integral, con perspectiva de derechos, en el que la articulación con la institucionalidad sectorial resulta indispensable (Villatoro, 2007).

---

7 Dentro de este marco normativo, en materia de protección social, se reconocen el derecho a la seguridad social, al trabajo y a la protección contra el desempleo, a un nivel de vida adecuado para los individuos y las familias que asegure salud y bienestar, y a la educación. Asimismo, se incorporan cuatro principios transversales al diseño de políticas sociales: igualdad y no discriminación, participación y empoderamiento, rendición de cuentas y transparencia (Abramovich, 2006).

Para Pautassi (2013), subyace al derrotero de la noción de PS un fuerte cuestionamiento a la seguridad social como concepto rector de las políticas sociales[8]. Por ello, resulta pertinente revisar críticamente la noción de PS como categoría totalizadora, que hoy se utiliza para englobar sistemas muy diferentes en términos de calidad y cobertura bajo un mismo ideario de protección (que no es tal), a partir de la centralidad que asumen los PTC en los sistemas de PS en la mayoría de los países de la región.

Castel afirma que en la actualidad, en los países centrales, como así también –podemos agregar– en los de América Latina y el Caribe, se asiste a una individualización de las protecciones que restringe progresivamente los sistemas de PS a una ayuda, a menudo de baja calidad, reservada a la "población en problemas". Este deslizamiento progresivo de un modelo generalista de protecciones fundadas en la seguridad y vinculadas al trabajo hacia este modelo minimalista y residual "procede *por sustracción*: concierne a todos aquellos que no pueden entrar en el régimen de la seguridad, en general porque permanecen fuera del trabajo" (Castel, 2010, p. 191). Al respecto, sostenemos que la amplia idea de la PS puede favorecer que, de modo solapado, resulten más fortalecidos los componentes de "ayuda" que los de "seguridad" dentro del sistema de la política social.

La seguridad y la ayuda social se inscriben en tradiciones (e historias) diferentes. La seguridad social involucra el reconocimiento de derechos (acotados, estratificados y segmentados en muchos casos, pero sus sujetos –por lo general, trabajadores asalariados formales– pueden invocar esa

---

8   Al respecto, la autora advierte que el término "seguridad social" alude a un paquete amplio de previsión (establecidas en el Convenio 102 de la OIT de 1952), con un papel fuerte del Estado no solo en la provisión sino también en la regu- lación y el financiamiento; mientras que la idea de "protección social" refiere a un modelo mucho más restringido que marca un alejamiento de una actividad estatal tan amplia como esa, para acercarse a una en que las personas, las fami- lias, las comunidades y la sociedad civil desempeñan un papel más activo (Pautassi, 2013).

condición como fuente de derechos), mientras que la ayuda social alude a una acción organizada en torno al principio de la necesidad y vinculada a las características de la persona y de su situación (Costa e Hintze, 2014). En este sentido, refiere a los dispositivos que da el Estado para actuar, de manera oportuna y temporal, frente a contingencias y/o situaciones específicas de aquellos cuya subsistencia no está asegurada por su inclusión en el mercado de trabajo formal (Clemente, 2015).

La falta de definiciones sobre las fronteras entre uno y otro conjunto de instrumentos y sus criterios de implementación puede ser funcional para la progresiva transformación de los sistemas de seguridad y su evolución en la medida que los componentes contributivos se vean restringidos. Por eso, resulta pertinente reflexionar sobre el dilema que, según Castel, enfrenta la PS:

> ¿Hay que defender una concepción de las protecciones con un enfoque *universalista*, que garantice al conjunto de los miembros de una sociedad una cobertura social general, una seguridad social en el sentido fuerte de la palabra? ¿O bien la protección social debe *seleccionar* a sus beneficiarios para dedicarse a hacerse cargo de los individuos y de los grupos que experimentan dificultades particulares, lo que conduciría, en última instancia, a centrarse en "los más desprotegidos"? En otros términos, la protección social ¿consiste en dar a todos condiciones de acceso a la ciudadanía social o en garantizar una base mínima de recursos para evitar la decadencia completa de la población? (Castel, 2010, p. 189).

III. Metodología

Este trabajo analiza la AUH y el NRAF en el contexto de su surgimiento y consolidación como PTC, a fin de problematizar cómo se expresa la tensión entre seguridad y ayuda social en estas experiencias concretas. Para ello se realizó un análisis comparativo de caso con base en su nivel de similitud para "poner de relieve lo específico de cada país" (Cochrane, 1997, p. 1).

La selección de los PTC de Argentina y Uruguay se realizó a partir de la presencia de coincidencia entre ambos países en los siguientes aspectos:

1. En ambos casos, los PTC se encuentran insertos en el Sistema de Seguridad Social e implican una ampliación del Sistema AAFF, el cual tanto en Argentina como en Uruguay presenta una evolución similar[9].
2. El surgimiento y consolidación de estos programas se produjo durante las presidencias de Cristina Fernández de Kirchner (2007-2011 y 2011-2015) y de Tabaré Vázquez (2005-2010), respectivamente, los cuales se encuentran entre los denominados "gobiernos progresistas" de la región (Gudynas *et al.*, 2008). Por lo tanto, es esperable cierta mirada común sobre las políticas sociales, el trabajo y la pobreza.
3. Ambos países presentaron una similar evolución de los ciclos económicos durante la primera década del siglo XXI, por lo cual presentaron características comunes de los principales indicadores vinculados a crecimiento económico, gasto social, desempleo, pobreza e indigencia, etc.

Se puso el foco en las trayectorias y objetivos que motivaron la creación de ambos programas, en la construcción conceptual de la población destinataria, como así también en la lógica con que operan (objetivos, rol de las

---

9 A su vez, la inserción en el Sistema de Seguridad Social se expresa en los organismos responsables de la ejecución de estos programas: la Administración Nacional de Seguridad Social (ANSES) y el Banco de Previsión Social (BPS) res- pectivamente, ambos también a cargo de la administración de los componentes contributivos del sistema.

transferencias monetarias y tipos o formas de las condicionalidades) y en el grado de centralidad que ocupan en los sistemas de protección social.

Para ello, se recurrió a información documental y bibliográfica producida por organismos públicos vinculados al diseño e implementación de los programas que son objeto de análisis (ANSES, BPS, MIDES[10], etc.), organismos multilaterales (OIT, CEPAL, BM), e instituciones académicas y afines.

IV. Sobre los PTC de Argentina y Uruguay: la AUH y el NRAF

Trayectorias y objetivos que motivaron su creación

La creación de la AUH y del NRAF se enmarcó en debates diferentes, por lo cual estos programas fueron el resultado de procesos distintos con características específicas según los casos.

En Argentina, la discusión académica y política sobre las transferencias de ingresos no era nueva. Desde mediados de los 90, se plantearon diversas iniciativas[11] en el marco de las críticas generalizadas al modelo neoliberal y a la necesidad de enfrentar sus efectos. En este contexto, la AUH fue forjándose al calor del debate respecto de la inclusión por ingreso versus inclusión por el trabajo (Hintze y Costa, 2011), que fue asumiendo diversas intensidades en función de las particularidades que asumía la pobreza y la

---

[10] Ministerio de Desarrollo Social (Uruguay).

[11] Entre ellas podemos mencionar: la propuesta de una renta básica o ingreso ciudadano para la niñez, de carácter universal e incondicional, del Centro de Investigaciones en Políticas Públicas (CIEPP); y aquellas que promovían la universalización de las asignaciones familiares, entre las que se destaca la experiencia del Frente Nacional contra la Pobreza (FRENAPO), impulsada por la Central de Trabajadores Argentinos (CTA) en 2001, que se apoyó en una masiva recolección de firmas.

creación de empleo a lo largo del periodo (Arias, 2012). Estas propuestas se expresaron en el ámbito legislativo a partir de diversos proyectos con características disímiles y provenientes de distintos sectores políticos[12].

Frente a los efectos de la crisis internacional de 2008 en materia de disminución de la creación de empleo y de crecimiento de la pobreza[13], y a pesar de la posición dominante al interior del MDS[14] que planteaba que "la mejor política social es el empleo", por Decreto n.º 1.602/09 la presidenta Cristina Fernández instituyó la AUH como prestación no contributiva que extiende los beneficios de las AAFF por hijo de los asalariados formales a sectores de la población hasta entonces no cubiertos[15].

La creación de la AUH implicó el reconocimiento de los límites inherentes a la política de regularización del empleo en lo referente a la extensión y preservación de la PS (Grassi, 2012), con el propósito de aliviar las situaciones de pobreza e indigencia en el corto plazo a través de la

---

[12] A saber: "Fondo para el Ingreso Ciudadano a la Niñez" del ARI (luego como parte de la Coalición Cívica); "Creación de un régimen de asignaciones familiares por hijo y por ayuda escolar para trabajadores en relación de dependencia no registrados" del Frente para la Victoria; "Ingreso Universal a la Niñez y la Adolescencia" del Partido Socialista; "Creación del programa de asignación universal para la atención prenatal, natal, la niñez y la adolescencia. Creación del programa de ahorro universal para niños, niñas y adolescentes" de la Unión Cívica Radical; "Creación de la asignación universal por hijo para menores de 18 años residentes en el país; Modificación de la Ley de Impuesto a las Ganancias, Ley 20.628" de Proyecto Sur, Solidaridad e Igualdad y Encuentro Popular y Social; y, por último, el "Ingreso Básico Familiar" de Unión Celeste y Blanco.

[13] Desde el año 2003, en un contexto de importante recuperación económica, "el crecimiento del empleo se había mostrado como el camino más apto para la reducción de la pobreza, [pero] su ritmo se atenuó a partir de 2008, debido a la reducción del dinamismo de la economía a causa de la crisis internacional en 2008-2009. En este contexto, la pobreza, aunque en retroceso, continuaba mostrando niveles que reclamaban alternativas de políticas públicas" (Kliksberg y Novacovsky, 2015, p. 31).

[14] Ministerio de Desarrollo Social (Argentina).

[15] Asimismo, por el Decreto n.º 446/11 se creó la Asignación Universal por Embarazo para Protección Social (AUE) como parte de este subsistema no contributivo dentro del régimen de AAFF.

provisión de niveles básicos de ingresos a las familias, y así extender un derecho de los trabajadores formales a un conjunto más amplio de ellos, pero sin abandonar la apuesta por el trabajo como mecanismo de inclusión, propio del discurso oficial (y de la tradición histórica argentina).

En cambio, en Uruguay, la reforma del sistema de AAFF y la creación del NRAF, enmarcado en el Plan de Equidad (PE), fueron resultado de un proceso amplio de reforma del Sistema de PS. El eje del debate se centraba en cómo salir de un programa de corto plazo para atender la emergencia, como fue el PANES[16], y avanzar hacia un plan de mediano y largo plazo orientado a atender factores más estructurales.

En 2007 el presidente Tabaré Vázquez lanzó el Diálogo Nacional de Seguridad Social con el objeto de iniciar un proceso de evaluación del impacto de las AAFF y la búsqueda de estrategias y políticas para su modernización y ampliación. La Comisión Sectorial de Seguridad Social[17], junto a académicos de la Universidad de la República, fue la encargada de traducir los acuerdos generales en torno a la agenda de reformas en proyectos de ley, que fueron discutidos nuevamente con delegaciones de las organizaciones de trabajadores, empresarios y jubilados, y luego remitidos al Parlamento. Este lo aprobó por unanimidad y promulgó la Ley n.º 18.227 del NRAF en enero de 2008.

---

[16] Plan de Atención Nacional de Emergencia Social.

[17] Dicha comisión funciona en el marco de la Oficina de Planeamiento y Presupuesto (OPP) con participación del Ministerio de Economía y Finanzas (MEF), del Ministerio de Desarrollo Social (MIDES), del Ministerio de Trabajo y Seguridad Social (MTSS), del Ministerio de Salud Pública (MSP) y del Banco de Previsión Social (BPS).

Construcción conceptual de la población destinataria y lógica de operación

Las políticas sociales son en sí mismas un discurso sobre lo social en el que convergen visiones y representaciones sobre los "otros". En este proceso hay una construcción política, técnica y social de las "poblaciones objeto" de intervención, que varía históricamente y se sustenta en el poder simbólico de los actos clasificatorios que el Estado produce.

Tanto la AUH como el NRAF refieren como destinatarios a los niños, niñas y adolescentes (NNyA) menores de 18 años (y sin límite de edad cuando se trata de una persona con discapacidad) en situación de vulnerabilidad social. En el caso de la AUH, el acceso a la prestación se vincula a la pertenencia de estos a grupos familiares que se encuentren desocupados o se desempeñen en la economía informal. Por su parte, en la experiencia uruguaya, el derecho a percibir esta asignación se relaciona con que los NNyA integren hogares en situación de vulnerabilidad socioeconómica. En este sentido, presentan diferencias en la definición de la población destinataria.

La novedad de la AUH, sostiene Lo Vuolo, radica en la identificación de un nuevo sujeto de derecho, el *trabajador informal*, al incorporar en el sistema al amplio espectro de trabajadores no registrados (Lo Vuolo, 2009). En el NRAF el foco está puesto en el hogar, cuya vulnerabilidad se determina a partir de la consideración de sus ingresos, sus condiciones habitacionales y del entorno, su composición, las características de sus integrantes y su situación sanitaria.

Tanto la AUH como el NRAF identifican como el principal problema que afecta a las familias a la falta de ingresos derivada de las dificultades de insertarse en los circuitos que los generan, en particular el mercado de trabajo formal. De ahí que la prestación monetaria sea considerada un derecho de ciudadanía, y las condiciones vinculadas a la salud y a la educación, un refuerzo para el ejercicio de estos derechos.

Sin embargo, en ambos casos, los mecanismos de selección de la población destinataria ponen en cuestión esta retórica de derechos subyacente, lo que pone en conflicto la idea de ciudadanía a partir de la tensión entre universalidad y focalización.

La AUH, desde su propio nombre, invoca el principio de universalidad. Esto ha sido observado y cuestionado por distintos autores, en particular a la luz de las exclusiones (de monotributistas, de los que perciben ingresos por encima del SMVM[18], del sexto hijo no abarcado por la AUH ni por las pensiones no contributivas para madres de 7 o más hijos), afirmando que se trata de una "universalización dentro del universo focalizado" (Arciadiácono *et al.*, 2011, p. 11). Grassi sostiene que,

> así concebida, la universalidad no inhabilita prestaciones cuyo objeto son necesidades o situaciones particulares, especiales o imprevisibles o coyunturales o, incluso, consecuencias negativas de las propias políticas. La focalización de estas prestaciones no es equivalente a la focalización como lógica general de la política social, según la cual todas las protecciones se vuelven compensatorias y subsidiarias del mercado (Grassi, 2012, p. 24).

En este sentido, el acceso a la AUH se realiza a través de la base de datos de ANSES, mediante comprobación indirecta de medios (*proxy means test*) de la situación laboral e ingresos de los adultos responsables.

En cambio, en el caso uruguayo, se asume la focalización como criterio para la selección de la población objetivo del NRAF, bajo el supuesto de que existen grupos de ciudadanos que necesitan apoyaturas públicas específicas:

> Aplicar el criterio de focalización como subsidiario al de universalidad, precisamente para que, junto a la puesta en práctica de criterios complementarios, específicamente la

---

18 Salario Mínimo, Vital y Móvil.

promoción de incentivos selectivos o pautas de discriminación positiva en los servicios sociales universales, se habilite y mejore sensiblemente el acceso a las políticas, bienes y servicios universales de los segmentos sociales pobres y excluidos, particularmente aquellos que han sufrido históricas desventajas, como el sector afrodescendiente (Plan de Equidad, 2007, p. 18).

De este modo, la situación de vulnerabilidad socioeconómica del hogar se determina sobre la base de criterios técnicos y estadísticos a través de un método de identificación y selección de carácter multidimensional. En la práctica, la elegibilidad se instrumenta a través de un algoritmo que estima la probabilidad de que el hogar pertenezca a la población objetivo (Lagomarsino, 2009). En orden de lograr la máxima cobertura, el MIDES[19] creó una Unidad de Seguimiento con alcance nacional, encargada de verificar las condiciones sociales de las familias para su inclusión en el nuevo régimen. Por último, a pesar de las críticas, podemos decir que las condicionalidades tienen un carácter secundario en estos casos, y son monitoreadas de manera laxa, ya que experiencias de otros países dan cuenta de exigencias más estrictas en este sentido; por ejemplo, el programa Oportunidades de México, en el cual el incumplimiento supone la interrupción inmediata de la prestación monetaria.

---

[19] La ley establece la colaboración (de manera complementaria) del MIDES para brindar las bases de datos confeccionadas por este organismo en el marco del PANES, como así también para las comprobaciones e inspecciones convenientes a fin de determinar la existencia de las condiciones de acceso y mantenimiento de la prestación.

El rol de la AUH y el NRAF en los respectivos sistemas de protección social

La AUH y el NRAF se enmarcan en un conjunto de políticas y programas tendientes a la construcción de un PPS en los respectivos países, en el contexto del debate internacional en torno a la ampliación de la cobertura de la seguridad social más allá de la afiliación formal al mercado de trabajo.

En el caso argentino, desde 2003 se impulsaron políticas y programas para la consolidación y ampliación del sistema de PS[20], y fue la AUH una de las prestaciones no contributivas que se incorporó con el propósito de garantizar niveles básicos de seguridad económica a las familias, con foco en los NNyA como titulares de derecho.

En Uruguay, el PE fue pensado como un mecanismo estratégico para la reorganización de la PS, que apuntó a la creación de un conjunto de programas dirigidos a construir una malla moderna de asistencia articulada con el resto de las prestaciones del sistema de bienestar[21]. En este marco, el NRAF es un eslabón estratégico de la Red de Asistencia Social del PE, dirigida a aquellos sectores socioeconómicos que tienen restringidas sus oportunidades de incorporarse al mercado de empleo, en la búsqueda de articulación con el sistema de seguridad social y con el conjunto de políticas universales básicas.

---

[20] Para más información sobre el sistema de protección social argentino, véase: Bertranou (2010), Repetto y Potenza Dal Masetto (2011), Roca *et al.* (2012), ANSES (2012), Danani (2013), MTEySS (2014), Lombardía y Rodríguez (2015).

[21] Para más información sobre la reconfiguración del sistema de protección social uruguayo a partir del Plan de Equidad, véase: Plan de Equidad (2007), Consejo Nacional de Políticas Sociales (2009), Midaglia y Silveira (2011), Martínez Vallvé (2013).

Reflexiones finales: sobre la tensión entre seguridad social y ayuda social en la AUH y el NRAF

En primer lugar, podemos mencionar que tanto la AUH como el NRAF se han consolidado como medidas permanentes de los sistemas de PS de sus países, lo cual las aleja de las usuales políticas asistenciales predominantes durante los 90, independientemente de las diferencias que presentan en términos de calidad institucional[22].

Aunque en ambos programas subyace una retórica de derechos en la extensión de las clásicas AAFF a sectores anteriormente no cubiertos por los mecanismos de seguridad social, la forma en que cada programa ha construido a su población objetivo, como así también los mecanismos utilizados para la selección de los destinatarios, presentan diferencias que definen contornos disímiles en la relación entre seguridad y ayuda social.

En el caso argentino, la incorporación de los trabajadores informales en el componente de la AUH implicó el reconocimiento al amplio espectro de trabajadores no registrados, por lo cual constituyó un avance de la asistencia en un estatuto de derechos, incluso a pesar de las controversias en torno a la universalidad invocada.

Costa y Hintze (2014) afirman que la tensión entre seguridad y ayuda social se tracciona hacia la segunda si se consideran: la no modificación de las exclusiones en el periodo en análisis (de los monotributistas[23], de los que

---

[22] El NRAF fue el resultado de un proceso de diálogo que culminó con la sanción de la prestación a través de una ley. En cambio, la AUH surgió de un decreto de necesidad y urgencia. Sin embargo, es importante señalar que los DNU, introducidos por la Reforma Constitucional de 1994, son decretos que bajo ciertas condiciones adquieren estatus de ley, aunque se tiende a atribuirles un estatus jurídico inferior, lo que implicaría menor capacidad de garantizar derechos. De todos modos, su derogación exige una ley.

[23] A partir de abril de 2016, durante la presidencia de Mauricio Macri, la AUH se ha extendido también a algunas categorías de monotributistas. No se profundizará en el análisis de esta extensión por exceder el periodo en estudio de nuestro trabajo.

perciben ingresos por encima del SMVM, del sexto hijo no abarcado por la AUH ni por las pensiones contributivas para madres de 7 o más hijos); las condicionalidades que construyen esta medida diferencialmente de aquello a lo que la asimila (la asignación de los asalariados formales); la persistencia de incompatibilidades para el caso de los receptores de planes y programas sociales con finalidades distintas a las de la AUH; y la asimilación desde la propia ANSES de esta medida con los PTC extendidos en la región.

En cambio, en la experiencia uruguaya, el NRAF no fue pensado como un complemento que tienda a "universalizar" la cobertura de las AAFF, sino como una prestación para los hogares "vulnerables", por lo cual implicó la readecuación de las clásicas AAFF en protecciones especiales para determinadas poblaciones, independientemente de su vínculo con el mercado laboral. La situación de vulnerabilidad socioeconómica del hogar, definida sobre la base de criterios técnicos y estadísticos, y la utilización de mecanismos de focalización y sofisticadas tecnologías de información para definir la elegibilidad de la población destinataria desdibujan el estatuto de derecho y, como afirman De Martino y Vecinday (2012), avanzan en una lógica de gestión cada vez más individualizada, propia de las políticas asistenciales. Además, no resulta menor que el NRAF constituya un eslabón estratégico de la Red de Asistencia e Integración Social del Plan de Equidad.

En este marco, podemos decir que en el NRAF, a diferencia de la AUH, se encuentra más fortalecido el componente de la ayuda. Aspecto clave a tener en cuenta al analizar el devenir de estos programas. En el caso uruguayo, Antía *et al.* sostienen que, durante la gestión de Mújica, "si bien se continuó con la implantación del Plan de Equidad, se redujo su dinamismo y se dejaron de lado algunos debates pendientes" (Antía *et al.*, 2013, p. 187), con una serie de programas focalizados ("Programas Prioritarios") destinados a la población en situación de pobreza extrema o indigencia. Y, en el caso de la AUH, a partir de la asunción como presidente de Mauricio Macri, se implementaron políticas macroeconómicas que afectaron el poder adquisitivo del dinero transferido y, sobre todo, se instalaron en el debate público propuestas de políticas que desfinanciarán el Sistema de Seguridad Social.

Bibliografía

Abramovich, V. (2006). "Una aproximación al enfoque de derechos en las estrategias y políticas de desarrollo". *Revista de la CEPAL*, n.º 88.

ANSES (2012). *La Asignación Universal por Hijo para protección social en perspectiva. La política pública como restauradora de derechos.* Observatorio de la Seguridad Social.

Antía, F. *et al.* (2013). "La renovación del sistema de protección uruguayo: el desafío de superar la dualización". *Revista Uruguaya de Ciencia Política*, vol. 22, n.º 2, Instituto de Ciencia Política, Facultad de Ciencias Sociales, Universidad de La República.

Arcidiácono, P. *et al.* (2011). "La asignación universal por hijo para protección social: rupturas y continuidades, ¿hacia un esquema universal?". *Margen*, n.º 61, junio.

Arias, A. (2012). *Pobreza y modelos de intervención. Aportes para la superación del modelo de asistencia y promoción.* Buenos Aires: Espacio Editorial.

BM (s/d). *Las políticas de transferencia de ingresos en Uruguay: cerrando las brechas de cobertura para aumentar el bienestar.* Montevideo: Banco Mundial.

Bertrano, F. (coord.) (2010). *Aportes para la construcción de un piso de protección social en Argentina: el caso de las asignaciones familiares.* Buenos Aires: OIT.

Castel, R. (2010). *El ascenso de las incertidumbres. Trabajo, protecciones, estatuto del individuo.* Buenos Aires: Fondo de Cultura Económica.

Cecchini, S. y Madariaga, A. (2011). *Programas de transferencias condicionadas. Balance de la experiencia reciente en América Latina y el Caribe.* Santiago de Chile: CEPAL.

CEPAL (2006). *La protección social de cara al futuro: acceso, financiamiento y solidaridad*. Santiago de Chile: CEPAL/Naciones Unidas.

Clemente, A. (2015). "Cambio de paradigmas de las políticas sociales. Del estado mínimo al estado reparador". En A. García y P. Rosa. *Estrategia y acción de capacitación: proyecto de actualización profesional 2011-2014*. Buenos Aires: MTEySS/Facultad de Ciencias Sociales, UBA.

Cochrane, A. (1997). "Comparative approaches and social policy". En A. Cochrane y J. Clarke (eds.). *Comparing Welfare States: Britain in International Context*. Londres: Sage Publications/The Open University.

Consejo Nacional de Políticas Sociales (2009). *De la emergencia a la equidad. Las políticas sociales del Gobierno Nacional (2005-2009)*. Montevideo.

Costa, M. I. e Hintze, S. (2014). "Capacidad protectoria de la Asignación Universal por Hijo para Protección Social: problemas y debates a cuatro años de su implementación". En C. Danani y S. Hintze (coord.). *Protecciones y desprotecciones II: debates y problemas de la seguridad social en la Argentina*. Buenos Aires: Universidad Nacional de General Sarmiento.

Danani, C. (2013). "El sistema de protección social argentino entre 2002 y 2013: buscando el modelo que nunca tuvo". *Revista Uruguaya de Ciencia Política*, vol. 22, n.º 2, Instituto de Ciencia Política, Facultad de Ciencias Sociales, Universidad de La República.

De Martino, M. y Vecinday, L. (2012). "Los programas de transferencia de renta condicionada bajo la lupa: olvidos, descuidos e invisibilidades". En Lorente, Luxardo y Sevilla (orgs.). *Servicios Sociales en Iberoamérica: procesos, tensiones y claves de fortalecimiento*. Buenos Aires.

Grassi, E. (2012). "La política social y el trabajo en la Argentina contemporánea. Entre la novedad y la tradición". En *el@tina. Revista Electrónica de Estudios Latinoamericanos*, vol. 10, n.º 39, abril-junio.

Gudynas, E. *et al.* (2008). *Heterodoxos. Tensiones y posibilidades de las políticas sociales en los gobiernos progresistas de América del Sur*. Montevideo: CLAES (Centro Latino Americano de Ecología Social) y D3E (Desarrollo, Economía, Ecología, Equidad América Latina).

Hintze, S. y Costa, M. I. (2011). "La reforma de las asignaciones familiares 2009: aproximación al proceso político de la transformación de la protección". En C. Danani y S. Hintze (coord.). *Protecciones y desprotecciones: la Seguridad Social en la Argentina 1990-2010*. Buenos Aires: UNGS.

Kliksberg, B. y Novacovsky, I. (dir.) (2015). *El gran desafío de romper la trampa de la desigualdad desde la infancia. Aprendizajes de la Asignación Universal por Hijo*. Buenos Aires: Ed. Biblos.

Lagomarsino, G. (2009). "Uruguay: hacia una nueva matriz de protección social". *Comentarios de Seguridad Social*, n.º 23, abril-junio.

Lombardía, M. L. y Rodríguez, K. (2015). "La experiencia argentina en políticas de transferencias monetarias durante la última década". *Cuaderno de Trabajo*, n.º 7. Secretaría de Política Económica y Planificación del Desarrollo.

Lo Vuolo, R. (2009). "Asignación por Hijo". *Análisis de Coyuntura*, n.º 21, noviembre, CIEPP.

Martínez Vallvé, I. (2013). "El Estado ambidiestro. El Frente Amplio y la cuestión de la asistencia". En C. Robles *et al. Persistencias de la pobreza y esquemas de protección social en América Latina y el Caribe*. Colección CLACSO-CROP. Buenos Aires: CLACSO.

Midaglia, C. y Silveira, M. (2011). "Políticas sociales para enfrentar los desafíos de la cohesión social: los nuevos Programas de Transferencias Condicionada de Renta de Uruguay". En C. Barba Solano y N. Cohen (coord.). *Perspectivas críticas sobre la cohesión social: desigualdad y tentativas fallidas de integración social en América Latina*. Buenos Aires: CLACSO-CROP.

MTEySS (2014). *Protección y Seguridad Social en la Argentina. Resultados de la Encuesta Nacional de Protección y Seguridad Social 2011. ENAPROSS*. Buenos Aires: MTEySS.

Pautassi, L. (2013). "Seguridad y protección social. Lecciones de la experiencia argentina". En L. Bercovich y G. Maurino (coord.). *Los derechos sociales en la Gran Buenos Aires. Algunas aproximaciones desde la teoría, las instituciones y la acción*. Buenos Aires: Eudeba.

Repetto, F. (2009). *Protección Social en América Latina: ¿de qué estamos hablando?* Buenos Aires: CIPPEC.

Repetto, F. y Potenza Dal Masetto, F. (2011). "Protección social en Argentina". En Seminario "Diálogos de protección social. La protección social argentina en perspectiva latinoamericana: retos de inclusión e integralidad". CEPAL/CIPPEC/Fundación Tzedaká, Universidad de San Andrés. Buenos Aires, 8 de abril.

Roca, E. *et al.* (2012). *¿Piso o Sistema Integrado de Protección Social? Una mirada desde la experiencia argentina*. Buenos Aires: Ministerio de Trabajo, Empleo y Seguridad Social/Secretaría de Seguridad Social.

Villatoro, P. (2007). "Las transferencias condicionadas en América Latina: luces y sombras". *Documento de la CEPAL para el Seminario Internacional Evolución y desafíos de los programas de transferencias condicionadas*.

Documentos consultados

Decreto n.º 1.602. Asignación Universal por Hijo para Protección Social (Buenos Aires, 29 de octubre de 2009).

Decreto n.º 446. Asignación por Embarazo para Protección Social (Buenos Aires, 28 de abril de 2011).

Ley n.º 18.227. Asignaciones Familiares (Montevideo, 9 de enero de 2008). Plan de Equidad (2007).

Lo nuevo con sabor a viejo

Relocalizaciones de asentamientos de la ribera del riachuelo al complejo Padre Mugica en la Ciudad de Buenos Aires

Mercedes Najman y Carla Fainstein

Resumen

El presente trabajo busca aportar reflexiones sobre la política de relocalizaciones implementada en la Ciudad Autónoma de Buenos Aires a partir de la causa llamada "Mendoza". Observamos los modos de intervención del Estado a través de programas orientados, al menos discursivamente, al mejoramiento de las condiciones de vida de la población de la cuenca. Intentamos identificar si el enfoque de derechos presente en estos programas –principalmente, el derecho al ambiente sano y a la vivienda– se refleja en su implementación. Por último, indagamos de manera exploratoria en los efectos de esta política sobre el territorio y los hogares afectados. Reconstruimos el proceso que culminó con la reubicación de una parte de las familias del barrio Agustín Magaldi, la Villa 21-24 y los llamados "sueltitos" en el conjunto urbano Barrio Padre Mugica. Las mudanzas, presentadas como respuesta a los lineamientos del fallo judicial, lejos de representar una solución efectiva, abrieron un nuevo abanico de conflictos que obstaculizan la inclusión e integración social de la población afectada. Estas problemáticas emergentes –aunque evitables– se vinculan con la falta de integralidad de la política, la ausencia de participación efectiva de los afectados y la perspectiva viviendista que continúa siendo predominante, así como con la modalidad particular de gestión del conflicto habitacional del Gobierno de la Ciudad. Este caso es paradigmático de las formas fragmentadas y pragmáticas en que se ha llevado adelante la política hacia las villas en la ciudad en la última década. Asimismo, el carácter judicializado del conflicto imprime características particulares y supone la intervención de una multiplicidad de actores que complejizan el escenario. Además, nos permite indagar acerca de las modalidades mediante las cuales el poder ejecutivo local interviene sobre los modos de producción de la ciudad y configuración de las estructuras urbanas, así como sobre las condiciones de vida de los hogares.

La presente ponencia se enmarca en los trabajos de investigación de las autoras, presentando algunos resultados de sus tesis de maestría. Caracterizamos el programa bajo estudio mediante la revisión bibliográfica y la realización de entrevistas semiestructuradas a funcionarios del Gobierno de la Ciudad y del poder judicial. Simultáneamente, se propone un abordaje de diseño cualitativo de estudio de caso que permite identificar algunas de las incidencias del Plan de Saneamiento Integral de la Cuenca Matanza Riachuelo sobre las propias experiencias y condiciones de vida de los hogares afectados, así como sus impactos en la estructura urbana. En función de este objetivo, se han realizado, entre los años 2014 y 2016, entrevistas en profundidad a la población afectada.

Palabras clave

Relocalizaciones; conflictos urbanos; vivienda social.

I. Introducción

En el año 2008, la Corte Suprema de Justicia de la Nación falló en contra del Estado nacional, el de la Provincia de Buenos Aires, el de la Ciudad Autónoma de Buenos Aires (CABA) y 44 empresas, ordenando el saneamiento de la cuenca Matanza Riachuelo. El fallo de la causa llamada "Mendoza" impulsó el Plan Integral de Saneamiento Ambiental (PISA) de este territorio, lo que contemplaba la mejora de las condiciones de vida de la población –alrededor de 5 millones de personas (INDEC, 2010)–. Una de sus líneas programáticas, la "liberación de los márgenes", supuso políticas de relocalización de industrias, basurales y asentamientos informales, lo que afectó alrededor de 18.000 familias (PISA, 2010).

Podemos considerar que estas políticas presentaron inicialmente ciertos elementos "novedosos" que aparecían como potencialidades para generar efectos disruptivos en los territorios y sobre las condiciones de vida de los afectados. Se trató de la primera política de desplazamiento de población de esta magnitud desde el retorno de la democracia en la Argentina, en 1983. Por otro lado, estas medidas se enmarcaron en un discurso de derechos e inclusión social, en cuanto se presentaban como un modo de garantizar el acceso a la vivienda digna y a un ambiente sano. En este sentido, la causa refleja el reposicionamiento de la problemática ambiental como una cuestión social prioritaria dentro de la agenda pública. En tercer lugar, la sentencia ordenó el diseño de una política metropolitana y, por lo tanto, interjurisdiccional, configurando un complejo mapa de actores intervinientes. Por último, el proceso se desarrolló en un contexto de creciente judicialización de los conflictos urbanos, tanto a nivel regional, como nacional y local.

Partiendo de estas características particulares que señalan una potencialidad innovadora en las políticas de reubicación que se han desarrollado bajo la causa "Mendoza", nos proponemos indagar sobre el desarrollo de estas políticas y sus múltiples efectos. En este sentido, procuramos visibilizar las marcas que han dejado las acciones en el territorio sobre el que la política interviene (barrio de origen –Villa 21-24– y de destino –complejo Barrio Padre Mugica–), los efectos simbólicos sobre los repertorios de acción de las organizaciones territoriales, y las transformaciones sufridas por los hogares relocalizados en términos de inclusión social y garantía de derechos.

Esta ponencia presenta el resultado de las reflexiones colectivas entre las autoras y pone en diálogo los resultados de sus trabajos de tesis de maestría.

II. Marco teórico/marco conceptual

Podemos encontrar una variada bibliografía sobre relocalizaciones en las ciencias sociales, principalmente desde la antropología social y el análisis de políticas públicas. Son fenómenos complejos y multidimensionales que suponen cambios acelerados y planificados "desde arriba" (Catullo, 2006; Brites, 2004). Se caracterizan por su compulsividad, ya que "rara vez o nunca los relocalizados tienen la posibilidad efectiva de optar por el mantenimiento del *statu quo*" (Bartolomé, 1985, p. 13). La característica distintiva de las reubicaciones radica en que "el desplazamiento de la población constituye un *objetivo conscientemente planificado*, ya sea por razones técnicas [...] o técnico-políticas" (Bartolomé, 1985, p. 12). Los trabajos clásicos sobre estas temáticas hablan de un hecho social que desarma las formas simbólicas mediante las que los colectivos entienden su medio ambiente físico y social, lo que termina produciendo una "crisis vital", un "desarraigo masivo" y la "pérdida del espacio socialmente construido" (Catullo, 2006; Bartolomé, 1985).

Con relación al caso argentino, las reubicaciones delimitadas por el PISA constituyeron las de mayor magnitud desde las erradicaciones de villas y asentamientos de la CABA durante la última dictadura militar en el país (1976-1983). Aquellas supusieron la mudanza de alrededor de 140.000 personas que fueron enviadas fuera del distrito. Desde el retorno a la democracia, no se han realizado movimientos tan grandes de población a causa de políticas estatales en el país, y las relocalizaciones que se han registrado se dieron principalmente en situaciones puntuales de renovación urbana de áreas específicas o con la implantación de grandes proyectos urbanos y de infraestructura (Catullo, 2006; Brites, 2004). Con relación a los asentamientos informales, las políticas estatales han priorizado la radicación y construcción –escasa– de vivienda social al interior o márgenes de los barrios.

La política de relocalización que aquí analizamos presenta un diseño potencialmente novedoso en relación con los procesos de relocalización históricos, principalmente debido al enfoque de derechos en el que se enmarca. La política se consideró como un medio para garantizar derechos elementales (principalmente el derecho al ambiente sano y a la vivienda). En este sentido, partiremos de la bibliografía existente sobre procesos de relocalización y sus efectos para analizar puntos de continuidad y de ruptura que presentan respecto a la política que aquí analizamos y sus efectos incipientes.

Otras de las cuestiones vinculadas a la potencialidad disruptiva de la política que aquí analizamos se vincula con la creciente *judicialización* de los conflictos urbanos en los que se enmarcaron las políticas de reubicación de población de la ribera del riachuelo. Este proceso, que viene desarrollándose a nivel regional, nacional y local desde la década de los 80, supuso la incorporación de los tribunales –del campo jurídico– como un ámbito más de la disputa política (Smulovitz, 2008). Se vinculó en la Argentina con la incorporación de figuras específicas de participación y de defensa de los derechos económicos, sociales y culturales en las cartas orgánicas tanto de la nación como de la CABA, y con la creación de una serie de nuevos organismos en la defensa pública (Arqueros, 2011). En el distrito porteño, una variedad de activistas jurídicos –tanto en la esfera estatal, como en las ONG– (Delamata, Ricciardi, Sethman, 2014) comenzaron a litigar a partir de un "enfoque de derechos". Este se relacionaba con los procesos ya nombrados, con la reciente incorporación de nuevos derechos (como el del ambiente sano) en la legislación y también en una mirada de una necesidad de acercamiento a los territorios y particularmente a los sectores populares en la búsqueda de una cierta democratización de las herramientas legales.

En este sentido, no es casual que la demanda que dio inicio a la causa "Mendoza" surgiera de un grupo de vecinos y vecinas de la cuenca. Además, puede verse cómo ese proceso se vio atravesado por la creciente presencia en la agenda pública de los conflictos ambientales tanto en la región como particularmente en el país (Merlinsky, 2014). El inicio de este litigio estructural se dio dos años después de la sanción de la Ley General del Ambiente (Ley n.° 25.675) y casi en simultáneo con dos conflictos ambientales que tomaron relevancia nacional: aquel por la implantación de la papelera Botnia sobre el río Uruguay (que comenzó en el año 2002) y el generado en Esquel por la instalación de una minera en terrenos cercanos a la ciudad (2003). Es en este contexto (en el año 2006) en que la Corte Suprema de Justicia de la Nación declara su competencia en la causa "Mendoza", estructurada en torno al derecho al ambiente.

Por otra parte, indagamos acerca de los efectos de la política sobre los territorios –tanto los barrios de origen, como los de destino– ya que las políticas habitacionales representan las herramientas estatales de producción de ciudad, traduciendo en forma concreta la intervención del Estado sobre el territorio (Ozslak, 1981). En este sentido, la construcción de vivienda social porta la capacidad de intervenir sobre las dinámicas de producción de ciudad y en la configuración de las estructuras urbanas vigentes.

Por último, procuramos identificar los efectos de la política sobre los hogares afectados. Nos valdremos del enfoque de Activos, Vulnerabilidad y Estructura de Oportunidades (AVEO) elaborado por Kaztman (1999, 2000) para indagar acerca de los modos a través de los cuales la política logra (o no) incidir sobre el acceso de los hogares destinatarios al bienestar.

Kaztman (1999, 2000) sostiene que cada tiempo y espacio particular condiciona los recursos (bienes, servicios o actividades) necesarios para lograr una plena participación en la sociedad. Este tipo de recursos es denominado "activos". El concepto de estructura de oportunidades permite pensar que el acceso a determinados activos condiciona las oportunidades de acumular otros recursos que puedan convertirse en activos y facilitar nuevamente la obtención de otros recursos, y así sucesivamente. En este proceso, la disponibilidad de determinados activos permite acceder a otros, configurando cadenas, rutas o caminos hacia el bienestar. Buscamos identificar, entonces, en qué sentido las relocalizaciones han modificado la estructura de oportunidades de los hogares afectados, incidiendo a favor u obstaculizando sus rutas al bienestar y a la inclusión social.

III. Metodología

Se propone un abordaje metodológico de diseño cualitativo de estudio de caso. Se realizaron, en los años 2014, 2015 y 2016, entrevistas en profundidad a delegados del camino de sirga de la Villa 21-24 y el asentamiento Magaldi, y a jefes y jefas de hogares relocalizados en el conjunto urbano Barrio Padre Mugica. Simultáneamente, se llevaron a cabo un trabajo de revisión bibliográfica de uso de datos secundarios (datos estadísticos, informes oficiales y técnicos gubernamentales), y la realización de entrevistas semiestructuradas realizadas en el año 2015 a funcionarios del Gobierno de la Ciudad que han intervenido en diferentes etapas del proceso de la política y a abogados de la Defensa Pública (tanto del poder judicial local, como del federal).

IV. Análisis y discusión de datos

Indagamos en la presente ponencia sobre la política de relocalización de asentamientos enmarcada en la causa "Mendoza". Como se mencionó previamente, esta presentaba elementos novedosos y conllevaba ciertas potencialidades disruptivas en el campo del abordaje estatal de las problemáticas de la vivienda, el hábitat y el ambiente.

La política aquí analizada se enmarcó en un "litigio estructural"[1] ordenado alrededor del derecho al ambiente. El contexto en el que se desarrolló la causa resulta clave para comprender sus características. Por un lado, tuvo lugar en el marco de una creciente presencia de conflictos ambientales en la agenda pública (Merlinsky, 2014). Además, se enmarcó dentro de un creciente proceso de judicialización de los conflictos que puede rastrearse desde la década del 80 (Smulovitz, 2008), que situó al campo jurídico como una arena más de disputa política.

---

[1] "La expresión 'litigio estructural' o 'caso estructural' califica a intervenciones judiciales que expanden el territorio de lo justiciable más allá de los intereses de las partes procesales. En nuestro país, tal expansión pareciera montada sobre los rieles institucionales diseñados en la reforma constitucional de 1994, en particular, sobre las acciones colectivas y el nuevo catálogo de derechos constitucionales" (Puga, 2014).

En la causa, la CSJN (2008) intimó a la Autoridad de Cuenca Matanza Riachuelo (ACUMAR)[2], creada en el mismo proceso judicial, a desarrollar un plan de saneamiento para ese territorio que supusiera la recomposición ambiental del área y la mejora de la calidad de vida de sus habitantes. Debido a su enmarcamiento en el campo jurídico, la ejecución de la sentencia conllevó la introducción de una multiplicidad de actores estatales en la implementación de políticas públicas: además de organismos de diferentes ministerios del Poder Ejecutivo tanto nacional como provincial y municipal, participaban agentes del Poder Judicial Federal y de la Ciudad –tanto jueces como procuradores y defensores–. Podemos afirmar que la sentencia tuvo efectos institucionales (Azuela de la Cueva, 2014; Melé, 2003) ya que una serie de nuevos organismos –como el ACUMAR, el Cuerpo Colegiado, la Unidad de Proyectos Especiales Riachuelo en el Instituto de la Vivienda de la CABA, entre otros– fueron creados para la implementación de las políticas delineadas por la CSJN.

Si bien la política de saneamiento de la cuenca, mediante la creación de un ente para coordinar las acciones en todos los distritos (ACUMAR) y de medidas que obligaban a la articulación entre diversas escalas de gobierno, suponía incorporar una gestión interjurisdiccional, esta dinámica no terminó de plasmarse en la implementación de las relocalizaciones. Los fondos para llevar adelante las reubicaciones eran nacionales, pero la forma en que se llevaron adelante dependió de cada distrito en particular y asumió características procedimentales diversas. Esta

---

2   ACUMAR "es un organismo público que se creó en 2006 a partir de la Ley n.° 26.168 que se desempeña como la
    máxima autoridad en materia ambiental en la región de la cuenca en el ámbito de la Secretaría de Ambiente y Desarrollo Sustentable (SAyDS) de la Jefatura de Gabinete de Ministros. Es un ente autónomo, autárquico e interjurisdiccional que conjuga el trabajo con los tres gobiernos que tienen competencia en el territorio: Nación, Provincia de Buenos Aires y Ciudad Autónoma de Buenos Aires". Ver https://bit.ly/2YUfTLg.

fragmentación se vio también dentro de los distritos y se reflejó, por ejemplo, en el avance desigual de estos procesos a lo largo de los años. En la CABA podemos distinguir diferentes etapas en las que se llevaron adelante las mudanzas, que responden a las especificidades de los barrios (tamaño, entramados de organización, entre otras cuestiones), pero también a los intereses del gobierno local, por los terrenos en los que se asentaban las villas –algunos ubicados en áreas en las que el Poder Ejecutivo se encontraba desarrollando políticas de recualificación, como era el caso del asentamiento Lamadrid en el barrio de La Boca– (Cravino, Fainstein, 2017).

Por otra parte, como hemos destacado, las políticas de relocalización de población de la ribera del Matanza Riachuelo se iniciaron en un contexto de creciente judicialización. Sin embargo, el enmarcamiento en un litigio estructural presentó algunas limitaciones. En principio, la falta de recursos humanos y materiales y de formación en la temática de los magistrados tanto de la CSJN como de los juzgados de primera instancia en quienes se delegó el control de la implementación de la sentencia supusieron serios límites para su accionar, lo cual no se ha modificado hasta el día de hoy. Por otra parte, los tiempos judiciales mostraron ser diversos a los tiempos del ejecutivo y a los del territorio. En principio, puede observarse cómo ciertos cambios en el poder judicial le imprimieron un ritmo muy diverso a la implementación de las reubicaciones: el juez Armella, el primero en quien se delegó la ejecución de la sentencia, fue muy activo y apremió a los gobiernos locales para que liberaran la ribera por medio de las reubicaciones, introduciendo en sus resoluciones (Merlinsky, 2013) la figura del "camino de sirga". Esto le imprimió celeridad a las mudanzas en la CABA, cuya primera camada se realizó a complejos construidos previamente para otros destinatarios –como el complejo Padre Mugica– en los barrios más pequeños y de manera más bien autoritaria, con falta de participación y de acceso a la información. Cuando Armella fue removido de la causa, fue reemplazado por dos jueces de primera instancia, que marcaron tiempos más laxos para la ejecución de la política. Estos tiempos no se corresponden con los "tiempos del barrio": una multiplicidad de problemáticas que no estaban contempladas en el PISA, como la desactualización de los censos y las condiciones de salud y habitacionales de la población que permanecía a la espera de ser mudada, sumadas a las nuevas problemáticas generadas por los terrenos ahora baldíos en la ribera –plagas, inundaciones, basura, entre otras–, constituyeron lo que los vecinos llamaron "problemas del mientras tanto". Estos fueron, en su mayoría, desatendidos por el gobierno porteño, y los tiempos judiciales no tuvieron la dinámica o celeridad para exigir solucionarlos. En este sentido, las políticas de relocalización de asentamientos terminaron siendo las respuestas del Poder Ejecutivo para cumplir con las exigencias del Poder Judicial, más que soluciones habitacionales y ambientales englobadas en una política estatal para la garantía de los derechos de los habitantes de la cuenca.

Tal como mencionamos previamente, la magnitud de las reubicaciones que serían realizadas resultaba novedosa, además de estar respaldada por una política habitacional que partiría desde un enfoque de derechos. Sin embargo, los avances efectivos respecto a la mudanza de estos hogares luego de casi 10 años de la sentencia aún son escasos. La urbanización de las villas ubicadas en la cuenca, también previstas por el PISA, no ha sido implementada todavía, y para finales del 2016 solo un 35 % del total de las relocalizaciones se habían efectuado. En la CABA, ese porcentaje desciende a un 20 %. Las relocalizaciones que se implementaron no consideraron las especificidades de la población destinataria del programa. Por el contrario, y reproduciendo las tradicionales políticas de relocalización, e incluso de construcción de vivienda social, los afectados por las mudanzas fueron considerados como sujetos homogéneos e intercambiables, y por eso se produjeron serias complicaciones luego de las mudanzas. Además, su exclusión del diseño y ejecución de la política refleja cierta permanencia de enfoques viviendistas en los organismos estatales encargados de la política habitacional.

Por otra parte, si bien la causa "Mendoza" y el PISA buscaron en lo formal garantizar el derecho al ambiente, a la vivienda y a la salud, la dimensión social del conflicto se encontraba fuertemente invisibilizada (Merlinsky, 2013), y el "enfoque de derechos" no se vio reflejado en la implementación de la sentencia, por el hecho de que los destinatarios de las políticas del PISA –los "afectados"– no formaron "parte" de la causa, por lo cual su participación y acceso a la información se encontraba muy restringida. Debieron actuar en los intersticios, logrando tener patrocinio legal de la defensa pública, pero sin derecho, por ejemplo, a hacer presentaciones en audiencias públicas. La "sociedad civil" estaba representada en la causa por el "Cuerpo Colegiado", un conjunto de ONG presididas por el Defensor del Pueblo de la Nación –cargo vacante hace ya 7 años– que, en muchas ocasiones, no tenían vinculación alguna con el territorio afectado.

Las relocalizaciones al Complejo Barrio Padre Mugica: efectos sobre los hogares y sobre el territorio

En esta presentación nos centramos en el análisis del proceso de relocalización de un conjunto de hogares al complejo habitacional Barrio Padre Mugica. Si bien este complejo de vivienda social no fue diseñado ni construido originalmente para albergar a esta población, los adjudicatarios fueron modificados bajo la presión ejercida desde el Poder Judicial para la ejecución de la sentencia. Esta *intercambiabilidad* de los destinatarios de la política de vivienda social refuerza las perspectivas viviendistas del enfoque desarrollado por el Estado frente a la problemática habitacional. Según el PISA, para el año 2011 debían mudarse al complejo 220 hogares de la Villa 21-24 y 158 del barrio Agustín Magaldi, ambos ubicados en el sur de CABA, en el barrio de Barracas (ACUMAR, 2010). Sin embargo, este plan de relocalizaciones presentó, a lo largo de su implementación, una serie de transformaciones. En diciembre de 2016, solo 187 hogares de la Villa 21-24 habían sido mudados, y solo 56 de Agustín Magaldi –otros 36 fueron reubicados en otro complejo habitacional–. Junto a estos hogares, fueron reubicados en el complejo de viviendas un conjunto de hogares denominados "los sueltitos"[3] y aproximadamente 340 familias provenientes del exasentamiento Villa Cartón, producto también de un proceso de judicialización. El poblamiento (ver mapa 1) del conjunto urbano Barrio Padre Mugica, si bien surgió en el marco de un programa orientado a la inclusión social, poco a poco se convirtió en una herramienta del poder ejecutivo de la ciudad para dar respuesta a los crecientes procesos de judicialización, que requirieron una política activa frente a la cuestión del déficit habitacional.

---

3   En el año 2010, por órden del juez federal de Quilmes, se llevaron a cabo los primeros desalojos de pequeños asentamientos de viviendas dispersas ubicadas a orillas del riachuelo. Estos desalojos no fueron acompañados por una solución habitacional (Carman, 2015). El conjunto de hogares desalojados fue denominado por el IVC como "los sueltitos", y solo un pequeño número de ellos fue finalmente relocalizado dos años después en el C.U. Padre Mugica.

Mapa 1: movimientos, origen-destino: Relocalizaciones hacia el conjunto Barrio Padre Mugica (fuente: Najman, 2017)

El asentamiento Agustín Magaldi y "los sueltitos" fueron los primeros relocalizados al complejo en el marco de la causa "Mendoza" en el año 2012. Los nuevos habitantes debieron adaptarse casi sin presencia institucional a una forma de hábitat desconocida y a la convivencia conflictiva con habitantes de Villa Cartón ex AU7 que ya residían allí. La llegada al barrio de este nuevo grupo de hogares que no habían sido parte de los destinatarios originales del conjunto hizo que los pobladores de ex AU7 vivieran la llegada de este grupo como una manipulación de sus conquistas, lo que trasladó su enfrentamiento con el IVC a los vecinos recién llegados, quienes, a su vez, tenían escaso conocimiento sobre el programa que dio origen al Barrio Padre Mugica. Sumado a este clima de conflictividad, la ausencia de información y presencia institucional ha complejizado aún más la convivencia al facilitar el cruce de información heterogénea respecto a quiénes ocuparían las próximas viviendas, las formas de propiedad, el pago de las cuotas y los compromisos asumidos por los diferentes organismos del Estado (Najman, 2017).

En septiembre del 2013, se realizó la segunda relocalización de lo que fue concebido como el sector de población más vulnerable de la Villa 21-24: casos prioritarios de salud y hogares ubicados en el centro del "meandro de Brian". Si bien esta segunda etapa incorporó instancias de acompañamiento en las reubicaciones por parte de equipos del IVC, estos procesos de alcance limitado no pueden considerarse como un abordaje participativo en la implementación de la política. Asimismo, pese al "acompañamiento", la llegada al complejo destapó nuevos problemas en relación con la calidad técnica de la construcción y la profundización de los conflictos de convivencia, relacionados en su mayoría al uso de los espacios comunes. La instalación informal de caballerizas y lugares de acumulación de cartones y residuos reciclables abrió una disputa entre los vecinos, en la que se ponían en tensión las estrategias de vida de muchas familias, junto a los riesgos ambientales y las modalidades de tomas de decisión y apropiación de los espacios compartidos en una nueva forma de convivencia (Najman, 2017).

Estos nuevos conflictos retrasaron los tiempos programados para las siguientes relocalizaciones. Como consecuencia de los reclamos por parte de los primeros hogares relocalizados respecto a los desperfectos técnicos y a los conflictos de convivencia con el resto de los pobladores, se retrasaron las siguientes etapas de las mudanzas y, sumado a las problemáticas en los barrios de origen desarrolladas más arriba, se generaron instancias de negociación con el poder ejecutivo local en las que se modificaron ciertos aspectos de la política diseñada.

Para demandar contra estas problemáticas, se conformaron, en la Villa 21-24 y el barrio Agustín Magaldi, organizaciones sociales que, en articulación con los abogados de la Defensa Pública porteña, trataron específicamente la problemática de las relocalizaciones. Demandaron instancias de articulación y negociación con el poder ejecutivo local, concedidas luego de varios meses. Las "mesas de trabajo" cumplieron un rol principalmente informativo. No obstante, en el caso de la Villa 21-24, lograron, entre otras modificaciones al planteo original de la política, la sanción de una ley a finales del año 2014 que estableció que, más allá de las 220 familias que debían mudarse a la Comuna 8, el resto sería reubicado a terrenos seleccionados por el "cuerpo de delegados" dentro de un perímetro cercano a la villa.

Las demandas que estructuraron las formas de accionar del cuerpo de delegados en este periodo se ordenaron y centralizaron en la *localización* de las nuevas viviendas, su *método constructivo*. El objetivo fue que ninguna otra familia se mudara fuera de la Comuna 4 y que se utilizara para las viviendas el método constructivo "tradicional".

Efectos de la relocalización sobre los hogares

Como mencionamos previamente, la localización de los complejos habitacionales de vivienda social se ha emplazado históricamente sobre terrenos periféricos y alejados de los servicios urbanos, reproduciendo –o, en algunos casos, intensificando– la situación de segregación en que las familias se encontraban previamente. Su estructura constructiva ha tendido a segregar a sus habitantes respecto a la ciudad, lo cual generó una sensación de desarraigo y estigmatización. Estos factores parecen reproducirse para el complejo Padre Múgica. Esta política, amparada en un discurso de riesgo ambiental y habitacional, promovió la relocalización y desplazamiento de población desde áreas centrales hacia otras periféricas. Muchas familias fueron reubicadas desde barrios informales localizados en zonas de mayor centralidad con acceso a servicios y redes que funcionaban como ejes fundamentales de sus estrategias de vida, hacia localizaciones periféricas con fuertes déficits de equipamiento y servicios.

Estos efectos evidenciaban una continuidad en el abordaje de las viviendas de interés social por parte de las políticas habitacionales como meras mercancías, y, lejos de promover la integración social de sus habitantes por medio de la efectivización del derecho a la ciudad, la localización de las nuevas viviendas sociales ha profundizado el patrón de distribución socioeconómico vigente, de modo que se reproducen procesos de segregación residencial y de exclusión social (Najman, 2017).

El perfil demográfico de la Comuna 8, donde se localiza el conjunto habitacional, evidencia la concentración, en este punto de la ciudad, de sectores altamente vulnerables, y la ausencia del Estado en términos de equipamientos. La llegada de nuevos grupos numerosos de población en situaciones de riesgo terminó por intensificar las características ya presentes del territorio. El contexto de escasez de la Comuna 8, del barrio Villa Lugano y del reciente complejo Barrio Padre Mugica allí situado obliga a la problematización sobre el doble impacto de las relocalizaciones. Por un lado, el impacto sobre el territorio, aumentando la demanda de servicios en un contexto de escasez, así como la concentración –y relegación– de los sectores populares en un sector periférico de la ciudad. Por el otro, el efecto del nuevo lugar de residencia para los hogares que han sido trasladados, lo cual despierta el interrogante acerca de si, en efecto, la política buscó promover un mejor vivir (Najman, 2017).

Retomaremos aquí el enfoque de Activos, Vulnerabilidad y Estructura de Oportunidades (AVEO) propuesto por Kaztman (1999; 2000) para identificar en qué medida y de qué modos la política analizada ha incidido en el acceso al bienestar de los hogares destinatarios. Nos proponemos identificar las alteraciones o continuidades en las

Estructuras de Oportunidades, identificando la composición y disponibilidad de diversos activos o capitales que poseen los hogares (Abramo, 2003; Kaztman, 1999, 2000).

La llegada de un numeroso contingente de hogares con altos niveles de vulnerabilidad social a un territorio que ya poseía fuertes tendencias a la segmentación residencial ha afectado negativamente al acceso de tales hogares a las estructuras de oportunidades que incrementarían su bienestar social. Sumado a esto, las relocalizaciones no repararon en el impacto negativo de la desarticulación de redes de pertenencia barriales y la relevancia de las economías comunitarias y de solidaridad para las estrategias de reproducción de los hogares (Brites, 2004). Por otro lado, el desarrollo del programa no ha impulsado, y en muchos casos obstaculizó, la apropiación del hábitat y el surgimiento de la noción de comunidad mediante una proximidad organizada (Abramo, 2003) entre sus nuevos habitantes.

Como consecuencia, el nacimiento del nuevo barrio y su poblamiento configura una compleja trama social que destapa nuevas problemáticas de todo tipo (constructivas, técnicas, organizacionales, económicas y sociales) que impactan negativamente sobre los usos y representaciones de los habitantes sobre su barrio. Frente a esta situación, desde los organismos gubernamentales no se ha implementado una mayor presencia institucional que busque garantizar un abordaje y acompañamiento de la población con el objetivo de resolver los nuevos conflictos y posibilitar finalmente la meta de inclusión social.

Con la mudanza al barrio, el fortalecimiento de las oportunidades de los nuevos habitantes para su inclusión al mundo del trabajo formal parece haberse visto obstruida por las características del contexto y las externalidades del barrio. En este sentido, el acceso a servicios y espacios de socialización segmentados (Kaztman, 2001), lejos de funcionar como una fuente de información y redes que posibilitaran el ingreso a nuevos empleos no marginales, terminaron funcionando como espacios reproductores de la desigualdad.

Los problemas estructurales y arquitectónicos al interior de las viviendas, su falta de adecuación a muchas de las necesidades presentadas por los hogares, y la separación conceptual presente en la política entre la unidad doméstica y el barrio en el cual se localiza, permite problematizar varias cuestiones. En primer lugar, nos alerta acerca de la igualación que se ejerce entre la noción de *derecho a la vivienda digna* y la idea de *propiedad de la vivienda*. Consideramos, entonces, que la construcción del complejo Padre Mugica, lejos de haber transformado las estructuras de oportunidades de sus habitantes para el incremento de su bienestar y el acceso a su integración social, ha reproducido y aceitado los mecanismos que profundizan su vulnerabilidad y aislamiento, de modo que generó, a través del surgimiento de un barrio, nuevos dispositivos reproductores de la desigualdad.

Conclusiones

La implementación de las políticas de relocalización de la ribera Villa 21-24 de Barracas al Complejo "Padre Mugica" en la CABA nos permite señalar algunas reflexiones sobre las políticas habitacionales desarrolladas a partir del conflicto por el saneamiento de la cuenca Matanza – Riachuelo a partir de la causa "Mendoza". Como hemos mencionado, aquellos elementos que aparecían como novedosos en cierta medida –la magnitud de las reubicaciones, la intervención del poder judicial, el discurso de derechos y la interjurisdiccionalidad que tendría la política- parecieron restringirse a la dimensión discursiva de la política, consolidando, en la práctica, intervenciones que reprodujeron viejas tendencias de la política habitacional, ambiental y social metropolitana.

En relación a la magnitud de relocalizaciones y su modalidad de gestión –articulando gobiernos de diversos distritos- la política ha tenido un alcance limitado. El bajo porcentaje de reubicaciones concretadas y la gran fragmentación entre los organismos que debían llevarlas adelante marca complejos obstáculos para el cumplimiento del plan original mostraba rasgos disruptivos en este sentido.

Por otro lado, las potencialidades que parecía presentar la vinculación del gobierno local con el Poder Judicial en el diseño e implementación de esta serie de políticas evidenció limitaciones en la práctica. El conjunto de intervenciones estatales observadas difícilmente puedan interpretarse como componentes de una misma política habitacional integral, sino más bien como medidas "urgentes" tomadas por el Poder Ejecutivo porteño para dar respuesta a las exigencias del Poder Judicial Federal.

Asimismo, las intervenciones estatales, lejos de promover el acceso a derechos, terminaron reproduciendo un sesgo tradicionalmente viviendista. Las acciones del gobierno porteño debían liberar el "camino de sirga" por su importancia para el saneamiento de la cuenca y la construcción de infraestructura urbana, y por tratarse, según el PISA, de los espacios que presentaban la mayor vulnerabilidad ambiental, sanitaria y habitacional. Lejos de resolverse, los complejos problemas del habitar se intensificaron tras el desplazamiento de población altamente vulnerable hacia un área altamente segregada, implicando un empeoramiento en términos de localización y complejizando las estrategias cotidianas de los hogares.

Otro elemento que marcó la continuidad entre las políticas de relocalización fue el carácter homogeneizante en el abordaje de los territorios y la población afectada. Esta política de reubicación, al igual que las *tradicionales*, no consideró las especificidades y las opiniones de los destinatarios en el diseño, ni en la implementación, ni en los momentos posteriores a las relocalizaciones. Los entramados sociales, materiales, simbólicos, así como los usos de las viviendas

–residenciales, productivos–, la articulación con el resto de la ciudad, entre otras dimensiones, no fueron considerados en la planificación de la política. Un elemento que evidencia esta exclusión es el hecho de que el complejo habitacional al que fueron relocalizados no ha sido diseñado originalmente para albergar a esta población.

Podemos identificar un doble efecto de las relocalizaciones que, lejos de garantizar la mejora de las condiciones de vida de los afectados, ha impactado negativamente sobre sus estructuras de oportunidades. Por un lado, observamos un impacto negativo sobre el territorio, al profundizar la concentración de sectores populares en un sector periférico y segregado de la ciudad, lo cual implica el aumento de la demanda de servicios en un contexto de escasez. En segunda instancia, los efectos de la relocalización sobre las condiciones de vida de los hogares pone en duda la capacidad de la política para transformar positivamente sus estructuras de oportunidades. Asimismo, la mudanza no impactó positivamente sobre los modos de inserción socio-ocupacional de los hogares, e incluso generó impactos negativos sobre la organización económica de los hogares, el acceso a sus fuentes de empleo e ingresos. La vivienda, en cuanto espacio de vida, si bien es considerada por muchos entrevistados como un "salto positivo" en sus vidas, dista mucho de ser una vivienda digna.

A pesar de las limitaciones que hemos enunciado, pueden destacarse una serie de efectos que podemos señalar como "positivos". En numerosos barrios afectados –como es el caso de la Villa 21-24 de Barracas–, se generaron nuevos espacios de organización social entre la población e instancias de negociación con el Poder Ejecutivo que no estaban dispuestas en el PISA. Algunas experiencias organizativas eran preexistentes al conflicto, y otras, como en este caso, se conformaron *ad hoc*, diferenciándose de las instancias colectivas presentes en el asentamiento.

Además, los afectados incorporaron nuevos repertorios de acción colectiva producto de la articulación entre algunas modalidades "ya conocidas" (Tarrow, 1994) y otras novedosas relacionadas con la presencia de los actores del campo jurídico en el conflicto. Si bien los habitantes de la Villa 21-24 de Barracas no pudieron frenar ni las mudanzas en general ni aquellas por realizarse a la Comuna 8, las organizaciones pudieron condicionar ciertos aspectos del proceso: el diseño y localización de las nuevas viviendas y el control del avance de las obras, principalmente.

Bibliografía

Abramo, P. (2003). "La teoría económica de la favela: cuatro notas sobre la localización residencial de los pobres y el mercado inmobiliario informal". *Ciudad y Territorios: Estudios Territoriales*, 35(136-137).

Acumar (2010). "Plan Integral de Saneamiento Ambiental de la Cuenca Matanza Riachuelo. Actualización marzo 2010".

Arqueros, S., Calderón, C., Jauri, N., Ramos, J., Vitale, P. y Yacovino, P. (2011). "Territorios y expedientes. Cuatro casos de intervenciones judiciales en la Ciudad de Buenos Aires". Ponencia presentada en las VI Jornadas de la Carrera de Trabajo Social, Argentina.

Azuela, A. y Cancino, M. A. (coord.) (2014). *Jueces y conflictos urbanos en América Latina* (pp. 7-33). México: PAOT.

Bartolomé, L. (1985). "Relocalizados: antropología social de las poblaciones desplazadas". *Ediciones del IDES*, n.° 3, pp. 7-23.

Brites, W. (2004). "Políticas urbanas autoritarias. El caso de una población carenciada desplazada por grandes obras".

Carman, M. (2015). "Una mirada sobre cuerpos sufrientes: las relocalizaciones de villas ribereñas en Buenos Aires". *Anuario de Antropología Social y Cultural en Uruguay*, 13, pp. 65-74.

Catullo, M. R. (2006). *Ciudades relocalizadas. Una mirada desde la antropología social.* Buenos Aires: Editorial Biblos.

Cravino, M. C., Palombi, A. (2015). "Politicas urbanas en el sur de Buenos Aires durante el gobierno de Mauricio Macri". *Cuadernos de Vivienda y Urbanismo*, vol. 8, n.º 15.

Cravino, M. C. y Fainstein, C. (2017). "Disputas por el acceso al ambiente sano y la vivienda en la ribera del Riachuelo: derechos de los vecinos, acción de la Justicia y políticas públicas" (en prensa). En C. Cravino (coord.). *Detrás de los conflictos. Estudios sobre desigualdad urbana en la Región Metropolitana de Buenos Aires.* Los Polvorines: Ed. UNGS.

Delamata, G., Sethman, A. y Ricciardi, M. V. (2014). "Más allá de los estrados… Activismo judicial y repertorios de acción villera en la Ciudad de Buenos Aires". En Pautassi, L. (dir.). *Marginaciones sociales en el Área Metropolitana de Buenos Aires* (pp. 397-444). Buenos Aires: Editorial Biblos.

Fainstein, C. (2015). "La relocalización de población del camino de sirga de la Villa 21- 24 ¿Erradicación o integración a la ciudad? Representaciones y repertorios de la acción colectiva en torno al reasentamiento". *Quid 16: Revista de Estudios Urbanos del IIGG*, n.° 5. Disponible en https://bit.ly/2wA6QTr.

Kaztman, R. (1999). "Marco conceptual sobre activos, vulnerabilidad y estructura de oportunidades". Documento preparado por la Oficina de CEPAL en Montevideo, con el apoyo financiero del PNUD, en el marco del Proyecto URU/97/017 "Apoyo a la implementación del Programa de Acción de la Cumbre Mundial sobre Desarrollo Social". Comisión Económica para América Latina y el Caribe (CEPAL).

Kaztman, R. (2000). "Notas sobre la medición de la vulnerabilidad social". En *Quinto Taller Regional sobre la Medición de la Pobreza: Métodos y Aplicaciones: documentos presentados* (pp. 275-301).

Kaztman, R. (2001). "Seducidos y abandonados: el aislamiento social de los pobres urbanos". *Revista de la CEPAL*, n.º 75. pp. 171-189.

Melé, P. (2003). "Introduction: Conflits, territoires et action publique". En P. Melé, C. Larrue y M. Rosemberg. *Conflits et Territoires* (pp. 13-32). Presses Universitaires François Rabelais.

Merlinsky, M. G. (2013). *Política, derechos y justicia ambiental. El conflicto del Riachuelo*. Buenos Aires: Fondo de Cultura Económica.

Najman, M. (2017). "El nacimiento de un nuevo barrio: El caso del Conjunto Urbano Padre Mugica en la Ciudad de Buenos Aires y sus impactos sobre las estructuras de oportunidades de sus habitantes". *Territorios*, n.º 37, pp. 123-155, jul. 2017. Disponible en https://bit.ly/2wvTx6O.

Oszlak, O. (1991). *Merecer la ciudad. Los pobres y el derecho al espacio urbano* (pp. 14-36, 147-198.). Buenos Aires: Ed. Humanitas.

Oszlak, O. y O'Donnell, G. (1981). "Estado y políticas estatales en América Latina: hacia una estrategia de investigación". Documento G.E./CLACSO, n.º 4, Centro de Estudios de Estado y Sociedad.

Puga, M. (2014). "El litigio estructural". *Revista de Teoría del Derecho*, pp. 41-82.

Smulovitz, C. (2008). "La política por otros medios. Judicialización y movilización legal en Argentina". *Desarrollo Económico – Revista de Ciencias Sociales*, vol. 48, n.º 190-191, pp. 287-305.

Tarrow, S. (1994). *El poder en movimiento. Los movimientos sociales, la acción colectiva y la política*. Madrid: Alianza Editorial.

La política social y los trabajadores informales en la Argentina de la posconvertibilidad (2003-2015)

Promoción y *aseguramiento* de los "trabajadores vulnerables"

ELIANA LIJTERMAN

Resumen

La clausura de la crisis de los años 2001-2002 en Argentina implicó la apertura de un nuevo ciclo político. La nueva programática argumentaba la centralidad de la intervención estatal para compatibilizar un crecimiento económico "genuino" con la inclusión social, entendiéndola como la integración por medio del "trabajo decente". La cuestión social se interrogó en clave de inclusión y la pobreza se anudó a las desiguales formas de inserción en el mundo del trabajo. Así, las políticas laborales se tornaron estratégicas. Plantearemos que, paralelamente a este proceso, se gestó una temprana distinción de la "población-objetivo" de las políticas sociolaborales. Mientras que las políticas laborales tendieron a problematizar la situación de precariedad y la reinserción laboral, se delimitó una población de "trabajadores vulnerables" en torno a quienes se montó un conjunto diferenciado de intervenciones. Las intervenciones sociales a ellos dirigidas se justificaban por la situación de vulnerabilidad de estas poblaciones, que planteaba un límite a la reinserción laboral. Vulnerabilidad y trabajo decente demarcaron dos espacios diferenciados y complementarios de problemas por intervenir, de prácticas estatales y de población destinataria. A partir de los resultados de una estrategia de indagación centrada en el trabajo de archivo, desarrollaremos las prácticas discursivas y no discursivas por las cuales tendieron a operar dicha diferenciación y sus tensiones.

Palabras clave

Saberes expertos; informalidad; vulnerabilidad.

I. Introducción

El siglo XX concluyó con una serie de crisis cuyo epicentro fue el Sur Global, que canalizaron y promovieron críticas especializadas, políticas y sociales al paradigma neoliberal. Organismos internacionales y nuevos regímenes de gobierno, especialmente en América Latina, tematizaron la crisis en clave social, abriendo la discusión sobre sus diagnósticos y los dispositivos para atenderla. En ellas, la informalidad delimitó un problema clave por su asociación con la desprotección y la pobreza.

En Argentina, la clausura de la crisis de los años 2001-2002 abrió un nuevo ciclo político, que consolidó una nueva programática en torno a la afirmación de la centralidad de la intervención estatal para compatibilizar el crecimiento económico con la inclusión social, entendiéndola como la integración por medio del "trabajo decente" (registrado y protegido). El neoliberalismo se constituyó como campo de adversidad para los discursos que orientaron las políticas estatales, a las cuales se asignó la tarea de reconstituir una institucionalidad y sociabilidad dañadas. La cuestión social se interrogó en clave de inclusión y la pobreza se anudó a las desiguales formas de inserción en el mundo del trabajo.

Esta ponencia articula algunas de las reflexiones de mi tesis de maestría, dirigida a rastrear los fundamentos (técnicos, políticos, morales) de las políticas sociolaborales dirigidas hacia la población ocupada informalmente. Nos centramos en los saberes expertos "de gabinete", producidos desde y para el Estado, a fin de indagar los diagnósticos sobre el fenómeno, sus formas de definición, la delimitación de las poblaciones afectadas y las políticas a las que se asociaron. La problematización de las condiciones de vida y de trabajo de este colectivo movilizó ciertas reconfiguraciones de los dispositivos de asistencia y seguridad social, marcadas por dislocamientos y reinterpretaciones del principio contributivo de la seguridad social y por yuxtaposiciones entre políticas de promoción socioproductiva y modalidades de aseguramiento y asistencia.

La mirada experta local sobre la economía informal dio lugar a una operación conceptual y práctica de segmentación de este conjunto de trabajadores, que permitió montar políticas sociolaborales diferenciadas de acuerdo a las características de los subgrupos. En particular, abordaremos la distinción de un segmento poblacional *de "trabajadores vulnerables"*, caracterizado por sus bajos niveles de empleabilidad, trayectorias laborales de alta inestabilidad y condiciones de vulnerabilidad social. Vulnerabilidad y trabajo decente demarcaron dos espacios diferenciados y complementarios de problemas a intervenir, de prácticas estatales y de población destinataria.

II. Trabajo y pobreza: políticas y sociabilidades

En el proceso de constitución de un mercado y una civilización "del trabajo", se conformó una oposición simbólica e institucional entre la pobreza y el trabajo asalariado (Morell, 2002), fundamental en la definición de la "utilidad en el mundo" de los sujetos. La política social no solo modela las condiciones de vida de los grupos sociales, sino que también reconoce socialmente necesidades, construye los sentidos del trabajo y define su sujeto, el trabajador, como parte de la producción de formas legítimas de vida y pertenencia social (Grassi *et al.*, 1994; Danani, 2009).

Esta construcción social fundamenta la existencia de regímenes institucionales diferenciados entre las intervenciones dirigidas a la población pobre y dependiente y las políticas de seguridad social para los trabajadores. Dicho esquema de clasificación y de organización institucional se pone en tensión frente a las situaciones de quienes, siendo aptos para trabajar, por diversas circunstancias no logran insertarse en dicho mercado (Castel, 1997). Siguiendo este razonamiento, la informalidad se ha situado, desde sus primeras formulaciones, en un umbral entre los problemas laborales y de pobreza. Examinar sus tematizaciones actuales nos permite seguir los trazos de la "resolución", siempre provisoria, de este enigma, estructural en nuestras sociedades.

III. Política social y problemas sociales: de programáticas y discursividades

La política social puede pensarse como un espacio en el cual los problemas sociales se conforman de manera polémica y argumental (Grassi, 2003), y no como una respuesta a problemas constituidos de manera previa y externa al campo. Ella es espacio y producto de una batalla de categorías, explicaciones y definiciones sobre los problemas y sujetos que comprende, en la que los campos político y experto resultan cruciales, pues son los que gestionan la cuestión social (Grassi, 2003; Topalov, 2004; Donzelot, 2007). Para atender a estos procesos, retomamos la idea de problematización, que puede ser pensada en dos sentidos.

En primer lugar, la cuestión social –en cuanto contradicción y antagonismo– no se expresa de forma directa, sino a través de una serie de "problemas sociales", que son resultado de un proceso de hegemonización sobre los modos de interrogarla, definirla y tratarla (Topalov, 2004; Grassi, 2003). Esta conceptualización nos lleva a un segundo sentido, que destaca el carácter de "evidencia" con que se invisten los problemas una vez definidos (Revel, 2008). Se trata, entonces, de desentrañar los juegos entre saber y poder que producen dichas evidencias, reescribir las relaciones e intersecciones entre ciencia y política, tomando como objeto de análisis el campo discursivo.

IV. Breves notas teórico-metodológicas

El trabajo de archivo sobre documentos producidos por los saberes expertos "de gabinete" se orientó a reconstruir las *discursividades* que orientaron las prácticas de gobierno: ellas conforman la dimensión atinente a las formas de visibilización y modos de reflexión que producen problemas y sus soluciones. Las discursividades conforman programáticas, esto es, una articulación entre ciertos problemas visibilizados, dispositivos de intervención, y unos determinados fines y transformaciones postuladas (Grondona, 2014). Los saberes "de gabinete" nos permiten aproximarnos a la programática "oficialmente" constituida.

El *corpus* documental constituye un montaje entre documentos en virtud de las hipótesis sobre sus relaciones, de acuerdo al problema de investigación (Aguilar *et al.*, 2014). En el proceso de su conformación, hemos reunido documentos heterogéneos (normativas, informes, investigaciones), producidos por diversas agencias nacionales[1] y

---

[1] A saber, el Ministerio de Trabajo, Empleo y Seguridad Social (MTEySS), el Ministerio de Desarrollo Social (MDS), el Ministerio de Economía, el Instituto Nacional de Estadísticas y Censos de la República.

técnicos insertos o asociados a ellas. La estabilización de este proceso fue progresiva y, en sí mismo, resultado de un proceso analítico[2]. Luego, nos dedicamos a la reconstrucción de los trayectos temáticos en el tratamiento de la informalidad (Guilhaumou y Maldidier, 1986). Realizamos una codificación abierta, atendiendo a las formas de nominación del fenómeno y sus afectados, los contextos de referencia en que se inscribieron sus discusiones, las definiciones y diagnósticos de los problemas sociolaborales, y las marcas de coyuntura (Robin, 1976). La recomposición de los trayectos de las tematizaciones sobre la informalidad nos permitió aprehender las combinaciones entre la larga duración y la temporalidad acontecimental que rigen las emergencias discursivas durante el periodo de análisis (Guilhaumou y Maldidier, 1986).

V. El trabajo como articulador del nuevo modelo de desarrollo: la restauración de la institucionalidad laboral

La clausura de la crisis de los años 2001-2002 en Argentina constituyó un momento de intenso debate, disputa y elaboración de nuevos consensos respecto del modelo de desarrollo y de Estado a constituir. Desde el 2003, fue articulándose una nueva programática, orientada al fomento del sector productor de bienes, tanto exportables como para el mercado interno. Esta basaba y disputaba su legitimidad en la afirmación de que era posible y deseable la compatibilización entre el crecimiento económico y la "inclusión social". En contraposición a la teoría del derrame, se postulaba que esta relación positiva no sería automática, sino producto de un intenso trabajo estatal: regulando las formas de creación

---

[2] La estabilización del *corpus* se realizó en la medida en que se profundizó en las lecturas de los materiales, excluyendo e incorporando nuevos textos en función de referencias emergentes.

de riqueza, para alentar el desarrollo de la "economía real" en detrimento de la especulación financiera; y regulando el empleo, para fortalecer su rol distributivo. El Estado y el empleo se volvieron "articuladores" de la racionalidad económica y la social[3].

El trabajo se ubicaba como "articulador" en virtud de los sentidos a él atribuidos en los discursos oficiales. Era definido como el factor productivo por excelencia, a diferencia de las teorías del "fin del trabajo", que afirmaban su desplazamiento ante el cambio tecnológico. Portaba un papel distributivo por ser fuente de derechos, traduciendo el progreso económico en una perspectiva de movilidad social ascendente. Como fundamento de solidaridad, organizaba los lazos sociales (MDS, 2007, 2010), al ser el eje de la participación de los individuos en la sociedad, el vector del reconocimiento de su utilidad social y el establecimiento de compromisos. Contribuir al bien común a través del trabajo fundaba la posibilidad de participar legítimamente de la distribución de sus frutos.

En este sentido, se definía como una estrategia de primer orden la "restauración" de la institucionalidad laboral, dañada por las reformas de ajuste estructural (Tomada, 2007, 2011, 2014)[4]. La cuestión social se interrogó en clave de inclusión (al mundo del trabajo) y la pobreza se anudó a las desiguales formas de inserción laboral. Aunque la idea de "restauración" remitía a recuperar instituciones laborales clásicas (como las paritarias y la seguridad social), se incluyeron nuevos dispositivos asociados a la acción sobre la informalidad, la empleabilidad y la reinserción laboral.

---

3   Esta breve síntesis se basa en el análisis de numerosos documentos, entre ellos: MDS, 2007, 2010; MTEySS, 2010; Taiana, 2005; Tomada, 2005, 2007; ANSES, 2011.

4   Los diagnósticos producidos en los primeros años del ciclo daban cuenta del "daño neoliberal": para el 2003, un 85 % de la PEA estaba afectada por problemas de empleo, más del 50 % de los trabajadores no estaban registrados (MECON, 2008), y la pobreza afectaba casi a la mitad del país (un 47,8 % de la población) (INDEC).

Las memorias del gobierno corporativo de la fuerza laboral del primer peronismo (Grondona, 2014) confluyeron con una mirada "actualizada" sobre los problemas laborales[5].

Pese a la intensa reactivación económica, los diagnósticos sociales señalaron la persistencia en tasas elevadas de informalidad[6]. A fin del periodo, comenzó a percibirse cierta ralentización del crecimiento con efectos en el empleo[7]. La preocupación por los problemas de empleo y de pobreza se intensificó debido a los interrogantes sobre la sostenibilidad del modelo. La informalidad fue un problema espinoso para la programática oficial durante todo el ciclo.

VI. La economía informal en el enfoque del MTEySS: una estrategia modular de intervención

Durante el año 2005, se realizaron una serie de estudios estadísticos que dialogaron con los abordajes –conceptuales y programáticos– de la informalidad propuestos por

---

[5]   En este sentido, en el año 2003 el ministro de Trabajo, Carlos Tomada, creó en la órbita de esta dependencia la Subsecretaría de Programación Técnica y Estudios Laborales, con el objetivo de dar apoyatura teórica a la gestión ministerial, renovar los abordajes metodológicos y técnicos, y estudiar de manera específica y particularizada distintos problemas de empleo.

[6]   En el año 2006, un 43,6 % de la PEA trabajaba en condiciones de informalidad, un 11,2 % se encontraba subocupado, y un 10,2 %, desocupado. Es decir que un 65 % de la PEA tenía problemas de empleo. Para el año 2005, los índices de pobreza e indigencia se encontraban en un 39 % y 12 %, respectivamente.

[7]   El enlentecimiento del crecimiento desde el año 2008 tuvo efectos directos en el empleo: el incremento de la tasa de empleo comenzó a enlentecerse y hacia 2014 se amesetó; se revirtió la tendencia al mayor incremento relativo de los puestos registrados por sobre los no registrados (Cortés y Graña, 2013); y, si bien el desempleo no aumentó, bajó la tasa de actividad y creció el subempleo (de 11,3 % en 2013 a 14,6 % en 2014). Finalmente, la desigualdad dentro del colectivo de trabajadores se incrementó a partir de la desigualdad de ingresos entre trabajadores registrados y no registrados y el mejoramiento relativo de las posiciones jerárquicas. En función de ello, pueden comprenderse los aún elevados niveles de pobreza: 24,9 % de pobreza y un 7,3 % de indigencia en 2009.

la Organización Internacional del Trabajo (OIT) y el Banco Mundial (BM) (MTEySS, BM, INDEC, 2005; MTEySS, 2004a; Novick y Lanari, 2005). Bajo el auspicio del BM, se midió la informalidad en el Gran Buenos Aires y se analizaron sus determinantes a través de la encuesta permanente de hogares. Los técnicos ministeriales discutieron la perspectiva del Banco acerca de la voluntariedad de los agentes económicos como explicación de la informalidad[8], señalando que su causa central radicaba en la contracción del empleo formal (MTEySS, BM, INDEC, 2005). El marco de referencia del Ministerio era la definición de economía informal (EI), formulada por la OIT en 2002[9].

Para la OIT, la globalización financiera y la especialización flexible habían alterado la fisonomía de los problemas de empleo, los cuales se volvieron heterogéneos y extensivos a distintos sectores de la actividad económica. La categoría de EI reemplazaba la de "sector informal urbano"[10], pues los problemas de empleo no se explicaban únicamente por las características productivas de sectores

---

8   Si bien la informalidad no fue uno de los ejes prioritarios de producción del BM, este sistematizó una perspectiva que la explicaba en función de dos determinantes que era preciso estudiar en cada caso nacional: la existencia de mecanismos de exclusión del mercado laboral de parte de la población; y la voluntariedad de los agentes económicos por las excesivas regulaciones del Estado y la escasa confianza en él. De este modo, se clasificaba la informalidad de acuerdo al peso relativo de ambos factores, distinguiendo manifestaciones voluntarias e involuntarias.

9   El debate local sobre la voluntariedad como determinante de la informalidad no se agotó en el año 2005. Por el contrario, fue una discusión recurrente, que se reeditó en una serie de seminarios organizados por la OIT en Buenos Aires sobre la economía informal entre los años 2009 y 2013. Diversas personalidades de la academia y la gestión pública rechazaban de plano esta clave de análisis.

10 Esta fue formulada por primera vez por Keith Hart, a raíz de una misión de la OIT en Kenia. Las características productivas como sector de actividad económica explicaban las características de las relaciones laborales de quienes lo integraban y su afección por la pobreza. Posteriormente, el concepto fue reelaborado por el Programa Regional de Empleo para América Latina y el Caribe del organismo, que lo asoció a la heterogeneidad productiva de las economías latinoamericanas. El concepto fue rápidamente difundido, dialogando y discutiendo con otras teorías que desde Latinoamérica habían pro-

de actividad. La EI incluyó al empleo en el sector informal, como al "empleo informal" en la economía "registrada", definido por su desprotección social. Así, la informalidad se desprendió del anclaje productivo de las definiciones formuladas desde la década de los 70 (Hart, 1972; Tokman, 1976; Prebisch, 1981), y se concibió como un fenómeno heterogéneo y polifacético por la multiplicidad de unidades productivas y categorías ocupacionales comprendidas. El eje común entre ellas era la inseguridad socioeconómica[11] y la vulnerabilidad.

A través de un debate teórico y político, se incorporó dicha noción en la programática local, reconociéndole dos virtudes (MTEySS, BM, INDEC, 2005; Novick y Lanari, 2005; Novick, 2007). En primer lugar, la EI incorporaba la preocupación por la precariedad, que había sido central en la agenda experta local progresista desde los años 80. La segunda ventaja no era de orden heurístico sino operativo: establecía criterios sencillos de medición para orientar la gestión política de acuerdo a metas definidas de trabajo decente[12]. La afirmación de la heterogeneidad de la EI llevaba a una operación conceptual de segmentación de subgrupos a su interior, de acuerdo a problemas, redes de causas y poblaciones afectadas, que tuvieran mayor homogeneidad interna. Esta operación cristalizaba en el mapeo estadístico de la EI, basado en dos vectores: categorías ocupacionales (empleadores, autónomos y asalariados) y sus localizaciones

---

curado explicar estructuralmente los agudos problemas sociales, como la de la marginalidad, asociada al enfoque dependentista. Desarrollamos estos movimientos conceptuales en Lijterman, 2017.

11 La OIT formuló un concepto de "inseguridad socioeconómica" que refería a múltiples dimensiones de la seguridad en el empleo: la seguridad de acceder a puestos de trabajo, de formarse en el puesto, de especializarse en términos de "carrera", contar con condiciones de salubridad, estar representado sindicalmente, disponer de ingresos adecuados, entre otras.

12 Luego de proyectos de cooperación técnica con la OIT desarrollados entre los años 2003 y 2005, ligados a la emergencia social, se sucedieron tres planes nacionales de trabajo decente, consensuados de forma tripartita entre el gobierno argentino, centrales sindicales y cámaras empresarias.

productivas (unidades formales, informales u hogares)[13]. Las unidades productivas ya no eran consideradas de acuerdo a su tamaño (lo que respondía a la búsqueda de inferir niveles de productividad), sino por el cumplimiento de algún aspecto de la legislación tributaria[14].

La discriminación de segmentos y su dimensionamiento por tamaño se acompañaron de la evaluación de la incidencia de la vulnerabilidad social y laboral en cada uno de ellos. Todas estas operaciones determinaron las prioridades políticas, junto con un elemento más: la disponibilidad (política, teórica y técnica) de herramientas de intervención, según los valores, expectativas y objetivos asociados al empleo en la nueva programática. El objetivo principal era la ampliación de la corriente central de la integración: el empleo regular y registrado. Al ser definido este como vector principal de la inclusión social, las políticas laborales se dispusieron en función de su extensión. El segmento de asalariados informales en establecimientos registrados era estratégico no solo por su tamaño, sino porque, debido a sus características, se estipulaba una formalización en el corto plazo mediante la inspección laboral, facilidades administrativas y económicas y apoyo productivo para incrementar los puestos en el mediano plazo[15].

---

[13] Las categorías eran: trabajadores en hogares no registrados; asalariados no registrados en unidades formales; asalariados no registrados en unidades formales; trabajadores por cuenta propia no registrados; pequeños empleadores no registrados.

[14] De los estudios realizados, el segmento de asalariados informales en unidades formales era el predominante, seguido del servicio doméstico y el trabajo autónomo, de proporciones equivalentes. A partir del 2011, se manifestó un cambio de composición, cuando el trabajo informal en unidades informales pasó a ser el segmento de mayor tamaño.

[15] Las políticas de descuento a las contribuciones patronales se basaban en ciertos parámetros de ganancia empresarial y tamaño de la unidad económica. Asimismo, en ocasiones estos beneficios se ligaban a la condición a los empleadores de ampliar su planta de trabajadores. Ver ley 26.476 promulgada en el año 2008 y ley 26.940 promulgada en el año 2014.

El resto de los segmentos (servicio doméstico, autónomos no registrados, informales en unidades no registradas) delimitaban un problema de mayor complejidad, debido a que la baja productividad del trabajo y su insuficiente dotación de capital los hacía difícilmente reconvertibles (Novick, 2007). La alternativa más viable para este sector era la apuesta por la expansión del empleo formal para su absorción progresiva en el largo plazo (Novick y Lanari, 2005). Es por ello que el problema de la productividad de estos estratos no fue abordado propiamente por las políticas. Las políticas promovidas hacia estos segmentos se dirigieron a mitigar en el corto plazo su vulnerabilidad laboral y social, estableciendo regímenes especiales de registro y fortalecimiento de la empleabilidad de los trabajadores. Ello se debía a que se planteaba un vínculo bidireccional entre vulnerabilidad laboral y social: la pobreza condicionaba las bajas calificaciones, que obstaculizaban la incorporación al empleo formal (Novick, 2007). La empleabilidad se introducía como un factor explicativo de la situación de informalidad, que se enfocaba en las habilidades y atributos de la población afectada.

VII. La particularización de los trabajadores de subsistencia

Paralelamente, se desplegó una operación de perfilamiento al interior de un conjunto específico de la población: los usuarios del Plan Jefes y Jefas de Hogar Desocupados (PJJHD), aplicado en el año 2002 para contener la alta desocupación[16]. Hacia fines del año 2004, se evidenciaba

---

[16] Se trataba de un programa de transferencia de ingresos, que establecía como condición para la permanencia el cumplimiento de condicionalidades sanitarias y escolares de los niños de los grupos familiares y una contraprestación de los titulares en una actividad laboral o social. Sus niveles de cobertura fueron masivos, llegados a más de 2 millones de usuarios en el año 2003.

que el efecto positivo de la reactivación económica en su reinserción laboral estaba agotándose[17], por lo que se plantearon alternativas para la reconfiguración del programa, en un marco de ascendentes críticas sociales hacia este (Grondona, 2014; Lijterman, 2016). Su población se diferenciaba de los "desocupados clásicos": tenía mayor presencia femenina, trayectos más avanzados de edad, bajos niveles educativos y de calificación (MTEySS, 2004b). Según dos encuestas realizadas en el año 2004, el desempleo constituía para estos trabajadores un momento en un ciclo de "alta rotación e inestabilidad en el mercado laboral", marcado por "ocupaciones de subsistencia" (MTEySS, 2004b, p. 24). Estas características comunes hacían de este grupo un segmento, aunque también se advertía su heterogeneidad interna, sobre todo respecto de la empleabilidad.

La distinción crucial que se hacía al interior del grupo de usuarios era en virtud de su *situación ocupacional:* los ocupados realizaban actividades laborales, aunque inestables y esporádicas; los desocupados se encontraban en una búsqueda laboral activa; y los inactivos no buscaban trabajo, ya fuera por su edad avanzada o por ser responsables del cuidado de otros miembros del hogar. También se diferenciaba a los usuarios en virtud de sus *habilidades*: la actitud hacia la formación y la búsqueda de empleo era heterogénea, y ello incidía en la posibilidad de reinserción laboral. Finalmente, otro vector de diferenciación eran las *calificaciones*: aunque se caracterizaban por ser bajas en general, un subgrupo poseía calificaciones técnicas y operativas, mientras que otro no contaba con ninguna calificación. A diferencia de la segmentación de la EI, para el "empleo vulnerable" los vectores de diferenciación tenían por objeto atributos de la población.

---

17 Según el MTEySS (2004b), hacia fines de 2004 un 19 % del universo de usuarios había conseguido trabajo formal.

Así, se diferenciaron tres grupos. Uno, conformado por trabajadores de nivel educativo adecuado, calificaciones técnicas y operativas y experiencia laboral, sobre quienes se consideraba que presentaban mejores condiciones de reinserción en función de la demanda laboral. Otro grupo evidenciaba una alta motivación frente a la búsqueda de empleo y a la formación, pero tenía bajos niveles educativos. Finalmente, se encontraban los inactivos. En función de estas caracterizaciones, se proponía diferenciar las modalidades de transferencias monetarias por establecer: para los primeros, se asociaría con acciones de intermediación laboral y de formación profesional; para los segundos, con acciones de fortalecimiento de la empleabilidad; y para los terceros, con objetivos de desarrollo humano para reducir la vulnerabilidad.

La población del PJJHD fue traspasada a otros programas. Correspondería al MTEySS "todo lo atinente a la inserción y reinserción laboral", mientras que el MDS atendería a los "beneficiarios inactivos, especialmente mujeres con hijos a cargo y personas mayores, [...] un grupo típicamente asociado a la política social" (MTEySS, 2004b, p. 25). Mediante el Decreto 1506/2004, se estableció que los sujetos con condiciones de empleabilidad pasaran al Seguro de Capacitación y Empleo del MTEySS, que preveía una prestación económica durante el proceso de búsqueda laboral para la terminalidad escolar y la capacitación. Se trataba de un nuevo modelo de "seguro de desempleo" para la población vulnerable, que incorporaba parámetros de las políticas laborales "activas". Los definidos como "vulnerables" fueron atendidos por el MDS con el Plan Familias, que otorgaba un subsidio mensual a condición de cumplir condicionalidades en cuestiones sanitarias y de escolaridad de los niños[18].

---

18 Si bien el PJJHD no fue eliminado, su prestación monetaria no volvió a ser actualizada, ya que eran superiores las de los referidos programas, desincentivando la permanencia.

Aunque estas distintas series de diagnósticos, de segmentación y perfilamiento no se cruzaron, consideramos que el empleo de subsistencia delimita el eslabón inferior de la informalidad, que siguió un tratamiento específico, atendiendo a la empleabilidad de sus integrantes y a la vulnerabilidad de ingresos. El sector de más baja empleabilidad no fue definido como "inempleable", sino como especialmente "vulnerable". ¿Cómo proteger a quienes aún no podían incorporarse a la corriente central del crecimiento y la integración?, ¿de qué modo transformar su situación para conjurar tanto la descalificación (factor explicativo de esta), como la desintegración social (su consecuencia)? Parafraseando a Castel, la asistencia se veía frente a la obligación de responder a un enigma clásico, la transformación de solicitantes de ayuda en productores de su propia existencia, lo que –por los contenidos de la programática– tuvo en el trabajo un nudo central.

En virtud de este problema, pueden explicarse una serie de programas de inserción socioproductiva dependientes del MDS: el Plan Manos a la Obra (PMO), desde el año 2004, y, luego, el Programa Ingreso Social con Trabajo (PRIST), desde el año 2009. Ambos fomentaron la constitución de cooperativas en ámbitos locales, en general orientadas a la realización de obras de infraestructura comunitaria, otorgando transferencias monetarias a modo de salario. El MDS albergó una "estrategia productiva" al interior de la política asistencial (MDS, 2010), a través de la cual el Estado crearía de forma directa puestos de trabajo en un circuito económico específico: la economía social. El sentido de esta acción era potenciar el desarrollo humano a través de la inscripción de los sujetos en actividades productivas. Este concepto de las Naciones Unidas adquiría un contenido particular en el ámbito nacional, fuertemente asociado a la promoción de la "cultura del trabajo" como forma de vida. El "trabajo asistido" se constituía en un medio para la integración social, restableciendo vínculos de proximidad, el aporte productivo hacia la comunidad y cultivando calificaciones y disposiciones (MDS, 2007).

Dada la proyección poco alentadora para los segmentos inferiores de la EI, se movilizó una forma alternativa de integración y trabajo, que resultaba –en comparación con el TD– relativamente supletoria y se constituía en un paso previo para, en el futuro, integrarse en el empleo formal. ¿Podía esta intervención correr los límites de lo valorado como trabajo en función de un reconocimiento social amplio? Resulta difícil responder positivamente. Las remuneraciones nunca llegaron a alcanzar, en todo el ciclo, la medida del salario mínimo[19]. Asimismo, los sentidos vinculados al trabajo "digno", esto es, asociativo, cooperativo y/o comunitario, se vieron tensionados por la expectativa puesta en el empleo asalariado como modalidad "normal" de trabajo, que constituía el modelo que perseguir. Por ejemplo, en el año 2012 se incorporaron monetarios de presentismo y productividad adicionales para usuarios del PRIST. La contractualización del programa parece haber sido el medio para validar la legitimidad del trabajo asistido, buscando su equiparación con el trabajo realizado en el resto de la sociedad; sin embargo, ello reforzaba las relaciones de orden y jerarquía entre el trabajo decente y el trabajo digno.

No obstante, la disputa por la legitimidad del trabajo asistido, junto con el reconocimiento de sus sujetos como trabajadores, movilizó una serie de protecciones y modos de reconocimiento novedosos que, a su vez, buscaban diferenciar estos programas de los de tipo *workfare* de los años 90. Se trató de modos de "aseguramiento", estableciendo regímenes especiales y no contributivos de la seguridad social: por un lado, es destacable el monotributo social, que

---

[19] Desde el lanzamiento del PRIST hasta el año 2015, sus prestaciones tuvieron una tendencia permanente a la depreciación, según una estimación propia en base a los montos de la canasta básica total: la prestación cayó desde un 78% de la CBT en 2009 a un 39% en 2015.

subsidiaba el registro de los trabajadores de estos programas, pasando a tener aportes previsionales y obra social; por otro lado, la Asignación Universal por Hijo permitió que contaran con la asignación familiar correspondiente a los trabajadores formales. Estas políticas fueron un fuelle que aproximó a los trabajadores formales e informales, especialmente aquellos en condición de pobreza, lo que generó formas de readaptación de la seguridad social clásica.

Conclusiones

En función del recorrido realizado, trazaremos unas breves conclusiones. En primer término, podemos destacar la correspondencia entre una operación conceptual de segmentación de problemas y conjuntos poblacionales al interior de la EI y el establecimiento de políticas sociolaborales específicas con objetivos y temporalidades diferenciadas para su incorporación en la "corriente central" del trabajo decente. En este orden, es comprensible una afirmación inicial que realizamos: la restauración de la institucionalidad laboral "clásica", en virtud de unos novedosos problemas de empleo, implicó la introducción de un conjunto de políticas asociadas al problema de la "empleabilidad", que explicó la situación de los segmentos inferiores de la EI. La baja productividad relativa de estos estratos y la capacidad de la economía de albergar procesos de reconversión o de absorción de estos en una temporalidad menos lejana fue un punto sensible de la programática, que comenzó a emerger hacia fines del periodo abordado.

En este orden, se dieron operaciones diversas de diferenciación de los segmentos inferiores de la economía informal. Entre ellos, el empleo de subsistencia fue objeto de perfilamiento para la adopción de políticas que tendieran bien a la reinserción laboral mediante el fortalecimiento de la empleabilidad como estrategia principal, o bien al desarrollo humano de los "inempleables". Es destacable la indecibilidad de esta categoría en el marco de la programática analizada, por lo que este último grupo fue definido como aquellos especialmente vulnerables y, en ocasiones, como inactivos[20]. La asistencia encarnó el desafío de configurar ella misma una estrategia productiva, recreando sentidos del trabajo prioritariamente morales, como medio de la integración y condición para la percepción legítima de ingresos. Este proceso no se completa, sin embargo, sin las tensiones de formas de reconocimiento de estos sujetos como "trabajadores" y de consecuente aseguramiento bajo la égida de la seguridad social.

La inestabilidad de las fronteras entre estos segmentos se explica por su carácter normativo, en cuanto pretendían cristalizar la distinción que señalaban, al tiempo que superarla.

Bibliografía

Aguilar, P., Glozman, M., Grondona, A., Haidar, V. (2014). ¿Qué es un *corpus*?". *Entramados y Perspectivas*, 4(4), pp. 35-64.

ANSES (2011). *La inclusión social como transformación: políticas públicas para todos*. Buenos Aires: Observatorio de la Seguridad Social.

Castel, R. (1997). *La metamorfosis de la cuestión social. Una crónica del salariado*. Buenos Aires: Paidós. Cortés, R. y Graña, J. (2013). "Empleo no registrado: algunas

---

[20] Otros estudios del MTEySS señalaban que las fronteras entre la inactividad, desocupación y ocupación de subsistencia son sumamente móviles y que las modalidades de búsqueda de empleo difieren entre estos sujetos de las tradicionalmente consideradas (Trujillo *et al.*, 2011). Por ello, no se encuentran razones sólidas para estabilizar la distinción de un sector "inactivo" más que en la intervención.

hipótesis sobre su persistencia 2003-2011". Ponencia presentada en XI Congreso Nacional de Estudios del Trabajo, ASET, Buenos Aires.

Danani, C. (2009). "La gestión de la política social: un intento de aportar a su problematización". En M. Chiara y M. Di Virgilio. *Política social: conceptos y herramientas.* Buenos Aires: UNGS.

Donzelot, J. (2007). *La invención de lo social.* Buenos Aires: Nueva Visión.

Grassi, E. (2003). *Políticas y problemas sociales en la sociedad neoliberal. La otra década infame (I).* Buenos Aires: Espacio Editorial.

Grassi, E., Hintze, S., Neufeld, R. (1994). *Políticas sociales, crisis y ajuste estructural.* Buenos Aires: Espacio.

Grondona, A. (2014). *Saber de la pobreza. Discursos expertos y subclases en la Argentina entre 1956 y 2006.* Buenos Aires: Ediciones del CCC.

Guilhaumou, J. y Maldidier, D. (1986). "L'analyse de discours du coté de l'histoire". *Langage et Sociétés*, 21(81), pp. 43-56.

Hart, K. (1972). *Employment, incomes and equality. A strategy for increasing productive employment in Kenya.* International Labour Office.

Lijterman, E. (2016). "Trabajo, seguridad social y asistencia en Argentina (2003- 2015). Una periodización sobre sus transformaciones". *Margen*, n.º 83, pp. 1-21.

Lijterman, E. (2017). "La informalidad como campo de discusión en el contexto de emergencia del concepto. Yuxtaposiciones entre trabajo y pobreza". *Trabajo y Sociedad*, n.º 29, pp. 391-411.

MDS (2010). *Políticas sociales del Bicentenario. Un modelo nacional y popular.* Tomo I. Buenos Aires.

MDS (2007). *La bisagra. Políticas sociales en acción.* Buenos Aires.

Morresi, S. y Vommaro, G. (2012). *Saber lo que se hace. Expertos y política en Argentina.* Buenos Aires: Prometeo Editorial.

MTEySS, BM, INDEC (2005). *La informalidad laboral en el Gran Buenos Aires. Una nueva mirada. Resultados del Módulo de Informalidad de la EPH*. Buenos Aires.

MTEySS (2004a). "Diagnóstico del empleo no registrado". Subsecretaría de Programación Técnica y Estudios laborales. Serie Trabajo, Ocupación y Empleo, Estudios 2004. Buenos Aires.

MTEySS (2004b). "Segunda evaluación del Programa Jefes de Hogar. Resultados de la encuesta a beneficiarios". Subsecretaría de Programación Técnica y Estudios laborales. Buenos Aires.

Novick, M. (2007). "Desarrollo e innovación: un debate en torno a la revalorización del trabajo". *Revista de Trabajo*, año 4, n.º 5. Buenos Aires: MTEySS.

Novick, M. y Lanari, M. E. (2005). Trabajo decente: significados y alcances del concepto. Indicadores propuestos para su medición.

Novick, M. y Lanari, M. E. (2005). Trabajo, ocupación y empleo: relaciones laborales, territorios y grupos particulares de actividad Buenos Aires: MTEySS-SPTyEL.

Prebisch, R. (1981). *Capitalismo periférico. Crisis y transformación*. México: Fondo de Cultura Económica.

Revel, J. (2009). *Diccionario de Foucault*. Buenos Aires: Nueva Visión.

Robin, R. (1976). "Discurso político y coyuntura". En P. León, H. Miterrand (comp.). *L´analyse du discours*. Montreal: Centre Educatif et Culturel.

Taiana, J. (2005). "Los resultados esperados de la Cuarta Cumbre de las Américas". En Oficina de la OIT en Argentina. *La globalización y el desarrollo nacional. Hacia una mayor coherencia entre políticas económicas y laborales*. Buenos Aires: OIT.

Tokman, V. (1976). "El sector informal urbano en América Latina". *Revista Internacional del Trabajo*, 94(3).

Tomada, C. (2014). "Renovación de la regulación laboral en Argentina 2003-2013". *Revista de Trabajo*, año 10, n.º 12. Buenos Aires: MTEySS.

Tomada, C. (2010). "Prólogo". *Revista de Trabajo*, año 6, n.º 8. Buenos Aires: MTEySS.

Tomada, C. (2007). "La recuperación del trabajo y de sus instituciones rectoras". *Revista de Trabajo*, año 3, n.º 4. Buenos Aires: MTEySS.

Tomada, C. (2005). "Los desafíos de una globalización justa para la Argentina". En Oficina de la OIT en Argentina. *La globalización y el desarrollo nacional. Hacia una mayor coherencia entre políticas económicas y laborales*. Buenos Aires: OIT.

Topalov, C. (2004). "De la cuestión social a los problemas urbanos: los reformadores y la población de las metrópolis a principios del siglo XX". En C. Danani (comp.). *Política social y economía social: debates fundamentales*. Buenos Aires: UNGS/Fundación OSDE/Editorial Altamira.

Trujillo, L. y Sarabia, M. (2011). "El mundo del trabajo y la territorialidad en la Argentina a partir de los hogares con programas de transferencias monetarias". La complejidad del empleo, la protección social y las relaciones laborales. Argentina, 2011. Serie Trabajo, Ocupación y Empleo n.º 10. Buenos Aires: MTEySS.

Entre la dominación (persistente) y la promoción de la inclusión

La implementación de programas sociales en el conurbano bonaerense, Argentina (2003-2015)

PATRICIA FELIU

Resumen

La presente ponencia se propone presentar resultados de una investigación que tiene como propósito vislumbrar la configuración del entramado político desde las percepciones de los destinatarios vinculados a programas sociales compensadores. La implementación de programas sociales es un campo que brinda aportes relevantes para conocer la realidad, es un espacio donde, entre otros, se juegan aspectos de la construcción de identidad política de los sujetos y relaciones sociales que hacen posible la trama o no de sociedades más democráticas.

En un contexto que vino signado por un profundo cambio en el Estado en Argentina (2003-2015), que incorporó una concepción diferente de las políticas sociales fundada en el sujeto de derecho, nos preguntamos: ¿cómo se manifestó esta nueva orientación en la construcción cotidiana de la subjetividad de la población vinculada a los programas?

Se observó, a partir de la visualización de la cotidianeidad de los programas, que tendieron más a reproducir la dominación que a modificar estas relaciones en concordancia con sus enunciados, un entramado donde persisten mecanismos de arbitrariedad, manipulación e invisibilización, a la vez que se vislumbraron trayectorias individuales de inserción laboral y educativa promovidas desde los programas y una menor alusión a procesos de resistencia y lucha.

Este recorrido permite reflexionar acerca de la brecha de sentidos e incidencias de las políticas públicas y su aporte al bienestar social, en cuanto están más orientadas a procesos de individualización que en gran medida no empoderan, que a la constitución de actores colectivos (sí apelado en su retórica), desdibujando la noción de lo público.

La indagación se centró en la interacción de los destinatarios con los burócratas, ya que es en la implementación de los programas donde se puede observar el vínculo político, y es en esta relación donde se generan gran parte de los significados acerca del Estado y la esfera del poder. La intención no es encontrar culpabilidad, sino avanzar en el conocimiento de mecanismos sociales que configuran la relación política-social para recuperar la problemática del desarrollo (bienestar, promoción, inclusión, justicia social), considerando los sentidos que en el territorio imprimen las políticas públicas.

Es una investigación exploratoria de enfoque cualitativo; se relevaron los discursos de 50 destinatarios, con por los menos tres años de antigüedad con programas sociales, con entrevistas semiestructuradas en cinco municipios del noroeste del conurbano bonaerense, con el objetivo de puntualizar o detallar el sentido de los discursos en su identificación con los programas sociales en la etapa de la posconvertibilidad.

Palabras clave

Políticas sociales; implementación de programas; subjetividad.

I. Introducción

Las políticas sociales en Argentina dieron un importante giro a inicios del siglo XXI. Se había experimentado, a fines del XX, un modo de intervención social anclado en la asistencia, el Estado intervenía cuando fallaba el mercado; un abordaje de tipo paliativo, compensador, focalizado en los pobres, nombrado como "combate a la pobreza", que se presentaba en un numeroso conjunto de programas sociales independientes que fragmentó la implementación y configuró inscripciones identitarias individuales. Se pasó, tras la crisis política institucional que estalló en el 2001, a una modalidad diferente de intervención que intentó dar nuevas respuestas a la llamada "deuda social" y aumentar los niveles de bienestar de la población. Se puso en marcha una nueva concepción que revalorizó al sujeto de derecho y retomó la idea de justicia social, nombrada como "producción con inclusión". En cuanto a las políticas sociales, se las resignificó como instrumento de realización y restitución de derechos sociales y promoción de una sociedad organizada, concibiendo como imperativo ético a la persona y su realización (Ministerio de Desarrollo Social, 2007, 2010). Se sostenían en la articulación entre las jurisdicciones local, provincial y nacional, con acciones simultáneas para la inmediatez en referencia a la exclusión hasta las de mayor envergadura, desafíos como los de cobertura universal, que aspiraban a configurar inscripciones identitarias individuales como colectivas.

Otro aspecto que considerar de la presencia del Estado es el de la descentralización que se estableció con la reforma de los 90 y continúa, proceso en el cual se reorganizó la relación entre el Estado central y los gobiernos subnacionales y la sociedad, lo cual enfatizó a los gobiernos locales, ONG y movimientos sociales, entendiendo que estos tienen una mayor cercanía con la población, más conocimiento del territorio, y capacidad para articular intereses y posibilitar la participación de los diferentes actores, adecuándose a realidades particulares (Danani, 2009; Chiara y Di Virgilio, 2009). Lo que Oszlak destaca de la presencia del Estado en la vida social micro es la "capilaridad social del rol del Estado, o sea, las manifestaciones de su presencia celular en la organización de la vida de una sociedad" (Oszlak, 2011, p. 4).

Considerando estos cambios, nos propusimos indagar sobre su existencia. Pusimos el foco en la implementación de programas en cuanto espacio de intercambio de los destinatarios con el Estado, enfocando en la realidad cotidiana de los sujetos destinatarios, y recortamos en los programas compensatorios, que son aquellos orientados a la población más desfavorecida; si bien remiten a una concepción anterior, nos preguntamos sobre las evidencias de la propuesta del periodo 2003-2015. El objetivo es describir los modos de hacer del Estado a partir de la perspectiva de los destinatarios específicamente en lo referente a su construcción subjetiva en la interacción con la burocracia –es decir, ¿cómo perciben la relación con los programas sociales mediada por los burócratas?–, para identificar y especificar las diversas significaciones del poder, y detallar en los discursos los sentidos dados tanto de la burocracia como de su propia identificación.

Se presentan los resultados obtenidos de una investigación en curso del programa científico de la Universidad Nacional de Tres de Febrero con asiento en la cátedra de Intervención e implementación de políticas y programas sociales de la Licenciatura de Administración y Gestión de Políticas Sociales.

II. Marco teórico/marco conceptual

La implementación de políticas públicas es un campo de investigación[1] de variadas problemáticas. Fleury manifiesta que la coherencia entre la formulación y la implementación no es mecánica, y es en esta donde se juegan varias dimensiones, entre ellas la política, las relaciones políticas en las cuales se expresan formas de poder. Es posible observarlas en las acciones cotidianas de los trabajadores del Estado (cualquiera sea su nivel); en el caso de esta investigación, en su encuentro e interacción con la población, en los intercambios simbólicos y materiales donde se constituyen y conforman aspectos que hacen a la subjetividad de las personas involucradas (Fleury, 2007, p. 152).

La conceptualización de esta experiencia y lo que se construye en términos de subjetividad es considerado por buena parte de las ciencias sociales, hasta fines del siglo XX, un ámbito donde predominan relaciones políticas de subordinación (Fleury, Castel, Bourdieu, Wacquant), sintetizado en el tradicional concepto de "clientelismo" ampliamente trabajado en Argentina (Auyero, Duschatzky, Torres, Trotta, Alonso, entre otros), o, en términos de Fraser, subordinación del estatus en oposición a un reconocimiento en términos de un otro igual. Si bien la relación de subordinación fue presentando cambios, en el siglo XXI se comienza a registrar una transformación en relación con la emergencia de los movimientos sociales donde se asume la perspectiva de nuevas formas de hacer política en los barrios (Merklen, 2010) y (Vommaro, 2003). Posiciones que asumen contradicción, por ejemplo, en cuanto a la relación con el Estado, su grado de autonomía, es decir, si constituyen vínculos virtuosos o viciosos (Svampa, 2000).

---

[1] Hace años, Aguillar Villanueva sintetizó el proceso por el cual fue revalorizada la implementación en cuanto campo problemático en el estudio de las políticas públicas, iniciado en los 70.

Con el cambio de modelo (2003-2015), se utilizó el concepto de "empoderar" vinculado al concepto de "inclusión social". Empoderar, en términos generales, es la adquisición de poder e independencia/autonomía del individuo o grupo para mejorar su situación. Le Bossé y Dufort (2002) lo entienden como un proceso general de adquisición de poder en vistas a alcanzar un objetivo preciso o llegar a ser los agentes de su propio destino. En tal sentido, Rappaport (2000)[2] lo considera como la posibilidad de las personas de controlar su vida. Montero (2003), Zimmerman (2000) y Rappaport (1988) coinciden en que el empoderamiento relaciona fortalezas individuales con conductas de ayuda proclives al cambio social.

Los programas sociales son ámbitos de socialización, son procesos de interacción donde se producen intercambios materiales y simbólicos, y, entonces, también son el ámbito donde se produce realidad, subjetividad, por lo cual se construye identidad, vinculaciones y posicionamientos y se definen cursos de acción. Son procesos de interacción, en este caso, entre la burocracia de nivel callejero y los destinatarios de los programas compensadores. Los burócratas son representantes del Estado, y, para estas poblaciones, se convierten en actores muy relevantes para reproducir sus vidas. "Cuando se trata de los pobres [...] [el Estado] está profundamente implicado hasta en el más mínimo aspecto de la vida cotidiana" (Auyero, 2013, p. 20). Los necesitan para conseguir esto o aquello, procurar recursos del Estado que por sí mismos no lo logran hacer, o vincularse con los servicios estatales para sobrellevar cuestiones de su vida, lo que las más de las veces se identifica con el merecimiento, con ser merecedor de la ayuda (relación no mercantil) por ser un desvalido en la relación de mercado. En palabras de Castro Rojas (2010, p. 37):

---

2   Julián Rappaport, psicólogo y profesor especializado en psicología comunitaria, introduce en 1977 el concepto de *empowerment*.

> [...] el campo de la asistencia social se pone como de "no derecho", en tanto para ser reconocido como posible usuario, la necesidad presentada debe tener el mérito de ser atendida, y de este modo se reemplaza el "derecho de ciudadano" por el "mérito de necesidad".

Esta es una problemática central en la política asistencial que desde los 90 plantea la focalización en la población pobre/vulnerable, lo que le propone es el incentivo monetario que desde el 2003 fue acompañado por la autogestión y participación para lograr su superación.

Lipsky afirma que los burócratas de nivel callejero[3] ejercen una importante influencia en la población de los no favorecidos, afectando sus vidas según sea el modo en que estos traspongan los programas, según los criterios que pongan en juego en sus prácticas; "lo que para algunos son las más altas cumbres del Estado benefactor, para otros son la más amplia expresión de control social" (Lipsky, 1980, p. 793). Respecto a las prácticas de la burocracia, entendemos, por un lado, aquellas que están ligadas a cumplir formalmente con las tareas, a centrarse en lo administrativo, con inclinación hacia el disciplinamiento, a no dar explicaciones ni información, a imponer su autoridad, pudiendo llegar incluso a ser abusivas respecto a sus intereses personales, lo que identificamos como una práctica burocrática asistencial (Zibecchi, 2008); y, por otro lado, aquellas más ligadas a una aplicación impersonal de criterios, a una mayor atención sobre las cuestiones que atraviesan a los destinatarios y una mayor preocupación por lo que sucede, a procurarse información y ponerla a disposición, o a mostrar ánimo de encontrar soluciones, lo que identificamos como una práctica burocrática activista (Buchely Ibarra, 2015).

---

3   Burócratas de la calle o de ventanilla se denomina a los trabajadores de las dependencias de los servicios públicos que interactúan directamente con los ciudadanos.

A su vez, el proceso de descentralización y la focalización de la asistencia llevaron a la revalorización de la proximidad; por un lado, por su conocimiento, accesibilidad, y, por el otro, porque las relaciones primarias de intercambio y las familiares se convirtieron en su soporte, a la vez que la proximidad advirtió acerca de la diversidad y heterogeneidad de las condiciones, demandas e identidades. La proximidad, por un lado, apela al territorio, o amplía la noción de territorio, el abordaje territorial, gestión territorial, trabajo territorial, refiriéndose no solo a los ya conocidos procesos de urbanización, redes de infraestructura y transporte, espacio público, vivienda, concentración de población, y a su dimensión político jurisdiccional en cuanto territorios delimitados y administrados por una autoridad, sino también –y es en lo que hacemos hincapié– a los territorios en cuanto cotidianeidad. Según las autoras Catenazzi y Representacao, "en este plano se hace referencia al territorio de las relaciones cotidianas, de la reproducción de la población, donde se generan las condiciones materiales y sociales para la satisfacción de las demandas particularmente centradas en los medios de consumo colectivos" (Catenazzi y Representacao, 2009, p. 124).

Danani conceptualiza las relaciones de proximidad dentro de las dinámicas de individualización, como las del mercado, aunque no mercantiles. Este tipo de protección planteada por pertenencia a colectivos –familia y/o comunidad (relaciones de proximidad)– funciona asignando

> la responsabilidad por el bienestar a ese par comunidad/familia que aquí se propone pensar como unidad. Esto último, porque se encuentran inspirados en el mismo principio: el de la naturalización y la primarización de la vida, que así es concebida como pre-política configurando [...] la comunitarización" (Danani, 2008, p. 45).

Lo que queremos es señalar que la comunitarización, sostenimiento de la asistencia en relaciones primarias, coloca la protección dependiendo de condiciones particulares referidas a grupos, cuestión que se aleja de las garantías sociales de las instituciones públicas/estatales de responsabilidad colectiva/social. Como plantea Vommaro: "El costo de estos arreglos morales, informales y locales es, como dijimos, la incertidumbre acerca de sus sostenimiento en el tiempo" (Vommaro, 2016, p. 151).

Esta situación se aleja de la idea de lo público, que no solo significa "plural", sino también "común".

> Es decir, […] un concepto que se contrapone al de "individuo", y por extensión al individualismo como agrupación organizada, estructurada en torno a una serie de valores, ideas, deberes y responsabilidades, comunes o condivididas, asumidas y aceptadas por todos los integrantes (Calderón Vázquez, 2008, p. 10).

Los programas sociales compensadores asumen una dimensión territorial; su implementación es realizada por los efectores que están localizados en el territorio, en cercanía con la población. En nuestro caso, tomamos a los municipios, "los conveniados con municipio" a diferencia de los gestionados por movimientos sociales. Escogimos los municipios (gobierno local) para observar la adecuación de las gestiones locales al nuevo posicionamiento enunciado en la política social.

III. Metodología

Este trabajo intenta: descentrarse de los programas sociales y adentrarse en los procesos de significación que atraviesan los sectores subalternos del noroeste del conurbano bonaerense; realizar un recorrido recuperando una visión compleja de lo cotidiano, permitiendo describir de manera densa las prácticas y los sentidos en la vida de los sectores subalternos; y adentrarse en las percepciones de los destinatarios, habitantes de los programas, respecto de su experiencia para identificar y especificar su mundo simbólico, su construcción de sentidos sobre la burocracia y sobre sí mismos.

La investigación se aborda con un diseño exploratorio y con metodología cualitativa. Se realizaron entrevistas semiestructuradas a los destinatarios con relación a su vinculación con los programas sociales y a la forma de interacción con los burócratas. El total de datos y su posterior análisis provienen de 50 entrevistas en cinco municipios del noroeste del conurbano bonaerense recolectados entre el segundo semestre del 2016 y los primeros meses del 2017. El contacto se estableció a través del municipio, y la composición de la muestra no representativa se constituyó en su mayoría por mujeres y por tres programas de transferencia monetaria: Argentina Trabaja, Ellas Hacen (de Nación) y Envión (Provincia de Buenos Aries). El esfuerzo interpretativo estuvo puesto en considerar la perspectiva de los actores y reconocer los significados que ellos les dan a su acción, a su identificación y a las prácticas de la burocracia en un contexto dado. Se puso en práctica el análisis de contenido, una técnica de interpretación donde se realizan tareas de descomposición y clasificación del contenido. Para el procesamiento, se utilizó el programa Atlas.ti.

IV. Análisis y discusión de datos

Se procesaron los sentidos expresados en las entrevistas considerando las características de las prácticas de la burocracia y los rasgos identitarios de los destinatarios.

Los tres programas compensadores sobre los que más entrevistamos fueron dos de dependencia nacional y uno provincial. Respecto a sus objetivos, estos tres programas plantean:

1. Argentina Trabaja se propone "que cada vez más argentinos vivan mejor y puedan tener más oportunidades de inclusión laboral", y anuncia que su impacto es "doblemente positivo: por un lado, genera ingresos económicos que privilegian la participación colectiva y, por otro, mejora los espacios comunitarios, una obra que incide en la vida cotidiana de vecinas y vecinos".
2. El programa Ellas Hacen plantea: "Mujeres en acción por una vida mejor"; y anuncia: "El resultado es triplemente positivo: promovemos el desarrollo de las personas y las familias, y mejoramos la calidad de vida en los barrios y generamos nuevos ingresos". También apuntan a la terminalidad educativa, capacitación laboral, prevención de violencia de género, etc.
3. La propuesta del programa Envión apunta a mejorar la inserción y/o reinserción de adolescentes y jóvenes con NBI (necesidades básicas insatisfechas) en el sistema educativo, favorecer la inserción laboral de los jóvenes, reducir la situación de riesgo de adolescentes y jóvenes NBI, etc.

Los programas ubican a los destinatarios como población necesitada, ofreciéndoles ingresos condicionados. ¿Tienen alguna otra opción estos sectores? La respuesta es que no muchas. Tienen que agradar, aceptar las indicaciones y negociar ciertas cuestiones, y así se asumen como merecedores de recibir un programa.

"Si no necesitara, no estaría acá yo".

"Lo mío es la gastronomía, yo me dedico a hacer cáterin. Soy cocinero, parrillero, y estaba flojo de trabajo, y dije 'bueno, me voy a meter aunque es poca plata', pero servía, me puse a trabajar [en el programa]".

"Y, mirá, mi hija es del 2001, 3 meses tenía cuando empezamos a agarrar el carro [cartoneros]; encima alquilábamos, no la pasamos bien, vamos a ser sinceros… Me agarró el agua, me agarró la lluvia, y así anduvimos mucho tiempo en la calle, y después cuando salió esto…"

Los destinatarios, para serlo, deben hacer lo que se les dice, están de alguna manera supeditados a las prácticas de la burocracia. Los burócratas ponen en juego sus criterios, sentidos y dedicación en la implementación con cierta capacidad de autonomía, frente a lo cual los destinatarios reaccionan, acomodan, asumen diferentes actitudes y emociones, y son investidos en ellas. Las prácticas de los burócratas delimitan y regulan aspectos de la identidad y subjetividad de los destinatarios.

La práctica asistencial fue la práctica burocrática de mayor presencia en las narraciones de los destinatarios. Se limita a cumplir formalidades, a centrarse en lo administrativo con inclinación hacia el disciplinamiento, a no dar explicaciones ni información, a imponer su autoridad, pudiendo llegar incluso a ser abusiva respecto a sus intereses personales. Estas prácticas tiñen de informalidad-irregularidad a la implementación (Zibecchi, 2008). La arbitrariedad y manipulación en el uso de los criterios, como su bajo grado de capacitación y poca dedicación, caracterizan sus acciones.

La *arbitrariedad* en el uso de los criterios provoca espera/desgano, poca utilidad, deficiencia, intranquilidad, las insustanciales cooperativas. Estas prácticas promueven en los destinatarios una actitud de "aguante". Algunos ejemplos:

Espera:

"Me cansé de ir al municipio, ya llegó el momento en que dije 'Ya no voy más', porque me amargaba muchísimo, todas las veces lo mismo. Y eso porque no recorren, porque si vos sos asistente tenés que ir y verdaderamente fijarte si esa familia la necesita, creo yo que es así".

Poca utilidad:

"Vamos, limpiamos las cuatro plazas, acompañamos al barrendero a limpiar los cordones de la vereda del barrio para no quedarnos sin hacer nada. Supuestamente, la cooperativa de construcción que tiene la Argentina Trabaja y de construcción, cero, cero…".

También es observada una *deficiencia* en el acceso, en la precaria información en relación con la ubicación institucional de los burócratas y de los espacios de la burocracia. Sobre la información:

"Yo ahora, hace muy poquito me enteré […] que donde estaba la empresa X antes… ahí hay una oficina que trabajan chicas del programa… Nunca yo me había enterado, nunca".

Sobre los libros de las cooperativas:

"No, no están ni escritos ni nada, están todos en blanco, y hay algunos que dicen: '¡No los toquen, no los toquen, déjenlos ahí!'. De hecho, nunca tuvimos reuniones con los contadores, ni nada de eso".

Intranquilidad:

"Por lo que yo escucho, quieren que la cooperativa nuestra se encargue de pintar todas las fachadas de […] las casas. Y bueno, nosotros estamos esperando, porque estar acá sentados, a mí no me gusta".

La *manipulación* se caracteriza por poner en juego la presión, la amenaza y el abuso. Este uso de criterios provoca inseguridad (desamparo, inestabilidad) e invisibilización. Estas prácticas sumadas a la corrupción promueven en los destinatarios una actitud de subordinación. Algunos ejemplos:

"[…] este juego, que te doy y te saco. Te juegan con el jueguito de la necesidad de la persona. Eso es lo que pasa".

Inseguridad:

"Cuando nos llevaban a hacer, por ejemplo, el relleno de las divisiones de la vereda de las calles, trabajábamos con los fusores, que era brea líquida caliente". "A nosotros [...] nos cargaron en una *traffic* y nos llevaban a buscar al riachuelo, que era así de pasto [gesto con las manos], a buscar a la nena a las orillas con machete rompiendo el malezal. Nos decían: 'Ustedes están locos'".

Invisibilización:

"[en la entrega de material] Firmo la planilla yo, pero se la quedan ellos, no es que me da a mí una copia de lo que me entregaron, no". "Sí, pero, cuando él renunció, desde el municipio me dijeron: 'Ustedes no van a tener más capacitadores, ni capataz' [ya se había ido]. Y me dice: 'Hacete cargo de la cooperativa' [no iba a ser reconocida formalmente ni cobrar como capataz]".

Dentro de los criterios manipuladores, se observa un avance mayor cuando se suma la *corrupción*, que implica sobrepasar el límite de la legalidad. Los ejemplos son en el abuso, en el uso del dinero, mercadería, pedido de pagos, negocios personales, etc.

Observamos cómo, a medida que se va explicitando el interés personal del burócrata y de la arbitrariedad se pasa a la manipulación, se va desdibujando el sentido público del programa y fraguándose todo intento de reforzar la idea de sujeto de derecho. Realidades difíciles de sobrellevar para los destinatarios, que señalan situaciones de espera, poca utilidad, deficiencia e intranquilidad, así como de inseguridad e invisibilización, que dispone al "aguante" y subordinación.

También se puede observar la práctica burocrática activista, caracterizada por la aplicación impersonal de criterios comunes y públicos. Si bien es flexible, no se aparta de los lineamientos del programa, dándole regularidad y formalidad con cierta claridad. También se caracteriza por estar ligada a una mayor atención a las cuestiones que atraviesan a los destinatarios y una mayor preocupación por lo que sucede, a procurar información y ponerla a disposición, y a mostrar ánimo de encontrar soluciones (Buchely Ibarra, 2015). Lo que se observa es que se resuelven las cuestiones, se experimenta utilidad en las tareas, cierta tranquilidad y consideración personal. Los burócratas son personas que cumplen con sus tareas, son respetados, se adecuan a las situaciones de los destinatarios, incluso llegan a motivarlos o promocionarlos.

El *uso de criterios imparciales* conlleva:

Confianza:

"[acceso al plan] Yo me anoté en la bolsa de trabajo [...]. No me llamaron nunca, y, de repente, un día me llamaron y me propusieron entrar en la cooperativa".

Importancia:

"Era parar la clase veinte veces para volver a explicar y nada. No tenía problema, se volvía a explicar". "La verdad que las capacitaciones, la mayoría con que yo fui era gente muy instruida, gente preparada, gente que sabía que había diferentes problemáticas a lo que se tenían que enfrentar, saber explicar y para qué nos servía, eso era reimportante, se tomaban su tiempo. Las capacitaciones eran buenas, venían con buena predisposición".

Utilidad de la tarea:

"[en la construcción] Iba el ingeniero con la gente del sindicato, le daba el OK al maestro mayor de obra del grupo que estaba capacitado para hacer, y ellos decían si estaba bien, si estaba mal y qué teníamos que mejorar".

La *dedicación en la tarea* conlleva:

Inmediatez:

"Cuando surgía un problema, se lo enviábamos al director del programa, a la oficina de empleo, y automáticamente nos hacían las conexiones. [...]. No se demoraba la respuesta".

Flexibilidad:

"Por ellas mismas, ellas solas se juntaron y les propusieron a las coordinadoras que querían hacer eso, un emprendimiento, separadas del resto. Hacían bolsos, carteras, todo textil. Una o dos tenían máquina, necesitaban lugar, y las chicas del municipio les ofrecieron un lugar".

Contención:

"Hace años teníamos a una chica que venía a supervisar, Estefanía [...], venía todos los días. Y también nos acompañaba mucho hasta en lo personal. Después hubo muchos compañeros que si necesitaron una contención real por violencia de género, por estar situación de calle, sí, mucho trabajo sobre eso hubo".

Motivación:

"Mi coordinadora quería que yo [...] pase a cumplir otra función, otro rol, entonces me mandó a hacer las carreras, [...] me aguantó mucho, y después ella me dijo: "Bueno, ahora vas a ir a estudiar esto, podes hacer esto, ¿vos qué pensas?' [...]. Y bueno, hice la Tecnicatura en Economía Social en la UNSAM". "El único requisito era que, si no habíamos terminado el secundario, teníamos que terminarlo con un Fines o con un Coas. Yo adeudaba 7 materias, que las rendí con el Coas. Cuando terminé, seguí estudiando, fue el empujón que necesitaba; ahora estoy estudiando psicología social".

La práctica de la burocracia activista lleva a vivencias donde se experimenta la confianza, importancia y utilidad, y se valoró la prontitud, flexibilidad y contención en la resolución de problemas, que dispone al empoderamiento de los sujetos. Facilita la identificación de los destinatarios como personas íntegras y dignas, y como *sujetos de derecho* al tratar con un burócrata que utiliza criterios imparciales y claros y que propone una dedicación responsable de sus tareas en relación con la finalidad del programa.

Conclusiones

En relación con las prácticas de la burocracia, se describieron dos tipos contrapuestos. Por un lado, la asistencial, caracterizada por la arbitrariedad en la realización de las tareas que produce conductas/actitudes de espera y desgano, acompañadas por un sentimiento de saberse poco importantes, poco útiles, apoyados en criterios circunstanciales con los que no se puede proyectar, situación que provoca intranquilidad y desorientación; a esto se le suma la manipulación, que tensa el vínculo, presiona o amenaza al destinatario para que acepte ciertas circunstancias, incluso las ilegales. Por otro lado, la práctica activista impersonal, flexible y coherente, que está atenta a lo que sucede y con disposición resolutiva.

Lo que se desprendió en términos identitarios es que, frente a la arbitrariedad, se desplegó el aguante, y, frente a la manipulación, la subordinación, formas de ser del destinatario como tácticas de cubrirse, seguir sosteniendo la pertenencia al programa y seguir recibiendo la transferencia de dinero –que agradecen "por poco que sea"–. En contraposición, frente a la imparcialidad y regularidad se generó empoderamiento, vivencia claramente opuesta que se despliega con una misma dinámica: individualización.

Los destinatarios no relataron acciones de la burocracia en otras cuestiones tendientes al fortalecimiento vincular de los sujetos, al seguimiento de los proyectos y/o cooperativas, o a la construcción de redes sociolaborales. Tampoco se percibe un acompañamiento y/o articulación con otros organismos del Estado respecto a problemáticas varias que atraviesan las vidas de los destinatarios y sus familias.

Lo que se observó fue que predominó una dinámica de implementación de tipo individualizante, que se aleja de la idea de lo público. Predominan vínculos de proximidad, arreglos interpersonales en abordajes asistenciales circunstanciales, que establecen una protección débil y que no apuntan a garantías institucionales públicas de responsabilidad colectiva y duradera, situación que entra en tensión con algunos de los objetivos de los programas compensadores, que señalan construcción de sujetos de derecho, actores colectivos, mejoras en los barrios, etc. Si bien los derechos fueron parte esencial de los diseños de estos programas –como observamos en la investigación–, se fueron desdibujando en la implementación, primando la figura del merecedor y no la del ciudadano. Lo más positivo fue el empoderamiento en términos de autovalidación.

A todo esto, sumamos que, en el campo de la asistencia, lo que entra en tensión es el concepto de "derecho". Si la condición de partida es la necesidad, es ser un desvalido –lo cual conlleva no lograr éxito en la relación de mercado (vivimos en sociedades de mercado capitalista)–, significa que no hay derechos. La necesidad existe; hay que abordarla con diseños de protección social acordes al diagnóstico y la realidad, y debe desprenderse de objetivos que desde estas condiciones los superan. Estos diseños deben ser acordes al menos en dos sentidos: en la procuración de la práctica activista de la burocracia y de una práctica que se conecte con instancias más agregadas de la gestión (intersectorial e intergubernamental). Esto, sin embargo, problematiza la dinámica de funcionamiento de los gobiernos locales.

Bibliografía

Alonso, G. (2007). "Acerca del clientelismo y la política social: reflexiones en torno al caso argentino". Revista del CLAD Reforma y Democracia, n.° 37.

Ambort, M. (2016). "Atenciones y desatenciones. ´Asignación Universal por Hijo para la Protección Social´, condicionalidad educativa y agentes burocráticos". *RAIGAL: Revista Interdisciplinaria de Ciencias Sociales*, n.° 2, pp. 83-98.

Auyero, J. (2004). *Clientelismo político. Las caras ocultas*. Buenos Aires: Ed. Capital Intelectual.

Buchely Ibarra, L. F. (2015). "El activismo burocrático y la vida mundana del Estado. Las madres comunitarias como burócratas callejeras y el programa de cuidado de niños Hogares Comunitarios de Bienestar". *Revista colombiana de Antropología*, vol. 51, n.° 1, pp. 137-159.

Calderón Vázquez, F. (2008). *Las políticas públicas en la encrucijada: políticas sociales y competitividad sistémica*. Málaga: Mimeo.

Catenazzi, A. y Da Representacao, N. (2009). "Acerca de la gestión de la proximidad". En M. Chiara y M. Di Virgilio (Org.). *Gestión de la política social. Conceptos y herramientas*. Buenos Aires: UNGS-Prometeo.

Castro Rojas, H. I. (2010). "Las intermitencias de la construcción de la ciudadanía. Viejos debates y nuevos escenarios a partir de la experiencia actual argentina". *Revista Cátedra Paralena*, n.° 7, pp. 30-46.

Danani, C. (2008). "América Latina luego del mito del progreso liberal: las políticas sociales y el problema de la desigualdad". *Ciências Sociais Unisinos*, vol. 44, n.° 1, pp. 39-48.

Fleury, S. (2007). "Salud y democracia en Brasil. Valor público y capital institucional en el Sistema Único de Salud". *Salud Colectiva*, 3(2), pp. 147-157.

Fraser, N. (2008). "Justicia social en la era de la política de identidad: reconocimiento, redistribución y participación". *Revista de Trabajo*, año 4, n.º 6.

Lipsky, M. (1980). "La burocracia en el nivel callejero: la función crítica de los burócratas en el nivel callejero". En *Street Level Bureaucracy: Dilemmas of the Individual in Public Services* (pp 780-794).

Oszlak, O. (2011). "El rol del Estado: micro, meso, macro". Ponencia dictada en el VI Congreso de Administración Pública, organizado por la Asociación Argentina de Estudios de Administración Pública y la Asociación de Administradores Gubernamentales, Resistencia, Chaco, 7 de julio.

Merklen, D. (2010). *Pobres ciudadanos. Las clases populares en la era democrática (Argentina 1983-2003*. Buenos Aires: Gorla.

Ministerio de Desarrollo Social (2007). *La bisagra. Políticas sociales en acción*. Buenos Aires.

Ministerio de Desarrollo Social (2010). *Políticas sociales del Bicentenario. Un modelo nacional y popular*. Buenos Aires.

Svampa, M. (2000). *Desde abajo. La transformación de las identidades sociales*. Buenos Aires: UNGS-Biblos.

Torres, P. (2002). *Votos, chapas y fideos. Clientelismo político y ayuda social*. La Plata: De la Campana.

Trotta, M. (2003). *La metamorfosis del clientelismo político*. Buenos Aires: Espacio Editorial.

Vommaro, G. (2016). "La participación política de los sectores populares en la Argentina reciente; transformaciones históricas y nuevos desafíos conceptuales". En Rofman, A. (comp.). *Participación, políticas públicas y territorio. Aportes para la construcción de una perspectiva integral*. Buenos Aires: UNGS.

Vommaro, P. (2003). "La producción y las subjetividades en los movimientos sociales de la Argentina contemporánea: el caso del MTD de Solano". Informe final del concurso Movimientos sociales y nuevos conflictos en América Latina y el Caribe. Programa Regional de Becas CLACSO. Disponible en https://bit.ly/2JMc2wm.

Zemelman Merino, H. (2010). "Sujeto y subjetividad: la problemática de las alternativas como construcción posible". *Polis*, vol. 9, n.° 27, pp. 355-366.

Zibecchi, C. (2008). "Dinámica asistencial, participación social y clientelismo político: un análisis centrado en las experiencias de las mujeres beneficiarias de programas de transferencia de ingresos". *Question*, 1(20).

De círculos, muros y fronteras

*Experiencias de inclusión en programas
de transferencia condicionada*

Emilio Seveso

Resumen

La profundidad y minuciosidad de las políticas sociales está ligada a su capacidad para configurar la condición existencial de los sujetos. Al regular las dosis de energía disponibles, la disponibilidad sobre el cuerpo y la disposición para la acción, demarcan las relaciones situadas entre clases, lo que se traduce en una historia social posible, en la formación del sentido de la vida y en la conciencia sobre el mundo. Sin estar determinadas en principio ni ser determinantes, pueden ser entonces interpretadas como fragmento de las estrategias que la sociedad capitalista ha llegado a aceptar como respuesta a la disponibilidad social de los sujetos, configurando por este camino sus formas de estar y de hacer, tanto como el dónde, el cómo y el entre quiénes.

Desde este lugar, el presente trabajo propone un contrapunto a la "escenificación inclusiva" de las políticas sociales, abordando las experiencias de beneficiarios pertenecientes a una iniciativa que es implementada en la ciudad de San Luis (Argentina) desde hace más de una década: el Programa de Seguridad Pública y Protección Civil. Las nociones de círculos de encierro, muros mentales y fronteras sociales son utilizadas como organizadores de las vivencias de reclusión que, "a cielo abierto", atraviesan a los sujetos. Para llevar adelante el análisis, se consideraron entrevistas individuales y grupales, realizadas entre los años 2007 y 2016, afincadas en una perspectiva relacional que integra documentos oficiales, noticias y datos estadísticos.

Recuperar las experiencias y sensibilidades que, en este contexto, se van elaborando como trayecto de la dinámica social que "impacta" sobre los sujetos, permite profundizar las relaciones entre estados de expulsión, estrategias de regulación social y sentir en la pobreza.

Palabras clave

Inclusión social; experiencia; ciudad.

I. Introducción

Desde finales de la década de los 90, y especialmente a partir de la crisis del año 2001, los programas de transferencia condicionada cristalizaron en Argentina como respuesta plausible a las condiciones masivas de desigualdad y pobreza. A partir de las primeras experiencias a nivel nacional, como el Plan Trabajar y el Programa Jefes y Jefas de Hogar, la noción de inclusión fue ocupando regresivamente el epicentro discursivo, fundamentando la ampliación y réplica de numerosos programas dentro de un marco estratégico con "rostro humanitario". Esta situación, sin embargo, ha tendido a desdibujar los parámetros ideológicos y las consecuencias prácticas de las medidas orientadas; en particular, dado el renovado impulso al neoliberalismo en la región, que las sitúa como centrales al momento de regular los estados de conflictividad social.

En el presente trabajo proponemos un contrapunto a la "escenificación inclusiva" de estas políticas partiendo de las *experiencias* de un subconjunto de beneficiarios del denominado "Plan de Inclusión Social", instrumentado desde el año 2003 y hasta la actualidad en la provincia de San Luis (Argentina). Las nociones de círculos de encierro, muros mentales y fronteras sociales emergieron en este marco como organizadores de las vivencias de reclusión que, "a cielo abierto", atraviesan a los sujetos. Para llevar adelante estas indagaciones, partimos del material empírico provisto por entrevistas individuales y grupales sostenidas con los beneficiarios, realizadas entre los años 2007 y 2016. Es importante aclarar que, debido a las limitaciones de espacio, presentamos los resultados analíticos resultantes de las interpretaciones referentes, con fundamento en una perspectiva relacional que vincula las experiencias con procesos estructurales a partir de los registros de primera mano, datos estadísticos, noticias e informes oficiales.

Para abordar el problema, mantendremos la siguiente estructura expositiva. En el primer apartado presentamos una propuesta conceptual sucinta que caracteriza a las políticas sociales como estrategias de regulación territorial, con particular incidencia sobre el par cuerpo/clase en las poblaciones que son "objeto" de su accionar. La segunda parte refiere a la presentación general de la política indagada y a su caracterización como programa de transferencia condicionada. Lejos de referir a un debate agotado, el propósito de caracterizar las dinámicas de transformación, la estructura operativa y la naturaleza institucional de las políticas sociales resulta relevante, en este punto, en cuanto permite especificar diagnósticos sobre las modalidades vigentes de gestión social. Por su parte, la tercera sección sintetiza las principales experiencias significativas identificadas (entendidas aquí como instancias de reflexividad y expresividad), concretadas como trayecto de la dinámica social que "impacta" sobre los sujetos, permitiendo profundizar en las relaciones entre estados de expulsión, estrategias de regulación social y vivencias de/en la pobreza.

II. Las políticas sociales como estrategia y mecanismo de regulación experiencial

Sin llegar a considerar a las políticas sociales como mecanismos absolutos y determinantes, partimos de reconocer su incidencia clave en las condiciones de vida de los sectores que intervienen, particularmente por su activa incidencia sobre el cuerpo, su capacidad para orientar las percepciones y sus efectos en la modulación de las emociones. Desde este punto de vista, constituyen, para nosotros, una pieza propiamente *social* de la estructura sistémica orientada a distribuir, organizar y encuadrar las prácticas, que diagraman por este camino las posibilidades y estados de experienciación de los sujetos. Esto adquiere particular relevancia en escenarios como los nuestros, en los que las políticas estatales constituyen un fragmento activo de las modalidades de regulación de los sectores subalternos.

Entendemos que, en concurrencia al proceso de acumulación perpetrado en las periferias del capitalismo globalizado, se erigen numerosos mecanismos tendientes a gestionar el orden de expulsión vigente y sus externalidades. Por esta vía, las políticas sociales pueden ser reconocidas como estrategias de intervención que solventan los procesos de expropiación y desposesión capitalista, manifestando un ajuste institucional sucesivo conforme a las variaciones del sistema social en el tiempo (Seveso, 2015; Quattrini y Seveso, 2016; Vergara y Seveso, 2013). Por esta razón, hoy más que nunca precisan ser designadas como uno de los principales eslabones que componen la cadena de dominación y regulación clasista en territorios del sur global, en convergencia y articulación con las políticas de seguridad[1].

---

[1] Desde nuestro punto de vista, las políticas sociales y de seguridad constituyen pliegues de una compleja trama de dominación clasista; caras complementarias del rostro de Jano del Estado que actúan de manera convergente y solapada sobre las mismas "poblaciones objetivo" (Seveso, 2015; Wacquant, 2010; Garland, 2005). Las políticas sociales funcionan como techo de expectativas, concretando una serie de "seguridades sistémicas" que contienen las

En otras palabras, las políticas sociales son un fragmento de las estrategias de dominación clasista, en el sentido utilizado por el *stratego* moderno". Esto supone pasar desde la noción original del "ardid de guerra" –que cimienta la maniobra para la conducción de un ejército de ocupación (Corominas, 1994, p. 258)– hacia la versión dulcificada (aunque igualmente enfática) de la ocupación neocolonial que, en palabras de un ideólogo como Sánchez Albavera, implica "el instrumento de gobierno que disponen las sociedades civilizadas, para definir la «carta de navegación» de la nación" (Sánchez Albavera, 2003, p. 8).

Sin ir mas lejos, sabemos que las modalidades focalizadas y asistenciales de atención a la pobreza se consolidaron como resultado del proceso de desmaterialización, individualización y fragmentación de los derechos sociales. Profundizadas a partir del denominado "Consenso de Washington" entre finales de la década del 70 y hasta inicios del 90, fueron inicialmente concebidas como respuesta a situaciones de coyuntura económica y excepcionalidad política, centrando su atención en las denominadas "necesidades básicas" (Farah, 1990; Adelantado y Scherer, 2008). Entre tanto, desde mediados de los 90 y hasta la actualidad, es posible observar una aplicación creciente de programas de transferencia condicionada con alcance masivo, bajo la hipótesis de que el desarrollo de ciertas competencias laborales y/o capitales educativos («activos») puede fomentar la integración de los sujetos en la sociedad o el mercado

---

demandas de la población entre el margen de las necesidades básicas (ligadas especialmente a la alimentación y el trabajo) y la satisfacción contingente de la ciudadanía del consumo (vía crédito o el acceso a objetos tecnológicos). Por otro lado, la garantía del uso auxiliar de la fuerza y la represión se revela cada vez más y con mayor fuerza como uno de los principales brazos del Estado, orientado a la organización y regulación de los territorios neocoloniales. El conjunto de estas políticas evidencian una estructura procedimental de violencia clasista que puede ser rastreada desde los orígenes del capitalismo, asumiendo una serie de especificidades en nuestros territorios que precisan ser indagadas. Para una profundización sobre este punto, ver Seveso *et al.* (2019).

(CEPAL, 2011). Como veremos más adelante, la idea de inclusión ocupa, por lo general, un epicentro discursivo en estas políticas de segunda generación, que escenifica la implementación de estrategias regulatorias "humanitarias" (mas no humanistas) regidas, en su apariencia, por una política de ayuda y cuidado a los sujetos.

Este tipo de ingeniería social ha llevado a que la atención y los esfuerzos del Estado se concentraran en movilizar las propias "potencialidades de los pobres", para facilitar su acceso a recursos monetarios mediante la inserción en programas de capacitación, emprendimientos productivos, autoempleo y/o el desarrollo de redes comunitarias. Diversos analistas críticos coinciden en señalar, por otro lado, que uno de los efectos de estas políticas es la estimulación al capital mediante la formación de trabajo precarizado e informal, que a la vez opera en otros casos como mediación de la ciudadanía del consumo (Wacquant, 2010; Zibechi, 2010; Álvarez Leguizamón, 2001). En este marco, las fuerzas de expulsión que, de manera antropoémica, tienden a expulsar a los sujetos de ciertos ámbitos del mercado y la sociedad encuentran un mecanismo que contrarresta su conflictividad a través de dispositivos antrapofágicos que "devoran" y funcionalizan sus energías disponibles (tanto físicas como psíquicas). En ciertos programas de capacitación y empleabilidad, incluso las emociones aparecen como un vector clave que busca ser modelado y orientado en favor de los circuitos de mercantilización (Quattrini y Seveso, 2016).

Así, desde las primeras experiencias en Argentina, como el Plan Trabajar y el Programa Jefes y Jefas de Hogar, el propósito estratégico se revela no solo en la posibilidad de "contener" a los sujetos mediante la asistencia masiva, sino también en la regulación activa de sus expectativas, capacidades y potencialidades de acción/movimiento. La profundidad y minuciosidad de las políticas sociales está ligada a su capacidad para configurar un existenciario de los sujetos intervenidos, al regular sus dosis de energía disponibles y las prácticas moleculares que ejecutan, al demarcar su disponibilidad sobre el cuerpo y su disposición para la acción. Del mismo modo, en un sentido más general, encuadran ciertas relaciones situadas entre-clases, traducidas en una historia social posible, en la formación del sentido de la vida, la conciencia sobre el mundo y las historias colectivas (Quattrini y Seveso, 2016; Seveso y Vergara, 2013).

Por esta razón consideramos que una clave interpretativa para entender la operatoria estratégica de las políticas sociales son las experiencias, en vínculo inescindible con las sensibilidades estructuradas desde/con el cuerpo. Estas esferas constituyen núcleos de intervención activa en escenarios neocoloniales y, por la misma razón, resultan relevantes al momento de indagar el impacto sobre las poblaciones que son intervenidas por las políticas estatales.

En nuestras sociedades impera una concepción fragmentaria del sujeto que, derivada de los procesos de racionalización del conocimiento y la clásica separación cartesiana entre cuerpo/mente y emoción/razón, está arraigada en las estructuras institucionales. Esto queda claro, por ejemplo, en los enfoques hegemónicos sobre la pobreza que imperan en América Latina y sus derivas de intervención poblacional (Seveso, 2014). La materia corpórea –entendida sustancialmente desde el eje del nivel de vida, si retomamos la consideración de Boltvinik (2007)– es figurada como un receptáculo que requiere ser conservado en los términos biológicos y orgánicos más groseros, desplazando una noción integral del ser humano desde sus cualidades y potencialidades propiamente humanas. Las emociones, a su vez, aparecen como un excedente de lo social y un territorio en constante disputa que busca ser encauzado en favor de la instauración de prácticas racionales (en otras palabras, productivas y sumisas). Es por eso que el campo de la producción de saberes, en general, y de aquellos que redundan en aplicaciones técnicas, en particular, no pueden ser disociados de las tramas históricas que los configuran.

Por otro lado, desde el singular punto de vista que sostenemos aquí, el cuerpo supone la presencia primordial de los sujetos ante el mundo, por su relación intrínseca entre componentes biológicos, subjetivos y sociales. En el primer sentido, es el puesto primordial de la reproducción energética, de modo tal que sin su formación y reproducción no existe presencia subjetiva y social posible. Pero, a la vez, es el territorio a partir del cual el sujeto configura su existencia, el sitio donde el "yo" se realiza y donde acontecen los procesos de estructuración. Finalmente, en el tercer sentido, y en su formación dialéctica, la apreciación y la clasificación de los fenómenos "sociales" se conforman, en términos del espacio social estructurado, de acuerdo con la posición y capacidad de disposición del sujeto sobre su cuerpo. En síntesis, este es el territorio de reproducción vital, subjetivo y social, que posibilita al sujeto disponer de su propia presencia en cuanto condición del ser, que afecta su disponibilidad para la acción en términos del hacer, y encuadra su "puesto de mirada" en cuanto experiencia y decir-protagonista sobre el mundo (Seveso y Vergara, 2012)[2].

En definitiva, esta perspectiva –que integra una mirada a las políticas sociales como componentes activos del orden y el conflicto– pretende alumbrar las conexiones entre estructuras sociales y el sentido de la vida en particulares escenarios de inscripción, remitiendo a diferentes dimensiones que articulan las experiencias constituidas "con y desde" el cuerpo.

---

[2] Aunque no desarrollada aquí, nuestra perspectiva sobre las nociones de experiencias y sensibilidades, así como nuestra concepción sobre el cuerpo, no pueden ser separadas de una lectura sobre los procesos de estructuración de las percepciones y las emociones. Sobre este punto, desarrollado extensamente en otro lugar, ver Seveso (2015).

III. La inclusión social como operador ideológico

Actualmente, los programas de transferencia condicionada (PTC) están ampliamente difundidos en los países de América Latina. Desde inicios de los años 90, pero sobre todo hacia finales de esa década, fueron abriéndose paso frente a las políticas de naturaleza asistencial y focalizada, cristalizándose progresivamente como programas masivos de contraprestación orientados al desarrollo de activos sociales, culturales y económicos. En distancia con los objetivos de cobertura sobre necesidades básicas y situaciones de emergencia precedentes, su objetivo de contraprestación y condicionalidad está doblemente estructurado. En el corto plazo, y en continuidad con las modalidades clásicas, procuran aliviar las situaciones de pobreza/indigencia al cubrir el umbral mínimo de necesidades básicas (ya sea en forma monetaria, o en especie); entre tanto, plantean una visión de mediano a largo plazo, ya que la contrapartida es entendida como un recurso capaz de potenciar las capacidades de los sujetos. Así, en su horizonte de actuación, los PTC buscan incidir no solo en las manifestaciones inmediatas de carencia, referentes a la falta de recursos vitales, sino también en las causas que supuestamente las producen, orientando los resultados provisorios de su contraprestación a la adquisición de activos, capitales o capacidades por parte de los sujetos.

En muchos países de la región, tales como Chile, Brasil, México y Argentina, este tipo de políticas vienen siendo aplicadas desde hace casi 20 años, constituyendo modalidades cristalizadas que coexisten con otras estrategias de intervención, como la asistencia directa y el fomento de actividades cooperativas; de hecho, existe cierto solapamiento entre ellas, puesto que actúan sobre las mismas poblaciones. Una especificidad se encuentra en ciertos programas con propósitos productivos, que hasta cierto punto son una herencia (no sin significativas variaciones) del modelo de *workfare* norteamericano[3].

Ciertamente, los programas aplicados en la región evidencian modalidades de implementación y estructuras operativas variadas. Sin embargo, están influenciados por marcos teóricos transversales que los fundamentan. En particular, suelen resultar comunes los enfoques de la inclusión, de los capitales y de las capacidades/funcionamientos; los dos últimos prácticamente ausentes en la perspectiva de asistencia clásica. En esta linea, un eje que comparten los PTC es que la transferencia de recursos implica el involucramiento directo y la contribución activa de los sujetos, combinando tanto una estrategia de focalización, como de condicionalidad.

El programa sobre el cual venimos indagando lleva por nombre "Concertación con la Comunidad" (anteriormente "Seguridad Pública y Protección Civil") y puede ser observado a la luz de las aludidas transformaciones y características. Pertenece al Plan rector de Inclusión Social (PIS en adelante), que el gobierno ejecuta desde el año 2003, buscando mejorar las "posibilidades de conseguir empleo mediante la inclusión de la cultura del trabajo" (Art. 3, Ley n.° 5.373). Siguiendo los lineamientos generales de los diseños de corresponsabilidad, esta política fue orientada desde sus inicios hacia sectores en situación de "desempleo" y condición de "vulnerabilidad", nociones centrales que identifican al sector poblacional que es objeto de intervención. Tal como indica el texto de publicación oficial, el énfasis de la política se encuentra en el potencial proceso de inserción al mercado, enfatizando el propósito de optimizar la

---

[3] También es cierto que algunos autores sostienen una diferencia entre los Programas de Transferencia Condicionada y los "programas de empleo mínimo", tal como lo hace Arturo León (León, 2008, p. 134). Un análisis pormenorizado de casos relevantes para la región se encuentra contenido en CEPAL (2011).

participación de los sujetos en el "intercambio material y simbólico" (Suárez Godoy, 2004, p. 28) a partir de ciertas variantes flexibles (precarias) en los formatos de trabajo.

La contrapartida efectivizada por los sujetos en el PIS (con turnos rotativos de 6 horas diarias, durante 5 días a la semana) ha supuesto diferentes subprogramas de actividad a lo largo del tiempo. Algunos de los rubros concretados fueron orientados al desarrollo de competencias (alfabetización) o al aprendizaje de oficios; otros, a la integración en actividades productivas, como la elaboración de ladrillo, la construcción y edificación, la siembra y cultivo. Entre estas iniciativas se encuentra el subprograma de seguridad que encuadra a este trabajo, cuyo objetivo fue intensificar las actividades de vigilancia en circuitos urbanos concretos, valiéndose para ello de la fuerza de trabajo disponible en el marco del plan rector. Su instrumentación general -ya indagada en una investigación previa (Seveso, 2015)- logró fortalecer desde aquí el esquema preventivo/disuasivo contra la delincuencia en algunas áreas, llegando durante algunas etapas a componer una pieza subsidiaria de las fuerzas de seguridad local.[4].

El abordaje de la noción de inclusión resulta cardinal en este escenario, ya que implica mucho más que un precepto político: forma parte de una retórica orientada a vertebrar prácticas y producir activamente sensibilidades. Apreciar los parámetros a partir de los cuales este precepto fue elaborado y puesto en funcionamiento permite reconocer el alcance y profundidad de la estrategia aplicada, así como los límites de su eficacia en cuanto operador ideológico y principio activo que se halla en tensión con las experiencias de los sujetos.

Siguiendo a Raymond Williams, es posible reconocer que el conjunto de significados y valores de una época se manifiesta como una estructura organizada material y

---

4   Para un desarrollo detallado de este programa y su inscripción en las políticas de seguridad local, ver Seveso (2017).

simbólicamente, vivida y sentida activamente por los sujetos en cuanto "conciencia práctica de tipo presente, dentro de una continuidad viviente e interrelacionada" (Williams, 2000, p. 155). Esta formación social envuelve y configura las maneras de apreciar el mundo, definiendo la cualidad particular de la experiencia y el sentir, siendo "historicamente distinta de cualesquier otras cualidades particulares, que determina el sentido de una generación o de un período" (Williams, 2000, p. 154). En este marco, la experiencia ordinaria forma y produce lo social, lejos de meramente reproducirlo, incluyendo prácticas y rutinas en las que convergen formas específicas de pensamiento y sentimiento.

Mientras la idea de cultura expresa esa relación contradictoria y conflictiva entre las pretensiones de dominación clasista y las experiencias, los diferentes dispositivos, mecanismos y políticas dispuestos por los sistemas institucionales pueden ser reconocidos como

> 'pruebas de los atascos y problemas no resueltos de la sociedad', reacciones y respuestas, presiones y bloqueos con que 'lo vivido' *se produce* en términos de un excedente que siempre deja 'constancia de las omisiones' y altera tarde o temprano los límites de una hegemonía que solo parcialmente puede incorporarlo (Dalmaroni, 2004, p. 5).

Las estrategias narrativas, los tonos de formulación y los procedimientos activos del poder no logran concretarse como simple "reflejo" de los intereses dominantes, sino como expresión viviente de una cultura en la que se tensionan constantemente las pretensiones hegemónicas con las experiencias.

En clave de la propia política, se especifica que "el Plan está dirigido a todos los ciudadanos de San Luis desocupados, dispuestos a mejorar sus posibilidades de conseguir empleo mediante la inclusión de la cultura del trabajo" (Art. 3, Ley n.º 5.373). Este enunciado constituye un campo de disputa por la imposición del sentido dominante en la relación entre desempleo y posibilidades de inclusión, expresando un montaje político-técnico que prescribe, y a la vez sostiene, la instrumentación de prácticas especificas de trabajo. En este sentido, el documento de publicación oficial que sistematiza al Plan de Inclusión (Suárez Godoy, 2004) fundamenta sus principios de aplicación en el estado de conflictividad social vigente, ligado al "debilitamiento o quiebre de los lazos (vínculos) que unen al individuo con la sociedad", y que permite explicar los efectos de la globalización sobre "la exclusión del mercado, instituciones sociales y culturales" (Suárez Godoy, 2004, pp. 21, 27, 28). Desde este punto de vista, el estado de sustracción que experimentan los sujetos frente a la comunidad demanda la identificación de mecanismos específicos para su resolución, en cuyo marco "la igualdad sería posible a través de mecanismos de generación de oportunidades y derechos igualitarios" (Suárez Godoy, 2004, p. 27).

Los elementos que en este caso operacionalizan el proceso de inclusión remiten al trabajo y a la cultura laboral, en torno a los cuales sería posible acceder a intercambios materiales y simbólicos, independientemente de la forma que esto suponga, incluyendo el "proliferado número de variantes o tipos de trabajo actualmente existentes" (Suárez Godoy, 2004, pp. 39, 42). En tal caso, queda clara la relación entre las estrategias inclusivas y la mercantilización potencial de activos a través de la movilización de las energías disponibles en los sujetos, incluso en condiciones de trabajo (no de empleo formalmente regulado) con características precarizadas. Las modalidades sugeridas para la inclusión están imbricadas en una tendencia de mercantilización del cuerpo, en activa convergencia con la regulación de las emociones y las sensibilidades, desprendiéndose de la noción de empoderamiento promovida por el Banco Mundial.[5]

---

[5] "El objetivo del plan de inclusión es justamente incluir a todos los puntanos, evitando cualquier situación injusta de exclusión social. *Pero evitando dar simplemente un subsidio*, ya que este no cumple con el objetivo de la inclusión.

En este contexto, podemos hablar de una política *humanitaria*, mas no humanista, ya que el epicentro en los (así llamados) "derechos humanos" refiere a un fetiche alegórico y moral conectado a un sistemático ejercicio de violencia de clase. El énfasis puesto en el factor trabajo y su *ethos* cultural simplifican la multidimensionalidad de los procesos de expulsión social, operacionalizando un problema sumamente complejo en un condicionante de mercantilización del cuerpo a partir del cual se avizora una mejor distribución de las oportunidades para los sujetos. Por esta razón, la noción de inclusión opera aquí como una *fantasía ideológica* (en el sentido entendido por Žižek, 1999), obturando las condiciones de conflictividad social al presumir una idea de integración al mundo del trabajo "por lo bajo"; es decir, volviendo equivalentes a sujetos desiguales que son interpelados uno a uno desde el lugar de sus potencialidades, como equivalentes capitales para el mercado.

Como recuerda S. Valencia, en territorios descontextualizados de la lógica etnocéntrica de la eticidad capitalista, existe un desarrollo dispar en la pertinencia y aplicabilidad de eso que suele nombrarse como "humanismo", susceptible de apropiaciones múltiples y repercusiones prácticas disimiles (Valencia, 2010, p. 79). Por su parte, la práctica humanitaria (en cuanto ayuda o socorro) revela una cadena de dependencia que "une a aquel que la recibe y a aquel que la otorga" (Mbembe, 2011, pp. 111-112). Precisamente por ello existen tensiones entre los designios y promesas espectacularizadas de la política (generalmente codificadas

---

Se trata de dar trabajo, *de forma tal que se fomente la cultura del trabajo*, ya que este es sinónimo de dignidad, confianza, capacidad de progreso, independencia y libertad [...]. *A partir de la existencia de ese trabajo surgirán para los trabajadores posibilidades de acceso* a una vivienda digna, cobertura de salud, los beneficios de la educación y todos los otros servicios sociales a los que accede cualquier trabajador" (Ministerio de la Cultura del Trabajo, 2005, p. 13; el destacado es nuestro).

como "sueños" a ser cumplidos) y las experiencias de los sujetos, concretadas en situaciones de encierro como las que pasaremos a revisar en los próximos apartados.

IV. Experiencias y sensibilidades en el marco de los procesos de inclusión

En uno de sus últimos trabajos, Gabriel Kessler (2014) realiza un balance sobre las condiciones de desigualdad de la "década ganada" en Argentina, correspondientes al periodo 2003-2013. A lo largo de cinco capítulos, indaga sobre diferentes dimensiones que considera relevantes, como la distribución del ingreso y la situación del trabajo, el estado de la educación, la salud y la vivienda, ciertos aspectos territoriales, de infraestructura y ruralidad, así como la situación de inseguridad y delito a nivel nacional. Como resultado, encuentra que, al considerar la complejidad de estas dimensiones, ciertos indicadores e índices muestran tendencias contrapuestas. Así, por ejemplo, advirtiendo la amplia extensión de las coberturas a partir de protecciones sociales, retoma algunos estudios que relevan un impacto positivo sobre las condiciones de vida de la población, pero reconoce que esto no alcanzó para definir trasformaciones profundas en la sociedad, incluyendo el impacto sobre las condiciones laborales. "Más en general, todo lo que no tracciona el mercado de trabajo parece haber tenido menos impacto en la disminución de las desigualdades" (Kessler, 2014, p. 349).

Como resultado provisorio de las indagaciones que por nuestra parte venimos realizando, y más allá de las lecturas estructurales referidas a "franjas" y "márgenes" de desigualdad, observamos que la experiencia de los sujetos afectados por las políticas sociales traducen de manera persistente situaciones de encierro/detención. Estas refieren a una inmutable condición de expulsión en el mundo de la pobreza, así como a las resultantes tensivas de la estrategia institucional implementada (Seveso *et al.*, 2017; Seveso, 2015; Quattrini y Seveso, 2015; Vergara y Seveso, 2013).

Siguiendo esta línea interpretativa, los análisis referidos a continuación parten del encuadre general del Plan de Inclusión Social, que venimos indagando desde el año 2007 a través de documentos oficiales, noticias y encuentros conversacionales. Entre ellos, contamos con 15 entrevistas realizadas a diferentes beneficiarios que integran el programa Concertación con la Comunidad (a los que desde ahora nos referiremos, indistintamente, como beneficiarios o concertadores). La información obtenida responde a un diseño metodológico flexible, enmarcado en las herramientas analíticas que provee la tradición cualitativa, desde el que emergieron ciertas referencias trasversales y significativas que a continuación retomaremos de manera sucinta. Al respecto, es importante advertir que no pretendemos sistematizar de manera exhaustiva el conjunto de experiencias emergentes, sino más bien evidenciar algunos puntos nodales que "se corren" (y, por lo tanto, desdicen) el postulado general de inclusión propiciado por la política. Con ello no pretendemos soslayar las importantes consecuencias de su impacto estructural a nivel social y sobre las condiciones de vida de los beneficiarios. En todo caso, los resultados permiten evidenciar ciertos límites que (en cuanto techo de expectativas) relevan la expresión eufemística y fantaseada inherente a su implementación.

Círculos de encierro: estados de detención y fijación corporal

La noción de círculos de encierro (M. E. Boito) pretende dar cuenta de los marcos de posibilidad o constricción en la acción asociados a la relación entre "carne y piedra" en las ciudades. En escenarios urbanos crecientemente fragmentarios y socio-segregados, existen condiciones específicas de proximidad/distancia espacial y posibilidades de encuentro/desencuentro interaccional que advierten sobre el estado de fijación corporal en detrimento de las posibilidades de movilidad y desplazamiento de los sujetos. Así, en los sectores subalternos, las formas de habitar y estar en el espacio, ocupar y circular por lugares, vincularse y separarse de los otros de clase, refieren a recorridos posibles e imposibles, imaginables e inimaginables, marcados fuertemente por situaciones de encierro. Estas condiciones pueden ser asociadas conceptualmente a la figura geométrica del círculo:

> En geometría, el *círculo* es el espacio interior de la *circunferencia*; en el plano [...] es el espacio de la acción, limitado por la circunferencia, que expresa tanto el límite de la misma como el retorno al mismo punto: gráfica de *la fijación clasista cuerpo/espacio* (Boito y Seveso, 2015, p. 23).

En la política estudiada, estos "círculos" se revelan a través de diferentes dimensiones que señalan la sobre-impresión de límites de acción y acceso espacial, consagrando la detención corporal y la interacción limitada con lo plural. Un ejemplo ominoso refiere a las rutinas delineadas por la política. Para quienes realizan tareas de vigilancia "a cielo abierto", el imperativo es el de *circular siempre y nunca detenerse,* a través de recorridos repetitivos y permanentes, ejecutados dentro de un cuadrante predefinido, día tras día, con solo 10 minutos de descanso por hora, a lo largo de toda una jornada que se extiende durante 6 horas. Mientras tanto, para quienes ocupan puestos de vigilancia en edificios públicos, la máxima es la de ser estacionarios y mantenerse *en clausura* dentro de las instituciones (escuelas, hospitales y salas de emergencia, edificio de administración pública, casa de gobierno, jefatura policial, entre otras). Para ellas se prescribe mantener distancia con toda situación del afuera, reduciendo al mínimo el contacto con otros. En ambos casos, con diferentes grados de "libertad", los sujetos permanecen conminados a cierta reclusión espacial.

Esta tendencia al encierro, que adquiere particular carnadura empírica en la voz de los sujetos, aparece en el marco de las actuales tendencias urbanísticas de la ciudad como doblez de la expansión de los *medios de circulación*. En este orden, si el terreno de la producción se afirma y prolonga mediante el despliegue que efectiviza el movimiento mercantil, llevando a la acumulación hacia territorios siempre insospechados, su tendencia de maximización revela un doblez complementario en los estados de detención y encierro de quienes son explotadas/desposeídas/expropiadas de sus energías. Así, más allá de la imagen previamente expuesta, existen diversas dimensiones en las que las situaciones de encierro se revelan: estados de privación material y vulnerabilidad laboral que coartan la reproducción biológica e imponen un "techo" a las expectativas tanto personales como transgeneracionales de los beneficiarios; diversos grados de desatención institucional que limitan su acceso a servicios; y una intervención corporal sistemática sobre sus modalidades de acción; es decir, tendencias que consagran la fijación de los sujetos a su lugar social "de origen", marcando la identidad y limitando los contornos de encuentro/relación. Todos estos procesos impactan en la capacidad y potencialidad del ser/hacer, componiendo circuitos de acción, interacción y movimiento "en cierre".

Por otro lado, las formas de acceso y apropiación de nuevas tecnologías de la información/comunicación en los espacios de actividad (como el uso del celular o la computadora portátil) suponen una posibilidad de elusión circunstancial a ese encierro, integrando una tendencia de privatización móvil, de aparatos proteicos "pegados al cuerpo". No solo se trata de la posibilidad de acceder a productos culturales mientras se trabaja (como películas, videos cortos y noticias), a objetos de consumo (mercancías para ser vistas y deseadas) y producciones personales (fotos y videos propios o ajenos) que entretienen y distienden. Los aparatos brindan la oportunidad de *vivenciar*, con diversas intensidades, frecuencias y ritmos, la *sensación de* "cercanía" con otros; consagran la fantasía del consumo a la vez que producen sensaciones de escape o movilidad. En este aspecto, es importante señalar el estado de solapamiento que en la actualidad existe entre las políticas nacionales, provinciales y municipales orientadas a la inclusión social y ciertos planes de inclusión digital que conllevan una presencia notoria de las mencionadas tecnologías entre quienes son beneficiarios de planes sociales[6]. Los aparatos, como instrumentos de mediación y relación social, adquieren una presencia creciente como "paquetes tecnológicos" experienciales que permiten poner entre manos vivencias deseadas o deseables que parecieran impugnar las agresiones y violencias cotidianas. Se trata, en este sentido, de una "ilusoria elusión" con sensación de movimiento que, por un instante, parece derribar los círculos espaciales/sociales de encierro que impone la dinámica expulsógena y segregacionista de la ciudad. Del mismo modo, atiborran los momentos de soledad personal con el encuentro virtualizado, tensionando así (sin resolver) la vivencia cotidiana del estigma y el rechazo.

Muros mentales: relatos de clase, estigmatización y denegación

Dentro del marco precedente, es posible reconocer la profundización y actualización de relatos sobre la pobreza que, aun frente a los dispositivos puestos en juego desde el Estado como política de inclusión, adquieren concreción afectando los procesos de trabajo, así como las condiciones de relación con "los otros". En este sentido, la noción de muro

---

6   "Así, las TICs en tanto mercancía y expresión de la creciente mediatización de la estructura de la experiencia e interpelando a todos desde la posición de consumidor, realizan la posibilidad de acciones al alcance (y límite) de lo que se tiene 'entre manos'. Las prácticas de consumo de TICs hacen posible indagar en lo que consideramos el botín de guerra de nuestro presente: en la arena de las relaciones entre las clases y de la lucha de clases, el trabajo ideológico se ordena a la modelación y remodelación de las sensibilidades sociales" (Boito y Seveso, 2015, p. 23).

mental pretende dar cuenta de las sensibilidades y prácticas que invisibilizan, borran o llevan al rechazo a los sujetos dentro del horizonte de las interacciones, conjugando un estado de diferenciación y distanciamiento clasista.

En condiciones de expulsión, los cuerpos "de la pobreza" son atravesados no solo por complejos procesos expropiatorios que definen su estado de forma y figura, sino también por formas de nominación y caracterización que demarcan condiciones de aversión clasista. La presentación de la persona en la vida cotidiana (Goffman, 1997) remite a complejas determinaciones que definen los modos adecuados y legítimos del ser/estar/hacer, en permanente tensión con las capacidades efectivas y posibles de los sujetos para mostrarse en sociedad. Los signos sociales que se portan, revelados en la fisonomía y la estética del rostro, en los modos del habla, los hábitos del vestir y la dinámica del movimiento corporal son, para otros, señales incontrovertibles de lo que la persona "es" en su naturaleza más íntima y profunda. Es en esta dirección que se construyen relatos de clase que enmarcan a los sujetos, ya sea bajo la forma de afinidad, victimización o criminalización (Seveso, 2015).

Es importante enfatizar la dimensión conflictual que esta situación implica para nuestro caso. Las actividades de vigilancia en las calles y en edificios públicos demandan un alto grado de presencia corporal que, dentro del proceso de "exposición" entre clases, luminiza a los cuerpos marcados por su condición y trayectoria. En este camino observamos la prevalencia de prácticas de "denegación social" a través de las cuales los relatos clasistas se concretan en formas de rechazo y situaciones de interacción fallida, actualizando el estado de vivencia en la expulsión de los beneficiarios de la política. Estas prácticas evidencian la prominencia de la conflictividad entre clases de cara a los momentos de distanciamiento y rechazo cotidiano que, en forma incisiva y persistente, se emplazan desde los bordes excedentarios de la política de inclusión instrumentada.

Concretamente, la denegación se ve anclada en prácticas de elusión interaccional, en nominaciones lingüísticas (cristalizadas o emergentes) y en la referencia a indicios anatómicos o estéticos que impugnan a los sujetos. La figura de la vagancia resulta clarificadora en este caso, al remitir a la condición de inutilidad de los sujetos en una sociedad que se autopercibe como trabajadora y productiva. De la misma forma la figura del criminal (o del individuo potencialmente peligroso) –que, paradójicamente, también opera en el marco de esta política de vigilancia– dispone una (más)cara que deforma la propia "naturaleza de humanidad" y ratifica el sentido del rechazo. Por el lado de las emociones, estas situaciones producen malestar en los beneficiarios, anclados a la bronca, el disgusto y la impotencia, que conllevan una sensación de inferioridad y cierto atisbo de resentimiento (Vergara y Seveso, 2014, pp. 12-13).

Precisamente, en el juego de "exposición" entre sujetos que propicia la política estudiada, es posible observar que los cuerpos marcados por su condición y trayectoria de clase, portadores de atributos estigmatizados/estigmatizantes, muchas veces entran en tensión con el orden reglado de la ciudad, corriendo el riesgo de ser destituidos de espacios y relaciones, incluso de manera anticipada. Por esta razón, la eficacia de los intercambios desplegados por ellos implica, en ocasiones, una reorientación de energías concretadas en gestos y acciones productoras de simpatía y empatía (saludos, favores, uso cortes de la voz), tanto como actividades "productivas" excedentarias (como dar el paso o abrir una puerta) que son activamente desplegadas y escenificadas. También ocupa un lugar fundamental el trabajo emocional ejercido por los propios concertadores, a los fines de adecuar sus estados del sentir a los escenarios de encuentro, y confrontar situaciones particulares de interacción (incluso ante situación de agresión verbal o física). "Saber venderse" (según expresa el sentido coloquial) implica un intento por eludir las barreras que separan al sujeto del otro de clase, anteponiendo pruebas o signos que acreditan *de manera expresiva* un conjunto de competencias adecuadas para el desempeño de la tarea. De este modo, el "dialecto corporal", organizado en gestos de cortesía, en acciones "cívicas y civilizadas", permiten en este contexto adecuar la presentación "de cara" a las expectativas que regulan el escenario de la interacción en general y de la actividad ejercida en particular para una sociedad que demanda de los sujetos "pobres" y "asistidos" ciertas disposiciones morales y actitudinales, estas son una marca relevante que puede llegar a incidir en los procesos de etiquetamiento.

Fronteras sociales: apropiación y usos del espacio

En el apartado precedente, decíamos que la posición y condición de clase de los concertadores comunitarios se ve socialmente expresada en atributos sociales estigmatizados/ estigmatizantes. Estos, a su vez, están reforzados por ciertos signos de identificación, como la indumentaria institucional (concretada, por ejemplo, en los diversos "uniformes" usados por el programa hasta la actualidad), que permite reconocerlos como efectivos beneficiarios de la política. Como resultado de las tensiones entre ese conjunto de "marcas" anatómicas y estéticas, los relatos dominantes sobre "la pobreza" concretan prácticas específicas de denegación, incluyendo situaciones de desencuentro y elusión interaccional, así como agresiones ocasionales.

Otra dimensión que expresa las distancias y tensiones entre clases, organizando las vivencias de reclusión "a cielo abierto" de los beneficiarios, refiere a las formas de circulación y ocupación del espacio que cristalizan los patrones legítimos del "estar" en la ciudad. Como afirma De Certeau (2000, p. 129), la caracterización de un "lugar" propio determina un orden de relaciones del cual debe ser excluida la posibilidad de presencia de lo ajeno. La coexistencia de lo familiar constituye una pieza clave de la seguridad ontogénica del agente en el espacio. En este sentido, la noción de frontera social procura expresar la materialización de límites entre clases, anclados a lugares definidos como propios y, de este modo, apropiados diferencialmente (Seveso y Vergara, 2012). En estos términos, entendemos que, como expresión de los procesos de polarización entre clases, el encierro se va edificando en correspondencia con las claves hegemónicas de la fantasía urbana contemporánea –asentada en las máximas de orden, productividad, seguridad y pulcritud–, socialmente prescripta y a la vez actualizada regularmente en prácticas. "Los lugares" de hábitat y habitabilidad conllevan así procesos de expulsión de lo ajeno y reclusión espacial, afectando específicamente a los sectores subalternos, con una contraparte de autoaislamiento en los sectores medios y altos.

En el caso indagado, el juego de "exposición" propiciado activamente por la política -entre sujetos diferencialmente posicionados en el mundo- actualiza las ya referidas prácticas de rechazo y las situaciones de interaccion fallida en modalidades especificas de uso del espacio. Las fronteras –*siempre presentes*, aunque móviles– se revelan bajo tres formas específicas de organización clasista: concesión al emplazamiento, destitución espacial y (re)conquista de lugares.

Conforme al grado de afinidad que poseen ciertos vecinos con los concertadores –sostenido por la valoración positiva hacia la tarea de vigilancia que ejecutan en el barrio, el reconocimiento de su capacidad de auxilio y la sensación de confianza que en este sentido despiertan–, existe una concesión implícita al uso del lugar; es decir, un "permiso" de ocupación que, en principio, no necesita ser referido abiertamente y se expresa primeramente en la posibilidad sostenida de localización corporal. Esta concesión puede ser entendida como temporaria ya que implica ciertas condiciones. La ocupación de los espacios de clase, discursivamente "públicos" pero apropiados diferencialmente, no se realiza sin miramientos, ya que su uso es cedido "hasta nuevo aviso". En este caso, conforme a la ejecución adecuada de la tarea y a la consideración positiva del accionar de los sujetos, que se actualiza en prácticas e interacciones de cordialidad entre las partes. En estos términos, el programa es valorado (y por ello lo son también los protectores) "por tratarse de un instrumento presente, en contraste con la fuerza policial, que constituye prácticamente una ausencia en la zona de residencia" (Seveso, 2015, p. 284). Pero no hemos de confundir esta situación de concesión con la disolución de las distancias entre clases, siempre presentes e inscriptas como relación social entre las partes. La circulación en los espacios está siempre organizada por componentes de frontera que, afirmando lo propio, se abren a la posibilidad de convergencia de este tipo de relaciones reconocidas (de manera antecedente y a la vez contingente) como seguras, convenientes y posibles.

La expresión más concreta de las fronteras se revela en las prácticas de destitución espacial y en la (re)conquista de lugares. En ambos casos, aunque con formas de grado variable, se envía un mensaje explícito que busca poner límite a la circulación y al emplazamiento, poniendo en juego la expulsión socioespacial del otro de clase. Sin embargo, la diferencia entre ellas radica en la percepción diferencial sobre los usos del espacio que han llegado a materializarse. Un lugar en riesgo, vivenciado como posible pérdida, requiere la destitución, mientras que la vivencia del despojo y la ocupación llama, por otro lado, a una batalla por la recuperación del espacio. En ambos casos, el botín de guerra es la restitución de las fronteras que conforman al lugar de clase.

Cuando el rostro de lo expulsado adviene como presencia continua, dando forma a un espacio que se abre a múltiples convergencias, puede llegar a suceder (como en el caso estudiado) que se instalen sentimientos de desagrado, rechazo o, incluso, inseguridad. Las proximidades de cuerpos desconocidos, circulantes y vigilantes, marcados por su posición de clase, configuran, en ocasiones, situaciones de entrecruzamiento conflictual. Hablamos de unos otros que no pueden ser desalojados represivamente –ya que se encuentran allí "legítimamente", según viabiliza la tecnocracia gubernamental–, pero que tensionan el sentido de lo propio, dando cuenta de aquello que, en contextos ceñidos, en escenarios de micronivel, se vuelve intolerable como condición para asegurar y preservar el bienestar. En los casos más vivos, la sensación de ser vigilado, controlado, llama no solo a prácticas de autoencierro, sino también a modalidades específicas de gestión espacial que buscan restituir los límites y seguridades del lugar de clase.

Acciones tan francas y frecuentes como las de negar el saludo, cerrar una ventana, rechazar la entrega de un vaso con agua o baldear la acera (mientras los beneficiarios están sentados) van dando cuenta de una situación de distancia que puede ser sintetizada bajo la imagen del rechazo. A eso se suman instancias mucho más enfáticas, como la demanda de los vecinos para que la policía controle y vigile a protectores, o –más llanamente– para que sean reasignados a otra zona o directamente expulsados del programa. Estas vivencias cotidianas, sufridas en cuerpo por los beneficiarios, se van sedimentando en profundas sensaciones de malestar, ligadas a emociones de bronca e impotencia, especialmente ante la imposibilidad de reaccionar expresivamente o conjurar una respuesta resolutiva.

En síntesis, la sensación de transgresión de fronteras pone en riesgo el lugar de lo propio, llevando a modalidades de respuesta que agreden a quienes se vuelven objeto de su acción. Esta relación espacial actualiza por tanto las condiciones de denegación y detención de los sujetos, a la vez que enfatiza el estado actual de conflictividad urbana, de escisión y distanciamiento entre clases, volcada en experiencias, prácticas y sensibilidades.

Conclusiones

Por lo dicho hasta aquí, es posible afirmar que la tendencia que regula y modela la dimensión sensible de la experiencia en los beneficiarios refiere a la fijación a una geometría de la dominación clasista, articulada por una política de los cuerpos que incide activamente sobre las formas de ser, hacer y estar. Este proceso revela una serie de complejidades que, con evidencia en el presente trabajo, remiten a los siguientes aspectos:

1. actualmente existe una profundización y consolidación de la desigualdad entre clases manifestada en el nivel materialista de las relaciones sociales y concretada en situaciones de encierro o detención progresiva de los sectores subalternos;
2. su concreción sensible, bajo la forma de muros mentales, expresada en prácticas de denegación y estigmatización, consolida desencuentros interaccionales y aversiones sensitivas que realzan las condiciones de distanciamiento y escisión clasista;
3. la definición y enmarcamiento de fronteras entre clases, organizadas espacial/territorialmente, es parte constitutiva de este proceso;
4. lejos de obtener una respuesta plausible en las políticas de "inclusión" vigentes, estas dinámicas, relaciones y prácticas son reproducidas como parte de los complejos procesos de estructuración que implican a los agentes en las instituciones.

El mapeo de la política social estudiada nos ha permitido reconocer entonces algunos aspectos del estado actual de proximidad/distancia y unión/separación entre clases, así como su expresión en el carácter sensible de las prácticas. De un lado, las dinámicas de estructuración de la urbe materializan condiciones específicas de detención y encierro corporal. La estructura sensible –organizada en relatos de clase– se conecta con prácticas de rechazo que moldean las modalidades/posibilidades específicas para la ocupación de lugares. A su vez, el conjunto de las experiencias de encierro indagadas contrastan con la noción (ideológicamente construida) de "inclusión", afirmada -entre otros aspectos- en la vivencia mediatizada de las tecnologías y la mercantilización progresiva del cuerpo, puesto en escena para la mirada de los otros.

Bibliografía

Adelantado, J. y Scherer, E. (2008). "Desigualdad, democracia y políticas sociales focalizadas en América Latina". *Revista Chilena de Administración Pública*, n.° 11.

Álvarez Leguizamón, S. (2001). "Capital social y concepciones de pobreza en el discurso del Banco Mundial, su funcionalidad en la 'nueva cuestión social'". En L. Andrenacci (Org.). *La cuestión social en el Gran Buenos Aires*. Documentos de Trabajo del Instituto del Conorubano, Universidad Nacional de General Sarmiento, Buenos Aires.

Bericat Alastuey, E. (2000). "La Sociología de la emoción y la emoción en la Sociología". *Papers*, n.º 62.

Boito, M. E. y Seveso, E. (2015). *La tecnología como ideología en contextos de socio-segregación*. Rosario: Puño y Letra.

Boltvinik, J. (2007). "Elementos para la crítica de la economía política de la pobreza". Desacatos, n.° 23, enero-abril.

Bourdieu, P. (1999). *La dominación masculina*. Barcelona: Anagrama.

CEPAL (2011). *Programas de transferencia condicionadas. Balance de la experiencia reciente en América Latina*. Santiago de Chile: Naciones Unidas.

Dalmaroni, M. (2004). "Conflictos culturales: notas para releer a Raymond Williams". *Punto de vista*, n.º XXVII, 79, pp. 42-46.

De Certeau, M. (2000). *La invención de lo cotidiano. 1. Artes del hacer*. México: Instituto Tecnológico y de Estudios Superiores de Occidente, Editorial Universidad Iberoamericana.

Farah, I. (1990). *Las transformaciones de la pobreza*. La Paz: Universidad Mayor de San Andrés.

Goffman, E. (1997). *La presentación de la persona en la vida cotidiana*. Buenos Aires: Amorrortu Editores.

Hochschild, A. (2008); *La mercantilización de la vida íntima*. Buenos Aires, Katz.

Jasper, J. (2012). "Las emociones y los movimientos sociales: veinte años de teoría e investigación". *RELACES*, año 4, n.º 10, pp. 67-77.

Kessler, G. (2014). *Controversias sobre la desigualdad. Argentina, 2003-2013*. Buenos Aires: Fondo de Cultura Económica.

Luna Zamora, R. (2010); "La sociología de las emociones como campo disciplinario. Interacciones y estructuras sociales". En A. Scribano y P. Lisdero (comp.). *Sensibilidades en juego: miradas múltiples desde los estudios sociales de los cuerpos y las emociones*. Córdoba: CEA-CONICET.

León, A. (2008). *Progresos en la reducción de la pobreza extrema en América Latina. Dimensiones y políticas para el análisis de la primera meta del Milenio*. Santiago de Chile: CEPAL-Naciones Unidas.

Ministerio de la Cultura del Trabajo (2005). *Jurisdicción 40*, documento institucional del Gobierno de la Provincia de San Luis. Gobierno de la provincia de San Luis, San Luis.

Quattrini, D. y Seveso, E. (2016). "Sostener la cara. Indagaciones sobre la presentación social de jóvenes beneficiarios de programas de empleo". *Revista Espiral: Estudios sobre Estado y Sociedad*, vol. 23, n.º 67.

Scribano, A. (2007). "La sociedad hecha callo: conflictividad, dolor social y regulación de las sensaciones". En *Mapeando interiores. Cuerpo, conflicto y sensaciones.* Córdoba: Jorge Sarmiento Editor.

Seveso, E. (2018). "Ciudad, seguridad y territorio: tendencias de estructuración en San Luis (2004-2017)", en *Revista Trabajo y Sociedad*, Dossier "Trabajo policial y política", N° 31. Disponible en https://bit.ly/2KF3nMr.

Seveso, E. (2015). *Sensibilidad y pobreza. Acerca de las clases medias, las políticas de asistencia y seguridad.* Rosario: Puño y Letra.

Seveso, E. (2014). "Sobre los estudios de la pobreza en América Latina: hacia un examen holístico de las experiencias". *Pacarina del Sur: Revista de Pensamiento Crítico Latinoamericano*, n.° 18.

Seveso, E.; Peano, A.; Sanchez, A. y Valor, M. (2018). "La convergencia asistencia/seguridad como trama de regulación de la pobreza", en *Revista Estudios Sociales Contemporáneos*, Facultad de Filosofía y Letras, Universidad Nacional de Cuyo, Mendoza, Dossier N° 19, año 2018. Disponible en https://bit.ly/2FxU4tP.

Seveso, E. y Vergara, G. (2012). "En el cerco. Los cuerpos precarios en la ciudad de Córdoba tras la crisis argentina de 2001". *Papeles del CEIC*, vol. 2012/1, n.° 79, marzo.

Vergara, G. y Seveso, E. (2014). "¿Qué ves cuando me ves? Percepciones y emociones sobre prácticas de denegación social en las ciudades de Córdoba y San Luis (Argentina)". *Aposta, Revista de Ciencias Sociales*, n.° 61.

Vergara, G. y Seveso, E. (2013). "Detenciones corporales como reverso de las circulaciones capitalistas. Una indagación sobre recuperadores de residuos y beneficiarios estatales en Argentina". En Camarena Luhrs (coord.). *Circulaciones materiales y simbólicas en América.* México: Instituto de Investigaciones Multidisciplinarias de la Universidad Autónoma de Querétaro.

Suárez Godoy, E. (2004). *San Luis... una política social diferente*. San Luis: PAYNE S.A/Gobierno de la provincia de San Luis.

Wacquant, L. (2010). *Castigar a los pobres. El gobierno neoliberal de la inseguridad social*. Barcelona: Gedisa.

Zibechi, R. (2010). *Política y miseria. La relación entre el modelo extractivo, los planes sociales y los gobiernos progresistas*. Buenos Aires: Lavaca.

Žižek, S. (1999). *El acoso de las fantasías*. España: Siglo XXI Editores.

Las políticas públicas y la promoción de la agencia de las familias de áreas rurales dispersas

Mónica Velásquez Pineda

Resumen

La investigación en ciencias sociales se ve interpelada por la complejidad de la realidad social y sus problemáticas. El tema de las familias y las políticas públicas no es ajeno a esta realidad, en cuanto las políticas expresan lineamientos de acción de un Estado para atender las necesidades que son consideradas socialmente relevantes, entre ellas, las de los grupos familiares. De manera particular, las políticas públicas sociales en Colombia se proponen proveer bienes y servicios a la población más vulnerable en procura de su bienestar a través de planes, programas y proyectos. Uno de los programas dirigidos a las familias consideradas "vulnerables" y en extrema pobreza que durante varios años se implementó en el país se denomina Fortalecimiento a Familias de Áreas Rurales Dispersas (FFRD). En los objetivos de este programa, subyacía el enfoque de agencia, lo cual motivó la realización de un ejercicio de investigación evaluativa alrededor de los efectos generados por el programa en el desarrollo de la capacidad de acción de las familias dirigida al logro de las metas que ellas consideran relevantes para sus vidas. Este trabajo presenta parte de los resultados de la tesis de maestría en Estudios de Familia y Desarrollo de la Universidad de Caldas realizada por la autora, que se basó en un enfoque mixto materializado desde el estudio de caso evaluativo, método que permitió la triangulación de datos cuantitativos y cualitativos. Desde el interés de la objetivación, la investigación buscó explicar la relación entre las acciones del programa FFRD y su impacto en la vida de la población atendida, que se esperaba superara la pobreza extrema. Desde el interés interpretativo, buscó comprender ciertos procesos relativos al logro de la agencia de las familias desde la óptica de los sujetos que participaron de la operación del programa (integrantes de las familias y ejecutores institucionales). El estudio de caso utilizó un diseño holístico. La unidad de análisis fue la agencia de las familias, de modo que el programa sirvió como contexto para estudiar dicha capacidad e identificar cómo se potencia o desarrolla y cuáles pueden ser los aportes desde la política pública a tal finalidad.

Palabras clave

Familias; agencia; políticas públicas.

I. Introducción

Las políticas públicas expresan lineamientos de acción de un Estado para atender las necesidades reconocidas como socialmente relevantes. De manera particular, las políticas públicas sociales en Colombia se proponen proveer bienes y servicios a la población más vulnerable en procura de su bienestar a través de planes, programas y proyectos. El Instituto Colombiano de Bienestar Familiar (ICBF) es el encargado de articular las entidades públicas con las entidades privadas responsables de la protección integral de la infancia, la adolescencia, los adultos mayores y las familias con derechos vulnerados. Para la atención de la familia como grupo, se han implementado programas como el denominado Fortalecimiento a Familias de Áreas Rurales Dispersas (FFRD), que se consideró un modelo alternativo de atención a familias en situación de pobreza e indigencia, que viven de manera dispersa en el área rural, en la búsqueda del fortalecimiento del capital humano y social, y la vinculación de estas familias a las redes comunitarias e institucionales (ICBF, 2007, p. 1).

En los objetivos de este programa, subyacía el enfoque de agencia (que consideraba a las familias como agentes y contemplaba el desarrollo de capacidades en función de objetivos de bienestar), lo cual motivó la realización de un ejercicio de investigación evaluativa alrededor de los efectos que produjo en el desarrollo de la capacidad de acción de las familias dirigida al logro de las metas que ellas consideran relevantes para sus vidas.

En esta ponencia se presentan algunos resultados de la tesis de maestría en Estudios de Familia y Desarrollo realizada por la autora, cuyo objetivo fue analizar los desarrollos en la agencia alcanzados por las familias participantes en el programa FFRD, a cargo del ICBF y ejecutado por la Fundación para el Desarrollo Integral de la Niñez, la Juventud y la Familia (FESCO) en el municipio de Manizales (Caldas). A partir de ello, se reflexiona en torno a la perspectiva de desarrollo neoliberal y la atención que desde ella se brinda a las familias, y se presentan algunos planteamientos acerca de lo que podría hacerse en materia de política pública orientada a las familias, específicamente del área rural dispersa, para promover su agencia.

II. Marco teórico conceptual

La agencia como capacidad humana, el enfoque de capacidades y las políticas públicas fueron las bases teóricas conceptuales desde las cuales se abordó el estudio. Se retomaron los planteamientos de Margaret Archer (1997) y Anthony Giddens (1995), quienes ubican a la agencia en su relación con la estructura, señalando sus mutuas influencias, el uso de recursos por parte de los agentes en el marco de reglas de interacción social, la reflexividad y la acción intencionada de los agentes para producir cambios en un tiempo y espacio determinados. Las concepciones que fundamentan estos autores respecto a la agencia se asemejan a la perspectiva que asumió la investigación de entender la agencia como una capacidad humana. Desde allí, la acción de los seres humanos cobra un papel protagónico en el proceso de desarrollo individual, familiar y social. Sin embargo, en el sentido en que lo proponen los autores, la capacidad de lograr algo haciendo uso de la actitud reflexiva requiere del poder que se obtiene mediante diferentes recursos; es por ello por lo que se retomaron los planteamientos de Amartya Sen (2000, 2002) que ubican el papel del Estado en el acceso y uso de los recursos que contribuyen a potenciar la agencia.

Desde el enfoque de las capacidades que el autor propone, aquello que vale la pena considerar en una evaluación del desarrollo de una sociedad no es el tener, sino los diferentes quehaceres y seres que logren las personas al poder elegir entre diferentes alternativas de funcionamientos. La agencia como capacidad es esencial dentro de este enfoque. Sen define "agente" como "la persona que actúa y provoca cambios y cuyos logros pueden juzgarse en función de sus propios valores y objetivos" (Sen, 2000, p. 35). Este enfoque, y en particular las exposiciones que a partir de él se hacen de la agencia, sustenta una idea de cambio que se puede presentar en la vida de las personas y su entorno y que está ligada a conceptos como oportunidades, libertades o capacidades y funcionamientos, los cuales fueron abordados desde este autor por plantearlos desde un enfoque de justicia social que cuestiona la propuesta de desarrollo imperante.

Desde esta perspectiva, se entiende a la familia como un grupo humano diverso, que, a través de sus interacciones, cumple funciones para responder a "los requerimientos existenciales de los sujetos integrantes según género y generación" (Palacio, 2004, p. 33) y se orienta al cumplimiento de propósitos vitales valorados por sus miembros, en una relación permanente con el contexto del cual hace parte. Desde una visión construccionista, se retomaron los planteamientos de Nora Cebotarev, quien, desde el enfoque que denomina "el otro desarrollo familiar", entiende a los grupos familiares como "unidades activas, socialmente construidas" que están solo parcialmente determinadas por fuerzas externas y que pueden transformarse a sí mismas y tener un impacto en el desarrollo" (Cebotarev, 2008, p. 195).

La comprensión de las políticas públicas y, de manera particular, del momento de la evaluación se basó en los planteamientos de Alejo Vargas (1999) y André-Noël Roth (2007). El primero entiende las políticas públicas como "el conjunto de sucesivas iniciativas, decisiones y acciones del régimen político frente a situaciones socialmente problemáticas", que "buscan la resolución de las mismas o llevarlas a niveles manejables". Dice: "La política pública es la concreción del Estado en acción, en movimiento frente a la sociedad y sus problemas" (Vargas, 1999, p. 57). En relación con el momento evaluativo de las políticas públicas, los autores indican que permite valorar *a posteriori* sus resultados, efectos o impactos para introducir correcciones en su ejecución o para tener aprendizajes de gestión pública (Vargas, 1999), y posibilita el análisis de la relación Estado-sociedad a partir de una lectura crítica de las intenciones de cambio subyacentes en los propósitos de las políticas y en la manera en que estas son implementadas (Roth, 2007).

III. Metodología

El abordaje metodológico del problema se hizo mediante un enfoque mixto que se materializó desde el estudio de caso evaluativo (Yin, 1994), método que permitió la triangulación de datos cuantitativos y cualitativos. Desde el interés de la objetivación, la investigación buscó explicar la relación entre las acciones del programa FFRD y su impacto en la vida de la población atendida. Desde el interés interpretativo, buscó comprender ciertos procesos relativos al logro de la agencia de las familias desde la óptica de los sujetos que participaron de la operación del programa (integrantes de las familias y ejecutores institucionales).

Los participantes de la investigación fueron 35 familias pertenecientes a 7 veredas del municipio de Manizales (Caldas): Alto Bonito, Alto del Zarzo, Alto del Naranjo, Guacas, La Pola, El Aventino y Agua Bonita. Las animadoras familiares encargadas de trabajar directamente con las familias fueron algunas profesionales de la Fundación FESCO y una funcionaria del ICBF.

Las técnicas empleadas para obtener la información fueron: una encuesta aplicada a 35 grupos familiares, orientada a identificar la ampliación de oportunidades y libertades económicas, políticas y sociales de las familias, a partir de las condiciones mínimas (estándares) que el programa debía cumplir y otras variables que fueron incluidas por ser importantes como condiciones para ampliar libertades y porque el programa pudo haber tenido alguna incidencia sobre ellas, aunque fuera de manera indirecta; una entrevista grupal semiestructurada realizada con 10 de esos grupos familiares, a fin de ampliar y profundizar el análisis de los datos obtenidos a través de la encuesta e indagar por las metas de las familias y sus posibilidades de alcanzarlas; y un grupo focal con personal a cargo de la ejecución del programa y la supervisora del ICBF, para evidenciar acciones y procesos significativos en la potenciación de la agencia de las familias y los obstáculos frente al logro de esta. La influencia del programa en los posibles cambios de las familias se indagó en todas las técnicas.

IV. Análisis y discusión de datos

Libertades y metas de las familias

Se identificó que las acciones del programa tuvieron una incidencia variada en las libertades de las familias: el programa incidió en mayor medida en las libertades sociales referidas, por una parte, a la tarea de hacer vivir que pertenecen a las dimensiones de salud y nutrición (principalmente de los niños), y, por otra parte, a la promoción de la convivencia familiar. Su influencia fue de mediano alcance en relación con la participación y el interés por participar en actividades colectivas. En todas las condiciones económicas que fueron consideradas en la investigación, el programa tuvo una baja influencia; estas hacen alusión a aspectos que tienen que ver con la ocupación y el ingreso.

Entre los integrantes de las familias, predominan las metas (funcionamientos) relacionadas con la convivencia familiar, la educación y el trabajo. Para las primeras, el programa ofreció espacios formativos en las reuniones mensuales y en las visitas realizadas a cada familia, los cuales dejaron aportes valiosos a nivel promocional y preventivo. El programa constituyó una oportunidad de aprendizaje individual y colectivo en torno a las dinámicas familiares, contribuyó al desarrollo de capacidades y actitudes –como la toma de decisiones, el manejo de conflictos, la comunicación en familia, el buen trato hacia los hijos, la autoconfianza, la autoestima y la perseverancia–, y fomentó prácticas como compartir tiempo en familia, por lo cual las personas pudieron acercarse más al alcance de este tipo de metas e incluso plantearse algunas de ellas. Puede afirmarse que este fue el aspecto en que más se enfocó el programa, aunque no en todos los casos se obtuvieron los resultados esperados, pues, por un lado, no siempre pudo movilizarse el compromiso de las familias para lograr los cambios deseados, y, por otro, ciertas problemáticas y situaciones actitudinales y emocionales requieren de un proceso de revisión personal, familiar y social profunda, de la participación de diferentes integrantes de las familias (y no solamente de las mujeres y sus hijos, como ocurrió la mayor parte del tiempo), o de una intervención terapéutica; estas condiciones no podían ser garantizadas por las animadoras familiares, que intervenían bajo ciertos parámetros de tiempo y horarios, y con limitados recursos a su disposición.

En cuanto a los propósitos educativos, la acción del programa incidió en desarrollar o mantener la motivación para estudiar, al reforzar en las familias el convencimiento de las ventajas de la educación en el desarrollo humano. Ello contribuyó a que los niños y los jóvenes que se encontraban estudiando se mantuvieran en el sistema educativo y a que quienes estuvieran desescolarizados empezaran a estudiar.

El cambio actitudinal que promovió el programa también incidió en que algunas personas adultas se animaran a hacer cursos de su interés. Tal fue el caso de una mujer de 55 años que dijo haber superado la timidez y el miedo a salir de su casa, lo cual le dio confianza para empezar a estudiar.

En la superación de otro tipo de obstáculos para el acceso y la permanencia en el nivel superior de educación, el programa no desarrolló acciones, pero, aunque en los estándares no estaba contemplado directamente que lo hiciera, sí pudo impactar en ello indirectamente realizando acciones en el ámbito laboral, que afecta el nivel de ingresos de las personas.

Los aspectos subjetivos en los que incidió el programa, como la motivación y la persistencia, son importantes en los procesos de cambio; no obstante, sin la presencia de ciertas condiciones objetivas, no es posible la realización de diferentes metas por parte de las familias. Es por ello por lo que, en materia de trabajo, vivienda e ingreso, la agencia de las familias estaba más reducida. Las acciones del programa en estos aspectos fueron mínimas, debido a las restricciones burocráticas para acceder a ciertos servicios y a la falta de dotación de recursos –de distinto tipo– al programa para poder cumplir con las exigencias del ICBF al respecto.

La perspectiva de desarrollo y la atención a las familias

Desde modelos basados en la perspectiva neoliberal de desarrollo, las políticas públicas sociales se aplican con el criterio de focalización que ubica a los más pobres dentro de los pobres, criterio que es combinado con características etarias y de género. Su acción se orienta hacia la equidad mediante estrategias de inclusión social de la población focalizada que no conducen a la igualdad, entendida como la completa proximidad socioeconómica entre los integrantes de una sociedad, sino que apenas actúa sobre la pobreza extrema haciendo que las personas en esta situación superen el umbral mediante el acceso a lo básico para sobrevivir (Danani, 2008).

En sociedades capitalistas en las que existe una escasez inducida de los bienes disponibles para todos los ciudadanos, las políticas sociales se diseñan para tratar de mantener la pobreza en unos límites tolerables, no para eliminarla. Los programas que de ellas surgen tratan de hacerla manejable y administrable para disminuir los riesgos de que la sociedad se desestabilice. En estas sociedades la pobreza no se aborda desde una perspectiva relacional, sino que se asume como una situación caracterizable, por ello se nombra a las personas de cierta manera, por ejemplo, a familias en extrema pobreza; esa pobreza se mide desde indicadores que individualizan y culpabilizan a las personas de su condición y las responsabiliza de su destino, de allí que para recibir alguna ayuda requieran demostrar que hicieron sus propios esfuerzos para superar esta situación. Esto lleva a que, aunque algunos ejecutores de los programas sociales identifiquen la carencia de servicios en las comunidades como un obstáculo para el cambio, otros aduzcan que los cambios no se dan por las actitudes de las personas.

Las políticas de superación de la pobreza no contemplan los mecanismos estructurales que les quitan a las personas y a los grupos sus posibilidades de producir riqueza, que explotan su capacidad de generar riqueza y expropian sus recursos; aunque den cuenta de la existencia de las consecuencias de la desigualdad, no reconocen sus causas estructurales, por lo cual se niega tácitamente la existencia de jerarquía social y se mantienen las desventajas. Su acción, en algunos casos, se enfoca a ofrecer oportunidades para que se compita por lo que está disponible, oportunidades que se traducen en el cumplimiento de estándares, orientados a que las personas y las familias demuestren que son capaces de hacerse cargo de sus vidas.

Como pudo verse en esta investigación, estas características de la política pública social se identifican en el programa FFRD, que aplicaba el criterio de focalización en la selección de las familias y buscaba integrarlas a la sociedad a partir del cumplimiento de indicadores relacionados con prácticas ciudadanas que las ayudaran a salir de la pobreza. El programa FFRD responde a una forma de control y asistencia estatal de las familias al promover el capital humano de sus integrantes para evitar que estén en la pobreza extrema y procurar que sean funcionales al modelo de desarrollo imperante.

Tanto en la formulación como en la implementación del programa, no se problematizó el hecho de que la situación de pobreza de las familias, excepto por las reflexiones de algunas profesionales de la institución FESCO, se deba a la distribución desigual de los recursos y el poder, y, en correspondencia con esto, las acciones no estuvieron dirigidas a crear condiciones de igualdad, por lo cual no se presentaron cambios estructurales. Las acciones fueron paliativas e impactaron principalmente el aspecto social.

Si bien en el programa se tuvo una perspectiva de las familias como agentes, se pretendió su participación activa en las acciones desarrolladas y se procuró fortalecer su sentimiento de valía, dado que, al no estar dotadas de los recursos necesarios para generar transformaciones en sus condiciones de vida, en parte se les termina responsabilizando por aquello que no pudieron lograr.

Posibilidades de cambio en la atención a las familias

En las sociedades democráticas progresistas, siguiendo el enfoque de Sen, es pobre quien no logra vivir el tipo de vida que desea vivir, debido a que no tiene suficientes capacidades y herramientas para hacerlo, entre ellas la renta. Lo que está en el fondo de la pobreza es la desigualdad, que se evidencia en la precarización laboral, la no garantía de pleno empleo, la escasez inducida de medios y fines, y la concentración del capital. Ante ello, el Estado, la sociedad y los individuos tienen responsabilidades. El Estado debe proveer suficientes bienes y servicios para garantizar derechos a través de las políticas públicas, la sociedad debe generar los espacios de discusión acerca de los tipos de vida que sus integrantes desean vivir y hacer seguimiento y vigilancia al cumplimiento de lo acordado en este sentido por parte de diferentes actores e instituciones estatales, y, a nivel individual, las personas deben asumir responsabilidades respecto al aprovechamiento de las garantías brindadas. Desde estas instancias, deben surgir las propuestas que apunten a ampliar las capacidades actuando sobre la desigualdad.

Un Estado comprometido con promover la capacidad de las familias del área rural dispersa para vivir el tipo de vida que se propongan y que valoren se tendría que interesar en conocer sus aspiraciones y sus posibilidades de realizarlas, de acuerdo con las particularidades del contexto. Asimismo, debería centrarse en modificar ciertas condiciones de vida ligadas a aspectos estructurales y coyunturales que impidan el alcance de sus funcionamientos.

Para que las familias tengan y sostengan aspiraciones diferentes a las que su posición dentro de la estructura sociocultural les ha permitido, se necesita del cambio de condiciones y de la ampliación de libertades de modo que sus perspectivas se vayan modificando y se amplíe el panorama de lo posible, ese que para los colombianos se ha estrechado cada vez más, porque, como señala William Ospina (2015), la dirigencia política nos ha acostumbrado a la resignación, a creer que ciertos proyectos son imposibles de realizar, a sentirnos mal por anhelar un país mejor. A pensar que la buena vida solo tienen derecho a vivirla algunas personas.

Este modo de proceder corresponde a un enfoque basado en la igualdad, que no se pregunta por cómo repartir las migajas entre los individuos, sino por cómo está estructurada la sociedad para que la riqueza se concentre tanto. Los programas que derivan de él operan sin procurar que se mantengan los privilegios de algunos, distribuyen para actuar sobre las causas de la desigualdad y esperan que los que reciben devuelvan para que se mantenga el vínculo social. Garantizan derechos a las familias porque comprenden que ellas contribuyen al funcionamiento de la sociedad, cumpliendo tareas de producción y reproducción que son poco valoradas en las sociedades capitalistas.

Las sociedades se desarrollan en el marco de fuerzas y dinámicas. Dirigirlas hacia la ampliación de capacidades requiere diseñar e implementar políticas públicas a partir de un modelo de redistribución, que dista de seguir el desarrollo neoliberal como modelo, porque dentro de él se desarrollan los que pueden, los que llegan a desplegar sus capacidades para ejercer la ciudadanía. La redistribución apuntaría a la incondicionalidad (Castel, 2010) y a la universalidad de los derechos, en lugar de a la focalización y a los condicionamientos para recibir pequeñas porciones de la riqueza socialmente producida.

A manera de conclusión

En un contexto neoliberal, la política social se orienta a entregar algunos bienes y servicios de asistencia a la población, que los recibe en calidad de favores[1]; eso explica que las libertades que más ampliaron las familias fueran las sociales. En cambio, las libertades políticas, que fomentan la acción de las personas por el reclamo de sus derechos y la garantía de mejores condiciones de vida y que contribuirían de manera directa a que las familias tuvieran la capacidad de "analizar situaciones y tomar decisiones para resolver situaciones de manera eficaz en el entorno personal, familiar, comunitario e institucional"[2], como se plantea en los objetivos del programa, no se contemplan en sus estándares[3]. Por otra parte, en los estándares del programa, estaban incluidas algunas condiciones referidas a las libertades económicas, pero no se dispusieron los recursos para asegurar su cumplimiento. Los aspectos de orden estructural que permitirían el ascenso o movilidad social de las personas y un mejor posicionamiento de las familias en la sociedad no son abordados por la política pública social.

Bibliografía

Archer, M. S. (1997). *Culture and Agency: The Place of Culture in Social Theory*. Cambrige: Cambridge University Press

---

1   En el proceso de transformación de la política social durante la hegemonía neoliberal, se construyó una desigualdad que va más allá de las brechas socioeconómicas y que incluye la desigualdad en las expectativas de los distintos sectores sociales (Danani, 2008).

2   Tomado del objetivo general del programa según los lineamientos del año 2007.

3   El trabajo que al respecto se realizó se debió principalmente a que la institución ejecutora procuró promover prácticas de intercambio de ideas, solidaridad y el desarrollo de actitudes de liderazgo para mejorar las condiciones de vida en las veredas.

Castel, R. (2010). *El ascenso de las incertidumbres*. Buenos Aires: Fondo de Cultura Económica.

Cebotarev, N. (2008). *Una visión crítica y política de familia y desarrollo: El legado de Nora Cebotarev*. Manizales: Editorial Universidad de Caldas.

Danani, C. (2008). "América Latina luego del mito del progreso neoliberal: las políticas sociales y el problema de la desigualdad". *Ciências Sociais Unisinos*, vol. 44, n.º 1.

Giddens, A. (1995). *La constitución de la sociedad. Bases para la teoría de la estructuración*. Buenos Aires: Amorrortu Editores.

Instituto Colombiano de Bienestar Familiar (2007). Grupo de Asistencia Técnica. *Lineamientos de la modalidad 1. "Fortalecimiento a las familias de las áreas rurales dispersas"* (ICBF).

Ospina, W. (2015). "Los invisibles". *El Espectador*. Recuperado de https://bit.ly/2Z5o3jW.

Palacio, M. C. (2004). *Familia y violencia familiar. De la invisibilización al compromiso político*. Manizales: Editorial Universidad de Caldas.

Roth, D. A. (2007). *Políticas públicas. Formulación, implementación y evaluación*. Bogotá: Ediciones Aurora.

Sen, A. y Nussbaum, M. (comp.) (2002). *Calidad de vida*. México: Fondo de Cultura Económica.

Sen, A. (2000). *Desarrollo y libertad*. Colombia: Editorial Planeta.

Vargas, A. (1999). El Estado y las políticas públicas. Bogotá: Almudena Editores.

Yin, R. K. (1994). *Case Study Research. Design and Methods*. Sage Publications.

Herramientas y perfil profesional en acompañamiento familiar en el caso del programa Cercanías

Valeria Gradin y María Isabel Verstraete

Resumen

La ponencia se basa en una investigación desarrollada en el marco de la elaboración de un trabajo final de posgrado sobre intervención familiar. Este trabajo se planteó como objetivo analizar, para el caso del programa Cercanías, la metodología desarrollada por los equipos técnicos (identificar herramientas con base en la teoría sistémica y otras corrientes, y su utilización en la práctica del trabajo implementado por Equipos Territoriales de Atención Familiar [ETAF]).

Este programa estatal surge en 2012, junto con otros programas focalizados y de proximidad (Uruguay Crece Contigo y Jóvenes en Red), con el objetivo de restituir derechos a integrantes de familias en situación de extrema pobreza en el país.

El diseño de investigación se centra en entrevistas en profundidad de tipo abierto a informantes calificados, análisis de documentos institucionales del programa, así como de investigaciones y artículos publicados sobre él, bibliografía vinculada a políticas públicas dirigidas a población en situación de extrema pobreza, publicaciones sobre intervención familiar y metodología de proximidad.

El marco teórico integra elementos del desarrollo de las políticas públicas focalizadas en el país (y las críticas presentes a ellas), así como del marco conceptual sobre metodología de intervención familiar (en particular de la corriente sistémica).

El análisis profundiza en dos ejes: la organización del trabajo del equipo técnico (que refiere al encuadre en el trabajo con las familias y las instituciones en el territorio, los perfiles profesionales, la supervisión y el cuidado de equipos); y las herramientas empleadas o que podrían ser utilizadas por los equipos (se distinguen herramientas por etapas de la intervención, herramientas por temáticas, y la realización de actividades multifamiliares como herramienta complementaria).

En las conclusiones, se plantea el aporte del instrumental analizado y la importancia de la sistematización de información y de la formación permanente para enriquecer la intervención del profesional que trabaja con familias en situación de extrema pobreza y sus resultados, así como el necesario diálogo con la academia. También se plantean los límites del acompañamiento familiar en el marco de esta política asistencial ante los vacíos y desafíos en las políticas estructurales universales para la atención de la población en situación de extrema pobreza.

Palabras clave

Intervención; familia; proximidad.

I. Introducción

Este documento se basa en el trabajo final de la Especialización en Psicología Sistémica y Familias realizada por las autoras en la Universidad Católica del Uruguay (UCU-DAL). La investigación desarrollada contó con el aval de las direcciones que coordinan Cercanías por el Ministerio de Desarrollo Social (MIDES) y por el Instituto del Niño y Adolescente del Uruguay (INAU)[1]. Cabe mencionar que ambas autoras trabajábamos en este programa a la fecha de la investigación, que se desarrolló durante el primer semestre de 2016.

La Estrategia Nacional de Fortalecimiento de las Capacidades Familiares–Cercanías surge en el año 2012 como una estrategia de gobierno para la atención a familias en situación de extrema pobreza, con Equipos Territoriales de Atención Familiar (ETAF) que buscan facilitar el ejercicio de derechos de sus integrantes. Se crea en un contexto político en el que se profundiza el desarrollo de programas de proximidad para la atención de población en situación de pobreza.

En estos años, como antecedentes encontramos que se han escrito varias evaluaciones, investigaciones, tesis y artículos sobre Cercanías, que centran su atención en los límites de las políticas asistenciales y las tensiones entre lo focal y lo universal. Tomando en cuenta la existencia de estos valiosos aportes, hemos optado por profundizar en el análisis de las herramientas metodológicas puestas en juego a la hora del trabajo con los integrantes de las familias y las instituciones con las que se articula en territorio.

En este aprendizaje, y como una contribución a la reflexión sobre este programa, considerando el marco conceptual del paradigma sistémico, nos centramos en buscar herramientas metodológicas que habiliten la generación

---

[1]   Esta estrategia interinstitucional es impulsada por el Consejo Nacional de Políticas Sociales, y la integran: Ministerio de Desarrollo Social (MIDES), Ministerio de Vivienda, Ordenamiento Territorial y Medio Ambiente (MVOTMA), Ministerio de Trabajo y Seguridad Social (MTSS), Ministerio de Salud Pública (MSP), Administración de Servicios de Salud del Estado (ASSE), Administración Nacional de Educación Pública (ANEP-CODICEN), Instituto de Protección Social (BPS) e Instituto del Niño y el Adolescente del Uruguay (INAU).

de movimientos o cambios para que los integrantes de las familias disminuyan su nivel de exclusión y puedan ejercer más y mejor sus derechos.

Por esto, en la investigación se planteó el siguiente objetivo general: identificar herramientas desde el enfoque de la teoría sistémica y otras corrientes y su utilización en la práctica de trabajo implementada por Equipos Territoriales de Atención Familiar en el marco del programa Cercanías. Los objetivos específicos fueron:

1. Relevar herramientas mencionadas por equipos y/o supervisores para utilizar en su trabajo de proximidad, que están vinculadas a la corriente sistémica en la intervención familiar.
2. Identificar la utilidad práctica de estas herramientas en las distintas etapas de implementación de los procesos de acompañamiento familiar establecidos en el marco del programa.
3. Proponer herramientas en función de la información recabada y sistematizada.

II. Marco teórico/marco conceptual

Proximidad

Entendemos a las herramientas como las técnicas implementadas en la dimensión operativa del trabajo, enmarcadas dentro de estrategias que parten de definiciones epistemológicas, ideológicas y éticas.

El modelo de atención de Cercanías establece la siguiente definición sobre el trabajo de *proximidad*:

> [...] es una cualidad del dispositivo de acompañamiento familiar que supone una intervención cercana a la familia, acompañando procesos, urgencias, necesidades, preferentemente en el ámbito donde se desarrolla la vida cotidiana de la familia o en los espacios

donde transita. Esta orientación no desconoce las desventajas que este ámbito cotidiano pueda llegar a tener para el trabajo de ciertas temáticas, por lo que en estos casos, tal como se explicita en los términos de referencia, la intervención tiene lugar en espacios institucionales y comunitarios. La intervención requiere, siempre que sea posible, el acuerdo de trabajo mutuo con las familias durante el proceso de trabajo y un posicionamiento ético capaz de contemplar al otro/a en sus intereses, prioridades, aprendizajes (Cercanías, 2016, p. 8).

Marina Cal distingue tres dimensiones en la metodología de proximidad: *espacial*, *temporal* y *afectivo-relacional*. Con relación al *espacio*, plantea que "el espacio tiene un sentido provisional para los sujetos involucrados que hace posible recorrer de forma compartida ciertos trayectos" (Cal, 2015, p. 496).

En cuanto a los *tiempos*, plantea que hay un momento "fundante" y que debe ser clara la temporalidad y el límite de esta.

Por último, desarrolla el componente *afectivo-relacional* para instrumentar un abordaje en el que "resulta imprescindible que exista un reconocimiento entre los sujetos (operadores sociales y los sujetos destinatarios de las propuestas)". Dice:

> Siguiendo entonces algunos de los aspectos expuestos por Alex Honneth (2010), es preciso que devenga un reconocimiento recíproco que porte la cualidad de lo cercano a la vez que comunitariamente integrador y que se sustente en la aceptación de la necesidad mutua –en tanto promotora de transformaciones en las subjetividades–" (Cal, 2015, p. 498).

La familia como sujeto de atención[2]

La definición de "familia" que se maneja en Cercanías es:

---

2   Este apartado y el siguiente plantean reflexiones que fueron expuestas en el artículo: Gradin, V. (2017). "Lo que implica acercarse. Tensiones y desafíos en el trabajo de proximidad con familias en situación de extrema pobreza". En MIDES-DAIF (2017). *Posibilidades, tensiones y desafíos de la intervención social. Notas desde la práctica.*

> Grupo de individuos unidos por relaciones afectivas y/o de parentesco, configurando una matriz vincular en torno al sostén económico y a la reproducción social, cultural y/o biológica, que comparte una dimensión témporo-espacial de cotidianeidad, con singular identidad, historia y perspectiva de futuro (Cercanías, 2016, p. 6).

Esta definición permite una comprensión amplia y flexible de la familia, que no está atada a la convivencia ni a vínculos sanguíneos y que busca evitar el riesgo de caer en conceptualizaciones asociadas al modelo tradicional nuclear, habilitando la diversidad de arreglos existentes.

Wanda Cabella plantea algunos desafíos que deberían tener en cuenta las políticas públicas en nuestro país para dar soporte a los problemas que enfrentan las familias y sus diferentes integrantes, en función de las diferencias de género y de pertenencia social.

> Ambas estructuras de hogares son otra forma de representar las dos demografías del país: una familia joven y pobre y otra envejecida que supera el umbral de la pobreza. [...] existe un número importante de familias monoparentales que se incluyen dentro de hogares extendidos, esto es, mujeres con sus hijos, que no habitan unidades residenciales separadas, sino como núcleos secundarios en hogares extendidos. Este tipo de hogar, el extendido que alberga un núcleo monoparental, es el que presenta mayores niveles de privación económica (Cabella, 2007, p. 12).

Preocupa la vulnerabilidad económica en familias donde es muy importante la presencia de la infancia.

Se dan varias reflexiones que refieren a la importancia del rol del Estado como garante de derechos ante las situaciones en que estos se ven vulnerados. Algunas autoras, como Jelin (2005) o Mioto (2010), justifican la intervención estatal en el ámbito "privado" de las familias, en particular cuando se dan situaciones de desigualdad al interior de estas.

En este sentido, Jelin advierte:

La intervención del Estado en el mundo privado tiene dos caras: la defensa de las víctimas y de las/os subordinadas/os del sistema patriarcal por un lado; la intervención arbitraria, el control y aun el terror, por el otro. Las reacciones sociales a ambas son diferentes: lo deseable es mantener como privado, protegido de la interferencia estatal, lo referido a la intervención arbitraria del Estado, pero no aquello que refuerza la subordinación y el poder arbitrario del paterfamilias (Jelin, 2005, p. 81).

Por esto, considerar *género* y *generación* –como dimensiones transversales que deben siempre tenerse presentes en la tarea técnica– se ve como de suma importancia para no caer en el *familismo* en la intervención.

Focalización en situaciones de extrema pobreza

Luego de la implementación del Plan de Emergencia y el Plan de Equidad[3] en un contexto ya no de crisis, habiéndose dado una clara mejoría en indicadores sociales del país, se formula la Reforma Social a partir de 2011, en la que cobran fuerza iniciativas estatales dirigidas a la población que aún permanece en situación de indigencia.

Como es sabido, los programas focalizados vienen implementándose y siendo cuestionados en su enfoque desde larga data, y hay vastas publicaciones al respecto (por

---

3 El Plan de Atención Nacional a la Emergencia Social (PANES, 2005-2007) fue una política macro que comenzó a dar respuestas a la emergencia social de los hogares en extrema pobreza o indigencia del país. Fue el marco para las intervenciones que se llevaron adelante a través de diversos programas sociales en dos dimensiones: asistencial y promocional. El Plan de Equidad se plantea luego de finalizado el Plan de Emergencia como una serie de reformas sectoriales y organizativas que abarcan la educación, salud, vivienda, sistema tributario, entre otros. Esto se traduce en la construcción de una red de asistencia social que incorpora nuevos elementos a la matriz de protección tradicional. A diferencia del PANES, en el cual las transferencias monetarias se asocian al ingreso ciudadano, el nuevo plan reestructura los tradicionales regímenes de Asignaciones Familiares (AFAM) y Asignaciones a la Vejez. Más información en www.mides.gub.uy.

ej., Castel, 2004; Midaglia y Robert, 2001; Midaglia *et al.*, 2010; Baráibar, 2009). Cercanías, así como otros programas focalizados, no está exento de estas críticas.

> El caso uruguayo presenta –en clara distinción con las orientaciones hegemónicas de los años noventa– una visible recuperación del rol del Estado en lo que refiere a su participación en los dispositivos de acceso al bienestar social. No obstante ello, las políticas asistenciales mantienen básicamente las características distintivas de la última década del siglo pasado en la región: son focalizadas, transitorias, cogestionadas y apelan al territorio para la articulación de acciones y recursos (González y Leopold, 2014, p. 768).

Las intervenciones focalizadas en territorios no son nuevas. Estas pasan paulatinamente a hacerse más visibles en los asentamientos, donde se concentra pobreza en el marco de la segregación residencial, fundamentalmente producida en las últimas décadas del siglo XX e incrementada en el contexto de crisis del país en 2002. Las políticas se acercan a las zonas en las que los pobres residen, a los "territorios excluidos".

El barrio, para Svampa (2000), o el asentamiento, para Denis Merklen (2005), surgen como el lugar al que fueron confinados los "desafiliados", en términos de Robert Castel (2005); es decir, el lugar de la desestructuración social propia de la sociedad "postsalarial" o el lugar del "no sujeto". Señala Castel (2005) que el campo de la asistencia está delimitado a partir de dos vectores fundamentales: la incapacidad para trabajar y la relación de proximidad entre quienes asisten y son asistidos. Al decir de Baráibar (2009), serían los "territorios por defecto", quien cuestiona las intervenciones "desmaterializadas" en territorios en donde se apuesta a la generación de recursos locales en un entramado social muy debilitado.

Son claros los déficits de la matriz de protección social para estos sectores de la población, y no se está apostando a la generación de mecanismos por fuera de los sistemas universales; por tanto, se requiere necesariamente que estos se reconfiguren.

Si queda lo focal reducido al componente de acompañamiento de un equipo de proximidad y no se desarrolla suficientemente el componente de accesos materiales que facilite el acceso y sostenimiento en lo universal, se corre el riesgo que plantean Leopold *et al.* (2015) de una "dualización" que sobrecargue de responsabilidad a las familias. Esta responsabilización también puede trasladarse a los equipos técnicos en territorio.

Se requiere poder avanzar en la gestión del cambio institucional para permear la estructura de las políticas universales. Por supuesto, lo señalado no afecta solo a la población atendida por este programa, ni son problemas exclusivos de los programas focalizados o de proximidad; lamentablemente son tensiones que se presentan ante vacíos o debilidades de la matriz de protección social, que se visualizan con mayor crudeza en las familias en situación de extrema pobreza del país.

Marco conceptual sistémico

En el paradigma sistémico, el trabajo no se centra en individuos, como ocurre en otros enfoques, sino en los sistemas. En el desarrollo de las estrategias de intervención, se busca producir cambios.

Los sistemas dependen en gran medida del entorno (contexto) con el que se vinculan a través de límites permeables. Se parte de considerar las problemáticas no como fenómenos individuales, sino como la manifestación de un fenómeno interaccional (Vidal, 1991, p. 227).

La familia es analizada en sus relaciones internas. Posee una estructura, pero esta sufre transformaciones a lo largo del tiempo; por eso, se estudian los patrones de adaptación a lo largo del ciclo vital familiar. La estructura familiar no impone el modo como funcionan las personas, pero sí establece algunos límites y organiza el modo de funcionamiento (Minuchin, 1994, p. 52). Implica organización jerárquica con determinadas reglas y límites o fronteras externas e internas. Sea cual fuere el ordenamiento adoptado, toda familia se organiza jerárquicamente elaborando reglas sobre quiénes tendrán más estatus y poder (Haley, 1993).

El estudio de la familia como primer contexto de aprendizaje se realiza desde el enfoque ecológico sistémico. Este enfoque es desarrollado por Bronfenbrenner (1987) y parte de considerar el desarrollo humano como producto de la interacción del organismo humano en desarrollo con su ambiente. Se entiende a la familia como el microsistema, en relación con el mesosistema y el exosistema.

III. Metodología

Para la elaboración del presente documento, se realizó un estudio exploratorio y descriptivo (no se pretendió un fin evaluativo). Se realizaron ocho entrevistas en profundidad; cuatro de ellas se llevaron a cabo con supervisoras, y las otras cuatro fueron entrevistas grupales a 13 técnicos/as integrantes de cuatro equipos, por lo que participaron en total 17 personas[4]. También se realizó una revisión de fuentes secundarias (análisis de documentos institucionales del programa, así como de investigaciones y artículos publicados sobre él hasta la fecha).

Se buscó indagar acerca de técnicas o herramientas que utilizan o podrían utilizar los equipos y que facilitan la generación de cambios en cuanto al ejercicio de derechos. De esta forma, aparecen en el relevamiento herramientas

---

4   Se buscó generar una muestra intencional en la que estuvieran presentes las profesiones de trabajo social y psicología, así como las regiones de trabajo de Montevideo e interior del país.

que, si bien pueden ser comunes en gran parte de los equipos, seguramente no son empleadas todas por la mayoría de ellos.

También partimos del supuesto de que ninguna de estas herramientas fueron construidas exclusivamente por los equipos o por el programa, sino que provienen de la formación académica, o de la suma de prácticas que en el trayecto de experiencias laborales los/as técnicos/as han adquirido, en particular a partir de prácticas en otras experiencias de proximidad (como programas de atención ante situación de calle).

IV. Análisis y discusión de datos

Disponibilidad afectiva

Como se planteó en el marco teórico, Marina Cal (2015) indica que la metodología de proximidad reúne componentes que podemos integrar en al menos tres dimensiones, que componen un "anudamiento coyuntural" donde ninguna de ellas aisladamente daría lugar a este tipo de abordaje (espacial, temporal y afectivo-relacional). Tanto en la revisión de documentos institucionales y artículos escritos sobre el programa, como en las entrevistas realizadas, estas dimensiones son señaladas como pilares que tener en cuenta en el trabajo de los equipos ETAF.

Autores de la corriente sistémica y otras corrientes entienden que es fundamental establecer un vínculo empático (*joining*); es decir, es muy importante que los técnicos puedan "sintonizarse con las personas". Esto refiere a lo que Minuchin (1994, p. 54) plantea sobre el proceso de unión o conexión que se da entre operadores sociales y las personas con las que trabajan en un proceso. Implica, por ejemplo, reflexionar sobre el lenguaje que se emplea y sobre cómo generar vínculos de confianza, haciendo énfasis en el lenguaje verbal y corporal.

Creo que ahí se juega mucho en la capacidad de estar disponible para el otro en esa intención. Que es algo que para mí sale más desde lo paraverbal (supervisora 2).

Un abrazo, un gesto cuando estamos hablando, abre mucho y a veces uno lo hace como instintivo, como algo natural, pero que en realidad nos damos cuenta de que eso nos posiciona en ese lugar de que no venimos como policías a controlar (equipo 2).

La construcción y la nutrición, entre comillas, de ese vínculo necesario para poder trabajar en proximidad. Yo creo que es lo primero que intentamos establecer... Y con esto quiero detallar el tema de la comprensión empática; yo creo que es muy necesario tratar de entender al otro, y ahí está también el tema de la escucha... sobre todo. Son cosas que hay que tratar de establecer en los primeros meses de trabajo (equipo 4).

En la construcción de vínculos de confianza, se establece la posibilidad de habilitar el desarrollo de acuerdos y procesos de trabajo con las personas involucradas. En este sentido, se hace énfasis en la importancia de mantener esta disponibilidad afectiva durante todo el proceso de trabajo y buscar estrategias para generar estos vínculos con los diferentes integrantes de las familias, a través de diversos recursos técnicos. Vemos, en estas herramientas de construcción del *joining*, elementos que facilitan la *acomodación* que se plantea en el marco ecológico- sistémico.

Mirá, yo creo que, en la mitad de camino, descontracturar, siempre que sea posible y necesario, ayuda. Una risa, siempre que sea posible y necesaria, ayuda. La llanura, la simplicidad en la comunicación siempre ayudan. Nosotros no podemos hablarle a la gente de una manera que no te entienda (equipo 4).

Género y generación son variables a considerar en la integración de la dupla y sus posibilidades de comunicarse y vincularse con los diferentes integrantes de la familia.

Sobre la disponibilidad afectiva, está presente la discusión sobre la *distancia óptima* y el riesgo de caer en la *sobreimplicancia*.

El ETAF Vida y Educación, en su artículo presentado en Coloquio de Familias 2015, plantea:

En el primer semestre de trabajo con las familias, se apunta, mediante diversos instrumentos, a generar un vínculo de confianza que permita al equipo concretar acuerdos de trabajo. No es difícil imaginar el delicado y complejo manejo que el equipo técnico debe realizar de la distancia óptima respecto de la familia. Una distancia "profesional", mayor que la estrictamente imprescindible, difícilmente generaría el vínculo de confianza indispensable. Una distancia "de compromiso" quizás derivaría en una identificación de los técnicos con la demanda, las necesidades materiales y/o la respuesta estereotipada de la familia. La distancia requerida para resolver eficazmente estas situaciones es, por fuerza, dinámica, y requerirá acercamientos y alejamientos estratégicos en cada momento y circunstancia. Lo que le otorga esa garantía es el intercambio de reflexión técnica logrado en el equipo (Chiesa *et al*, 2015, p. 363).

Asimismo, la implicancia también tiene que ver con saber establecer *límites claros* como parte del encuadre.

El espacio de encuentro

El modelo de atención del programa plantea que la intervención se organiza a partir de la demanda construida con la familia de modo de atender gradualmente todas las metas propuestas en el plan de trabajo, y se desarrolla en los espacios propios de la cotidianeidad familiar y, a la vez, en vinculación con las instituciones presentes en el territorio (Cercanías, 2016, p. 16).

Estos espacios de encuentro refieren a espacios cotidianos por los que la familia transita (como el hogar y la plaza, el espacio comunal vecinal y la escuela, la sala de espera en policlínica, etc.). A su vez, también son de suma importancia las instituciones presentes en el entorno de la familia (que integran el *mesosistema* y el *exosistema*), con las que los integrantes de ella interactúan en mayor o menor medida.

> Para mí hay algo de la construcción del espacio, en esto del ir hacia el espacio del otro, que cambia un poco la cabeza de la intervención; porque se tiene que construir esencialmente el lugar de encuentro en el lugar del otro (equipo 3).

> Vos estás llegando a una familia que no te esperaba. Entonces eso es un cambio fundamental. El construir con el otro, el pensar con el otro si es válida nuestra intervención, eso me parece fundamental. [...]. Después otra cosa importante son las redes y esto de trabajar de forma interinstitucional, cuando las redes y los equipos territoriales ponen el "pienso juntos", para llegar a esa familia, o abordar a esa familia de la forma más integral posible (equipo 3).

La *construcción de ese espacio habilitante para el diálogo* es mencionado en reiteradas ocasiones: la búsqueda de un espacio cómodo donde los integrantes de las familias puedan abrirse a la propuesta del equipo técnico (atendiendo temáticas específicas por las que atraviesa la situación familiar).

> Son intervenciones dentro de lo cotidiano. Cuando vos llegás a lo cotidiano, por dónde entrás. Si te quedás en la puerta, hablando, hablando, o si traes una silla o si armás algo. Hay equipos que veo que arman el dispositivo. No se quedan parados. La mujer capaz que te atiende parada, y ellos enseguida plantean: "Bueno, parados no, ¿por qué no te sentás?", o "¿Por qué no nos sentamos", "¿Por qué no vamos hasta el árbol?". Y ahí seguro que la mujer sentada en el árbol no habla igual que si está parada en la puerta. Es como un tema hasta de colocación del cuerpo... Seguro que si te sentás o le dicen "Tengo un mate", algunos que se animan a darle mate, o "Tengo unas galletitas"... y los gurises están ahí con el otro... tá, no vas a hablar igual... (supervisora 2).

Los tiempos

La temporalidad se vincula con el tiempo de trabajo, la frecuencia de encuentros, los tiempos en que se prevé que se generen ciertos movimientos (en las instituciones, en las familias, en su entorno o en el propio equipo). Algunos plantean que prever los tiempos necesarios para determinados movimientos tiene que ver con *tomarles el pulso* a los involucrados en estos procesos, sabiendo que, por más que se planifique, pueden aparecer emergencias que haya que atender, que llevan a repensar esa planificación.

Se hace énfasis en la *estabilidad de la presencia*. En efecto, ser claros en cuanto a los días y horarios previstos para reunirse facilita la claridad en el encuadre. Mantener la referencia telefónica periódica y entre encuentros también se valora positivamente (tanto en el trabajo con las familias, como con las instituciones).

Se enfatiza en pensar la intervención en el marco de los *tiempos de las soluciones posibles*, incluyendo en el cálculo de las temporalidades los tiempos de los movimientos de las personas.

> [...] el vínculo es bien delicado... Creo que hay que dar tiempo para algunas cuestiones, porque nos vemos inmersos, al menos yo creo, en esta lógica como de la urgencia y la inmediatez... A veces en pretender que las cosas sean ya... y la resolución de esas complejidades no va a ser de forma inmediata, tenemos que mediar por el pedido con instituciones que también trabajan con la familia... [...] hay que tener en cuenta como otro factor la temporalidad de los cambios, de los movimientos (equipo 4).

La grupalidad (el sistema familiar)

El trabajar con la dinámica familiar implica poder llegar a ubicar claramente el sistema familiar, distinguir las relaciones de poder al interior de él, las alianzas, los roles dentro de cada subsistema, cómo los integrantes se vinculan con el entorno y qué movimientos se van dando con el transcurso del tiempo.

> Cambia mucho el tema del encuadre, ¿no? Porque estar en el lugar donde transcurre la vida de la persona, de la familia, de la madre, el padre, de los niños [...] es bien importante y nos permite ver otras dinámicas ahí. Y también el tema de la periodicidad, las veces que vos ves a la familia nos permite ver que salgan otras cosas a la luz (equipo 2).

Visualizar el sistema no implica trabajar siempre de la misma forma con todos/as los/as que integran el grupo familiar. Hay especificidades que deben ser atendidas siempre con el objetivo del ejercicio de derechos, esto puede llevar a *focalizar la atención* en uno/a o algunos/as de los/as integrantes, complementando el accionar del equipo de acompañamiento familiar con equipos especializados.

Se mencionan reiteradas estrategias para buscar *habilitar la voz* a integrantes que pueden quedar invisibilizados en el grupo (o disminuida su participación por las relaciones de poder establecidas). En esos casos, una herramienta muy utilizada es el acompañamiento en trayectos de circulación social o el establecimiento de encuentros en lugares cotidianos de circulación o en sitios que permitan cierta privacidad con esos integrantes con los que no se logra trabajar en el espacio del hogar.

> Hay equipos que acompañan trayectos de circulación social. [...] y en ese trayecto te invito con un helado y mientras genero un diálogo. [...]. La entrevista... el cómo la hacés es muy importante. Puede ser muy diferente según cómo la hacés. Si la hacés con un adolescente... con un chiquilín, le decís: "Vamos, tomamos una Coca-Cola y mientras me contás, o vamos a la plaza y hablamos"... Es muy distinto a creer que vos lo sentás al gurí y te va a contar lo que vos querés que te cuente (supervisora 2).

También se menciona la pertinencia de utilizar *técnicas para abordar la grupalidad*.

> La reunión de la familia como grupo humano para poder resolver algunas cuestiones…, por supuesto se precisa a alguien que sepa leer esto. Quién es el chivo emisario, quién es qué… O se puede usar algo sistémico: ¿cómo es la comunicación acá? Metemos una paradoja, diferentes técnicas que los sistémicos saben mucho más…
> ¿Cómo es la secuencia de comunicación? ¿Siempre habla el mismo, siempre contesta el mismo? Esas técnicas que son más específicas de cada corriente tendríamos que usarlas más, yo creo que ayudarían mucho. Porque si alguien se pone a observar en una familia cómo es la secuencia: quién empieza, quién dice qué, quién contesta, dónde puntúan la secuencia… (supervisora 3).

Trabajo en equipo

En los equipos técnicos están representadas diferentes profesiones (en particular, trabajo social, psicología y educación social[5]). Se presenta el desafío de construir desde la interdisciplinariedad con los aportes de los diferentes campos disciplinarios, de planificar, implementar y evaluar el trabajo incorporando los marcos conceptuales de la diversidad de disciplinas y de lo que se genera en el intercambio entre ellas, sumando además la trayectoria de experiencias de trabajo que los técnicos traen.

---

5   Los Términos de Referencia 2016 para convenios de gestión entre Organizaciones de la Sociedad Civil y MIDES o INAU por ETAF plantean que los equipos deben estar integrados por al menos dos profesionales (con al menos 30 horas por semana) en trabajo social, psicología o ciencias sociales de Regional Norte, y el resto de las horas del equipo pueden completarse con profesionales o estudiantes avanzados con formación en trabajo social, psicología, educación social, ciencias sociales, salud y/u otras ciencias sociales y humanas. El equipo debe cumplir 120 horas por semana, y se agregan horas específicas para rol de coordinación (8 horas por semana en convenios MIDES y 10 horas por semana en convenios INAU).

Se plantean aquí algunos de los elementos que se visualizan con mayor claridad en los textos reseñados y en las entrevistas, como la necesidad de trabajar en *duplas* con las situaciones familiares y de aprovechar la experiencia y complementariedad de saberes en el equipo (como espacio de planificación, contención y cuidado), y la utilización de herramientas específicas de cada disciplina.

En la evaluación cualitativa realizada por DINEM en 2014, se plantea:

> En general, los equipos trabajan en duplas para realizar el acompañamiento de las familias. Esta metodología es considerada la más apropiada por los equipos por varios motivos. Entre ellos, les permite abordar la realidad de las familias desde dos miradas, lo cual enriquece el diagnóstico y las respuestas. Se destaca como buena práctica la búsqueda de la interdisciplinariedad en la conformación de las duplas, así como la combinación de varones y mujeres y de personas con distintos niveles de experiencia. Asimismo, en algunos equipos se revisan las duplas inicialmente planteadas en función de las dimensiones a trabajar con las familias y los perfiles de los técnicos (DINEM, 2014, p. 21).

Si bien se valora el trabajo en duplas (en particular, por la *covisión* en la intervención familiar), también se menciona que puede tener sus riesgos si estas son muy rígidas; por lo tanto, se recomienda aprovechar al máximo el espacio más amplio de *reflexión en el equipo*. De la misma manera, se valora la *búsqueda de diferentes combinaciones* y la *complementación entre los técnicos*.

> [...] por lo menos se pone en juego ante las crisis o los emergentes... En general cada uno aporta desde su lugar, más allá de que el emergente hace que se desdibujen, pero hay que volver a pensar cómo aportar desde mi lugar... (equipo 3).

Posicionamiento ético

En documentos y entrevistas, aparece el tema de la ética haciendo énfasis en la transparencia, el compromiso, el respeto y el *trabajo sobre la base de acuerdos*, pero sin perder de vista el *marco de protección de derechos*. Esta dimensión, que debe estar siempre presente, se ve con mayor claridad ante situaciones de alta complejidad, por ejemplo, cuando se presenta violencia o abuso intrafamiliar y cuando no se logra ubicar un adulto protector en la familia con quien acordar un plan para la protección de las víctimas (en particular, niños, niñas y adolescentes, ante los cuales el Estado debe ser garante de su protección).

Articulación interinstitucional

Es claro que, en esta dimensión, a nivel político y sectorial queda mucho por hacer. Es interesante visualizar cómo pesan estos aspectos a nivel territorial.

Con relación al trabajo de los técnicos en territorio, se plantea el lineamiento de trabajar en forma articulada con las instituciones presentes a nivel local. En el nivel de la supervisión, se participa en espacios departamentales o regionales de coordinación.

Como se ha mencionado, el trabajo con la situación familiar no solo abarca el sistema familiar (o los subsistemas dentro de este), sino que también involucra el vínculo con el mesosistema y el exosistema, según el planteo de Bronfenbrenner (1987).

En este sentido, el equipo puede realizar un *mapeo de redes* de la familia, que es una técnica mediante la cual se grafica la vinculación de los integrantes de la familia con referentes significativos: parientes, amigos, vecinos o referentes institucionales. A partir del diagnóstico que este ejercicio arroje, se podrá construir con la familia objetivos de acercamiento a determinadas instituciones, grupos o personas.

Los equipos realizan *redes focales* para trabajar sobre una situación específica y, en general, a través de la figura de coordinación participan en espacios de redes interinstitucionales estables a nivel territorial, donde se encuentran con técnicos de otros programas y servicios.

Por otro lado, se menciona la dificultad para articular cuando se parte de paradigmas diferentes en la intervención. Para sortear este obstáculo, se reconoce la potencia de acercar otra mirada sobre la familia y poder *mediar con las instituciones* a las que los integrantes deben vincularse, están vinculados y/o tendrán que continuar vinculados para poder ejercer sus derechos luego de que el equipo ETAF se retire, buscando disminuir la tendencia a la responsabilización de la familia presente en varios referentes institucionales.

> Y, a veces, con las instituciones educativas y otras instituciones con las que coordinamos [se trata de] acercar otra mirada sobre la familia. Esto no es menor, porque a veces, en las cuestiones formales que hacen a cada área o a cada institución, no hay cosas visibles positivas de la familia, [...] se estigmatiza mucho... Entonces está bueno cuando podemos llevar otra mirada, porque estamos en el hogar y tenemos otra comprensión de la situación, y esto a veces colabora o tratamos de que colabore para que tengan otra mirada sobre las personas... [...] a veces pasa que se responsabiliza mucho a cada sujeto cuando a veces hay cuestiones que tienen que ver con carencias más a nivel de la estructura... (equipo 3).

Gran parte de la tarea de vinculación con la oferta de servicios se debe a este trabajo de *difusión y articulación permanente a nivel territorial* que realizan los equipos técnicos. La referencia se construye.

> Se participa mucho de los nodos, y después el conocimiento que tenemos de las instituciones facilita mucho. Ahora está más aceitado, pero, al principio, para conseguir un número tenías que ver algún conocido. Costó mostrar lo que era la

estrategia en sí a las instituciones. Se hizo un trabajo muy importante de difusión, y el conocimiento se fue creando a través de la participación (equipo 2).

También aporta el *fortalecimiento a la familia* en sus habilidades para *lidiar con las instituciones*. En este sentido, se desarrollan estrategias para hacer más "accesibles" a las instituciones para sus usuarios.

> El mapeo es lo básico, y después acompañarlos, dando información de con quién tienen que hablar, a dónde dirigirse…
> Las instituciones no están preparadas, y no hay apertura en muchos casos: cómo les hablan, qué se les informa y qué no. Muchas veces [están] como cerradas. Y castigadoras, estigmatizadoras. Entonces el hecho de acompañarlos es importante, cambiar la mirada que se tiene de la familia (equipo 2).

Si bien se toman insumos de los aportes de las instituciones sobre la trayectoria de la familia, se hace énfasis en que se debe tener el punto de vista de los implicados. Por lo tanto, se contrasta el discurso de las instituciones –"la historia oficial"– y la historia que cuentan los integrantes de la familia. Debido a esto, se destaca la importancia de realizar una *historización* con la familia.

Además, se resalta el *seguimiento de gestiones con los referentes institucionales* como forma de facilitar los accesos y el trabajo con los integrantes de las familias con relación al conocimiento de los trámites que corresponde realizar.

> Hemos intentado romper con esta cuestión de, por ej., cuando vamos a hacer trámites… está bien, nosotros acompañamos, vamos… pero está bueno que empiecen a ir solos, porque nosotros nos vamos a ir… (equipo 3).

Los equipos que logran flexibilizar más "ventanillas" se autodescriben como *"cultivadores de la paciencia"* y desarrollan *estrategias según las especificidades y tiempos* de cada prestación.

> El seguimiento es la herramienta, tenés que estar atrás, golpeando cada puerta. [...]. La estrategia es esa, seguir... Fuimos al ministerio, me dijeron que justo la persona no está y tengo que ir otro día, bárbaro, arreglo para mañana. Es esto de que no se te pierda... Me dicen: "Llamá en dos semanas". Tá, me lo pongo en la agenda, *OK*. En dos semanas te estoy llamando y la semana que viene te llamo... Es como esa insistencia que genera... (equipo 3).

Es claro que estas tareas de seguimiento de las prestaciones son difíciles para los integrantes de las familias; por consiguiente, se valora que se gestione la mayor parte de las prestaciones posibles en el tiempo de acompañamiento y que se lo haga instruyendo paso a paso a los integrantes de las familias, involucrados de forma que puedan conocer por dentro los sistemas y apropiarse de ellos, y que las instituciones también puedan ir conociéndolos para que disminuya la posibilidad de exclusión cuando el equipo técnico se retire.

> Para la familia es difícil... Es por lo que se cae muchas veces la familia, porque es cansador... Ahí es donde la familia se agota, se cansa... En ese espacio es donde nosotros somos un poco mediadores... Con el Estado somos así, paf, paf. Les decimos: "Ustedes son parte de la estrategia"; les llevamos los papeles, les ponemos los logos y les dejamos quiénes somos nosotros y lo que hacemos en la estrategia. Es lo que nos ha dado más resultado (equipo 3).

Que a los referentes institucionales en territorio también les lleguen *lineamientos centrales de las instituciones socias en la estrategia* es fundamental para optimizar el acceso a los destinatarios de las políticas públicas. Si los referentes institucionales no tienen presentes estos lineamientos al momento de articular con estos, *informar o "recordar" sobre los acuerdos* entre las instituciones socias es un recurso muy utilizado.

La traducción y el acompañamiento en tiempos de espera, así como el diálogo con referentes institucionales que, por diversos motivos, tienen una actitud hostil hacia los integrantes de las familias, aparecen con mayor énfasis en algunas sectoriales. En estos casos se expone la necesidad de trabajar en la línea de los *derechos de los usuarios*, explicando cómo presentar los reclamos ante los organismos correspondientes e incluso acompañándolos en esas instancias.

> Nosotros tratamos de fortalecerlos, de empoderarlos en sus derechos. Muchas veces estamos explicando sus derechos en la salud… Hay que estar mediando con la institución, traducir… Y empoderarlos es decirles: "Andá a atención al usuario, explicá lo que pasa, reclamá" (equipo 4).

Conclusiones

Consideramos que, para la utilización de las herramientas metodológicas, se deben tener en cuenta dos condiciones:

1. Si las herramientas serán utilizadas por los integrantes de los equipos, independientemente de la formación específica que posean, entonces deberán estar capacitados para su aplicación. En la capacitación de los equipos técnicos, por tanto, si se van a considerar las dimensiones del rol abordado en este trabajo, se deberían incluir aspectos referidos al encuadre de trabajo (la disponibilidad afectiva, los tiempos, el espacio de encuentro) con los integrantes de la familia, así como con las instituciones presentes en el territorio.

2. Las técnicas elegidas no deberían ser impuestas ni rígidas, sino todo lo contrario: creativas, flexibles, motivadoras y adaptadas al proceso y al contexto.

También se podría considerar la búsqueda de estrategias adecuadas a perfiles de situaciones y momentos de la intervención desarrollando en profundidad cada técnica y su método de aplicación, sin que desaparezcan la creatividad y la flexibilidad como parte de los recursos técnicos, en los que también es posible encontrar y descubrir habilidades.

El proceso de elaboración de este trabajo ha significado para las autoras un verdadero desafío, que busca aportar en reflexiones que no se agotan en él, sino que suman en un proceso de aprendizaje que podría continuar y plasmarse en acciones y diseños concretos de herramientas cada vez más ajustadas a las necesidades de las familias que participan en programas de proximidad.

Quedan como aspectos o desafíos por seguir considerando:

1. El aporte instrumental visto y analizado desde la perspectiva sistémica puede enriquecer la intervención del profesional que trabaja con las familias, aportando recursos eficaces y oportunos para lograr los objetivos.
2. El perfil y las herramientas, la posición y las estrategias, el rol y las técnicas son dimensiones ligadas y articuladas que requieren de un necesario adiestramiento y capacitación; queda por tanto pendiente el desafío del diseño de un programa de capacitación para trabajar en proximidad que pueda dialogar con los campos disciplinares presentes en la formación de los equipos. En este sentido, *profundizar el diálogo con la academia* aparece como necesario.
3. Se debe considerar la posible inclusión de la población beneficiaria en un proceso de investigación que recoja la *opinión de integrantes de las familias* –como actores clave– para el diseño de las políticas, incluyendo su valoración sobre las herramientas que se utilizan.

4. A la vez, se visualiza como necesaria la *inclusión de las sectoriales responsables de la provisión de las políticas universales* en este diálogo sobre las herramientas para el trabajo con familias, considerando, además del trabajo de los técnicos de proximidad, los necesarios cambios al interior de sus instituciones que habiliten accesos reales para el ejercicio de derechos.

Como se plantea en las investigaciones reseñadas, compartimos que el trabajo de proximidad que realizan los equipos técnicos puede facilitar la generación de movimientos para acceder a mejoras en el ejercicio de derechos de los integrantes de las familias atendidas, pero estos cambios no pueden depender exclusivamente de este trabajo (con el riesgo de responsabilización de familias y equipos que esto conlleva).

Creemos que reflexionar sobre la metodología y las herramientas técnicas que se despliegan puede ser un aporte a los programas de proximidad, pero también para las sectoriales a cargo de la provisión de prestaciones y servicios universales, en un afán de que las políticas estatales estén más próximas a la población con mayores niveles de pobreza y vulneración de derechos.

Bibliografía

Álvarez, V, Aszkinas, L., Cal, M., Gradin, V., Pintos, M., Orban, L. y Rocco, B. (2014). "Ejercicio de la parentalidad en sectores de extrema vulneración: un asunto público". En *Parentalidades y cambios familiares. Enfoques teóricos y prácticos*. Montevideo: INAU.

Álvarez, M. y Martínez, L. (2009). Tesis doctoral: *Terapia sistémica basada en la resiliencia. Programa psicoeducativo para personas migrantes latinoamericanas*. Depto. de Psicología, Facultad de FICE, Universidad de Deusto. Bilbao.

Ander-Egg, E. (1982). *Metodología del trabajo social*. Editorial El Ateneo.

Aszkinas, L. y Pintos, M. (2015). "Límites, alcances y tensiones de la intervención familiar: aportes desde el departamento de atención integral a familias". DAIF-MIDES. En *I Coloquio Regional ¿Familias Contemporáneas – Intervenciones Contemporáneas? Familias y Nueva Matriz de Protección Social*. Universidad de la República, Departamento de Trabajo Social.

Baráibar, X. (2009). "Tan cerca, tan lejos: acerca de la relevancia "por defecto" de la dimensión territorial y sus impactos en la práctica profesional". *Revista Fronteras*. Montevideo.

Baráibar, X. (2014). "Entre el reconocimiento y la renuncia: posibilidades y límites de la política asistencial a partir de la experiencia uruguaya". Artículo presentado en IX Jornadas de Investigación, Docencia, Extensión y Ejercicio Profesional: transformaciones sociales, conflictos emergentes y políticas públicas en la Argentina contemporánea, organizado por Facultad de Trabajo Social, Universidad Nacional de La Plata.

Barudy, J. y Dantagnan, M. (2010). *Los desafíos invisibles de ser madre o padre. Manual de evaluación de las competencias y la resiliencia parental*. Barcelona. Editorial Gedisa.

Blaxter, L., Hughes, C. y Tight, M. (2000). *Cómo se hace una investigación*. Barcelona: Editorial Gedisa.

Bourdieu, P. *et al*. (1999). *La miseria del mundo*. Madrid: Ediciones Akal.

Bronfenbrenner, U. (1987). *La ecología del desarrollo humano*. Buenos Aires: Paidós.

Cabella, W. (2007). "El cambio familiar en Uruguay: una breve reseña de las tendencias recientes". *Serie Divulgación* 17, UNFPA.

Cabral, A., Cantarini, I. y Núñez, M. (2015). "Dispositivo de acompañamiento familiar: entre la vigilancia de la vida cotidiana y el fortalecimiento de las capacidades familiares". Artículo en I Coloquio Regional ¿Familias Contemporáneas – Intervenciones Contemporáneas? Familias y Nueva Matriz de Protección Social. Universidad de la República, Departamento de Trabajo Social.

Cal, M. (2015). "Concurrencias, coincidencias y cercanías. Aportes de las metodologías de proximidad para el abordaje de poblaciones en situación de extrema vulneración de derechos". Artículo en I Coloquio Regional ¿Familias Contemporáneas – Intervenciones Contemporáneas? Familias y Nueva Matriz de Protección Social. Universidad de la República, Departamento de Trabajo Social.

Castel, R. (2005). "El proceso de individualización: fragilización de los soportes de identidad frente a las transformaciones del capital y del trabajo". En G. Sosto (coord.). *Las manifestaciones actuales de la cuestión social*. UNESCO. Instituto di Tella.

Castel, R. (2004). *La inseguridad social*. Buenos Aires: Ediciones Manantial.

Cercanías (2016a). Estrategia Nacional de Fortalecimiento de las Capacidades Familiares. Modelo de atención. MIDES, INAU, ANEP, ASSE, MVOTMA, MTSS, MSP, BPS. Montevideo.

Cercanías (2016b). Estrategia Nacional de Fortalecimiento de las Capacidades Familiares. Manual de procedimientos. MIDES, INAU, ANEP, ASSE, MVOTMA, MTSS, MSP, BPS. Montevideo.

Chiesa, M., Chirelo, N., Ganduglia, N., Lazaga, P., López, A., Oliveri, L. y Pérez, I. (2015). "Múltiples hilos de una acción educativa: los procesos de crecimiento en familias integradas a un programa de proximidad". En I Coloquio Regional ¿Familias Contemporáneas – Intervenciones Contemporáneas? Familias y Nueva Matriz de Protección Social. Universidad de la República, Departamento de Trabajo Social.

Colapinto, J. (1986). "La terapia familiar como actitud". En *Sistemas familiares*. Buenos Aires.

Dabas, E. (1998). *Redes sociales, familias y escuela*. Ed. Paidós.

De Martino, M. (coord.) (2015). I Coloquio Regional ¿Familias Contemporáneas – Intervenciones Contemporáneas? Familias y Nueva Matriz de Protección Social. Universidad de la República, Departamento de Trabajo Social.

DINEM-MIDES (2014). Primer informe de monitoreo del programa Cercanías. Documento de trabajo n.º 31.

DINEM-MIDES (2014). Informe de evaluación cualitativa del programa Cercanías. Documento de trabajo n.º 28.

Dowling, E. y Osborne, E. (1996). *Familia y escuela: una aproximación conjunta y sistémica a los problemas infantiles*. Ed. Paidós.

Elkaïm, M. (2000). *Las prácticas de la terapia en red*. Ed. Gedisa.

Erickson (1993). *Raíces profundas*. Ed. Paidós.

Fernández, J. (2011). "Informe final de consultoría: Bases para el diseño de una Estrategia de Intervención Integral con Familias en situación de vulnerabilidad". Consejo Nacional de Políticas Sociales. Sub-Comisión de Familia.

Guerrero, D. (2016). "Intervención del psicólogo en metodología de proximidad. El caso del programa Cercanías". Tesis de grado. Facultad de Psicología, UDELAR.

Gimeno, A. (1999). *La familia: el desafío de la diversidad*. Barcelona: Editorial Ariel.

González, C. y Leopold, S. (2014). "Características de las políticas asistenciales en Uruguay". Artículo presentado en IX Jornadas de Investigación, Docencia, Extensión y Ejercicio Profesional.

González, C. y Leopold, S. (2015). "Los límites de la asistencia: Análisis del programa social uruguayo 'Cercanías'". Serv. Soc. Soc., n.º 124, pp. 746-771. Disponible en https://bit.ly/2Xr27j0.

González, M. L., Vandemeulebroecke, L. y Colpin, H. (2001). *Pedagogía familiar. Aportes desde la teoría y la investigación.* Montevideo: Ediciones Trilce.

Gordillo Forero, N. A. (2007). "Metodología, método y propuestas metodológicas en trabajo social". *Tendencia & Retos*, n.º 12, pp. 119-135.

Gradin, V. (2017). "Lo que implica acercarse. Tensiones y desafíos en el trabajo de proximidad con familias en situación de extrema pobreza". En MIDES-DAIF (2017). *Posibilidades, tensiones y desafíos de la intervención social. Notas desde la práctica.* Montevideo: Ministerio de Desarrollo Social.

Gutiérrez, A., Waisrub, D., Revetria, R., Arenas, L., Domínguez, G., Camallonga, S. y Fryd, P. (2015). "Protección, cuidados y corresponsabilidad. Desafíos y tensiones". ETAF ACJ de Piedras Blancas y Manga. Artículo en I Coloquio Regional ¿Familias Contemporáneas – Intervenciones Contemporáneas? Familias y Nueva Matriz de Protección Social. Universidad de la República, Departamento de Trabajo Social.

Haley, J. (1993). *Terapia no convencional.* Buenos Aires: Amorrortu Editores.

Jelin, E. (2005). "Las familias latinoamericanas en el marco de las transformaciones globales: hacia una nueva agenda de políticas públicas". En CEPAL. *Reunión de expertos: políticas hacia las familias, protección e inclusión sociales.* Santiago de Chile: CEPAL.

Leopold, S., González Laurino, C., Baráibar, X. y Paulo Bevilacqua, L. (Abril 2015). "Las trayectorias de inclusión como estrategias de integración social". En *Cuadernos de Ciencias Sociales y Políticas Sociales. 2*. Departamento de Trabajo Social de la Facultad de Ciencias Sociales de la Universidad de la República, Dirección Nacional de Evaluación y Monitoreo del Ministerio de Desarrollo Social.

Mergel, G., Pérez, L. y Torre, V. (2015). *Análisis y propuesta de operacionalización del derecho a vivir en familia*. Convenio: Asociación Pro-fundación para las Ciencias Sociales –MIDES- Cercanías.

Merklen, D. (2005). *Pobres ciudadanos. Las clases populares en la era democrática (Argentina, 1983-2003)*. 1.º ed. Buenos Aires: Editorial Gorla.

Midaglia, C., Castillo, M. y Fuentes, G. (2010). "El significado político de los ministerios sociales en Argentina, Chile y Uruguay". *Estado, Gobierno, Gestión Pública. Revista Chilena de Administración Pública*, n.º 15-16.

Midaglia, C. y Robert, P. (2001). "Uruguay: un caso de estrategias mixtas de protección para los sectores vulnerables". En A. Ziccardi (comp.). *Pobreza, desigualdad social y ciudadanía. Los límites de las políticas sociales en América Latina*. Buenos Aires: CLACSO.

Minuchin, S. y Fishman, H. C. (1984). *Técnicas de terapia familiar*. Buenos Aires: Paidós.

Minuchin S. (1985). *Caleidoscopio familiar*. Buenos Aires: Paidós.

Minuchin, P., Colapinto, J. y Minuchin, S. (2000). *Pobreza, institución, familia*. Buenos Aires: Amorrortu Editores.

Minuchin, S. y Nichols, M. P. (1994). *La recuperación de la familia. Relatos de esperanza y renovación*. Ed. Paidós.

Mioto, R. (2010). "Família, trabalho com famílias e Serviço Social". En *Serviço Social em Revista*, vol. 12, n.º 2.

Ramírez, L., Esteban, R., Colman, J. y Meerovich, M. (2015). "Análisis del trabajo educativo social con familias. Entrecruzamiento del trabajo de tres dispositivos". En I Coloquio Regional ¿Familias Contemporáneas – Intervenciones Contemporáneas? Familias y Nueva Matriz de Protección Social. Universidad de la República, Departamento de Trabajo Social.

Rieiro, A., Pena, D., Marssani, Ana., Ferrigno, F. y Bentancor, V. (2015). *Sistematización y reflexiones en torno a: "Experiencias multifamiliares y/o colectivas en el Programa Cercanías".* Convenio: Asociación Pro-fundación para las Ciencias Sociales –MIDES-Cercanías.

Rodrigo, M. J. y Palacios, J. (coord.) (1998). *Familia y desarrollo humano.* Madrid: Alianza Editorial.

Rovere, M. (1999). *Redes en salud, un nuevo paradigma para el abordaje de las organizaciones y la comunidad.* Rosario: Secretaría de Salud Pública, Municipalidad de Rosario.

Speck, R. y Attneave, C. (1974). *Tejiendo redes.* Buenos Aires: Amorrortu Editores.

Svampa, M. (2000). *Desde abajo. La transformación de las identidades sociales.* Buenos Aires: Editorial Biblos.

Teubal, R. y colaboradoras (2001). *Violencia familiar, trabajo social e instituciones.* Buenos Aires: Paidós.

Varela, P. (2009). "Territorios de sujetos peligrosos". En *Revista Lucha de Clases*, n.º 9.

Vidal, R. (1991). "Conflicto psíquico y estructura familiar". En *Enciclopedia de psiquiatría.*

Walsh, F. (2005). *Resiliencia familiar.* Buenos Aires: Amorrortu Editores.

Watzlawick, P., Weakland, J. H. y Fisch, R. (1976). *Cambio: formación y solución de los problemas humanos*. Barcelona: Editorial Herder.

Wittezaele, J. J. y García, T. (1994). *La Escuela de Palo Alto*. Barcelona: Editorial Herder.

Welter Enderlin, R. y Hilderbrand, B. (1996). *La terapia sistémica como encuentro*. Barcelona: Editorial Herder.

Anexo

Cuadro 1. Resumen sobre encuadre y estrategias

Encuadre	Estrategias
Disponibilidad afectiva	-Acomodación. -A través de la palabra, del lenguaje corporal, del humor. -Establecimiento del *joining*. Sintonizarse con las personas, generar empatía, lograr la confianza mutua.
Distancia óptima vs. implicancia	Pautar límites claros. Prevenir riesgo de sobreimplicación.
Espacio	-Cotidianeidad. -Variación de espacios que habiliten construcción del vínculo.
Tiempos	-Frecuencia. -Periodicidad en el encuentro (pautar días y horarios claros). -Presencia estable (física o referencia por otros medios). -Consideración de tiempos de terceros (institucionales, vecinales, familia extensa, etc.). -Calcular tiempos de las soluciones posibles (movimientos familiares, personales, institucionales).

Grupalidad	-Dimensionar el sistema familiar (distinguir alianzas, coaliciones, roles, jerarquías, ciclo vital, su relación con el entorno). -Definir estrategias hacia el grupo y dentro del grupo con individuos o subsistemas.
Equipo	-Planificación. -Registro y evaluación. -Trabajo en duplas flexibles en covisión. -Formación, interdisciplina, aportes de cada disciplina (elementos psicosociales/educativos/asistenciales). -Cuidado de equipo.
Supervisión técnica	-Análisis de la práctica (genograma, mapa de red, *role-play*, ateneo). -Acompañamiento en situaciones complejas (con familias o instituciones). -Análisis y evaluación del funcionamiento del equipo (FODA, trabajo con registros). -Orientación y devolución (entrevistas grupales e individuales). -Contención, reconocimiento.
Articulación interinstitucional	-Trabajo en red (mapa de red, red focal, entrevista de concertación, bilaterales de coordinación, participación en nodos o comités). -Mediar con las instituciones (diálogo entre historia oficial e historización familiar, presentación, acompañamiento en inicio de gestiones, apoyo al seguimiento de trámites). -Fortalecimiento de los integrantes de la familia sobre sus derechos como usuarios de prestaciones o programas (prescripciones, capacitación, difusión).
Postura ética	-Respeto. -Trabajo con base en acuerdos dentro de un marco de protección de derechos.

Cuadro 2. Resumen sobre herramientas por etapas de la intervención

Etapa	Herramientas
Diagnóstico	-Contacto previo con derivante. -Búsqueda de instituciones con las que la familia está vinculada. -Mapa de red, redes focales. -Presentación (claridad en discurso, folletería). -Acomodación (establecimiento de *joining*). -Observación. -Entrevista, genograma. -Inicio de construcción de historia familiar. -Técnicas narrativas y lúdicas.
Plan y seguimiento	-Mapa de red, redes focales, observación. -Entrevista, genograma. -Historización (a través de línea de tiempo, *collage*, fotografías, técnicas gráficas). -Reformulaciones a través de técnicas narrativas y lúdicas. -Reestructuración. -Prescripciones. -Técnicas emocionales (reparación, reconocimiento, consuelo). -Paradojas Talleres. -Actividades multifamiliares. -Uso de materiales didácticos (folletos, libros, juegos, aplicaciones digitales). -Apoyos para afrontar situaciones de crisis. -Técnicas gráficas o imágenes para visualizar proceso (avances, logros, retrocesos).
Cierre	-Entrevistas de evaluación y devolución. -Hitos de cierre y despedida. -Redes focales (para cierre y seguimiento). -Genograma evolutivo (que muestre el proceso). -Técnicas narrativas y lúdicas, y actividades multifamiliares de cierre. -Entrega de materiales didácticos (folletos, carpetas, etc.).

III. Luchas, resistencias y actores emergentes

Construindo "Sujeitos de direito"

O problema da diferença na universalização do direito ao trabalho associado e à economia solidária no Brasil

JOANNES PAULUS SILVA FORTE

Resumo

Esta reflexão surgiu de meu projeto de doutorado sobre o processo sociopolítico de institucionalização da economia solidária, via regulação social e jurídica no Brasil, desenvolvido no Programa de Pós-Graduação em Ciências Sociais da Universidade Estadual de Campinas (UNICAMP). A partir de 2003, ao se institucionalizar como política pública de trabalho e renda no âmbito da Secretaria Nacional de Economia Solidária (SENAES) do Ministério do Trabalho e Emprego (MTE), a economia solidária foi tomada, de forma crescente, pela agenda do combate à pobreza e à exclusão social. Passados três governos do Partido dos Trabalhadores (2003 a 2014), vê-se uma incorporação da economia solidária ao "Plano Brasil Sem Miséria", uma estratégia da política pública federal que, a partir das ações dos maiores *agentes institucionais* da economia solidária (Igreja Católica, movimentos sociais e Estado), reserva recursos públicos às "organizações da sociedade civil" (OSCs), tais como ONGs, movimentos sociais, entidades de representação de trabalhadores associados, núcleos universitários, Incubadoras Tecnológicas de Cooperativas Populares-ITCPs, estados e municípios, para viabilizar o acesso ao direito ao trabalho associado e à economia solidária aos trabalhadores associados, sobretudo aqueles que vivem em situação de "extrema pobreza". Nesse processo, os trabalhadores, nomeados inicialmente pela Cáritas Brasileira-CB (Igreja Católica), e, por conseguinte, pelos outros dois grandes *agentes institucionais* como "protagonistas" da economia solidária, passam a ser, principalmente a partir de 2010, com a realização da II Conferência Nacional de Economia Solidária (CONAES), os "sujeitos de direito" aos quais o Estado deve atender, mediante a interlocução com as "organizações da sociedade civil", para garantir-lhes o direito ao trabalho associado e à economia solidária. É no cenário de contradições entre a alternativa ao desemprego, o *projeto político* de alternativa ao capitalismo e a inclusão social com o direito ao trabalho associado e à economia solidária no próprio capitalismo, que os "sujeitos de direito" surgem como produto de um processo sociopolítico que visa a universalização de um direito. Nesse sentido, o objetivo deste *paper* é analisar o problema da diferença na universalização do direito ao trabalho associado e à economia solidária a partir das especificidades de trabalhadores de distintas visões de mundo e de diferentes formas de ser e de viver, oriundos de periferias urbanas, de comunidades rurais, indígenas e quilombolas. Homens e mulheres de variados matizes, porém, todos tomados pelos *agentes institucionais* da economia solidária, homogeneamente, como "sujeitos de direito" em meio a formas de discriminação e de exclusão que impedem a assimilação da diferença na universalização do direito ao trabalho associado e à economia solidária, no Brasil.

Palavras-chave

Sujeitos de direito; Diferença; Universalização.

Situando o debate sobre os chamados "sujeitos de direito" da economia solidária

Esta reflexão surgiu de meu projeto de doutorado sobre o processo sociopolítico de institucionalização da economia solidária, via regulação social e jurídica, no Brasil, desenvolvido no Programa de Pós-Graduação em Ciências Sociais da Universidade Estadual de Campinas (UNICAMP).

Decorrente do chamado desemprego estrutural que assolou o Brasil nos anos 1990 e início dos anos 2000, a ressurreição da economia solidária (Singer, 2002) trouxe a possibilidade de uma alternativa ao desemprego que, a partir de 2003, com o primeiro governo Lula, deu lugar a um processo de institucionalização que fez da alternativa à crise do emprego uma política pública de geração de trabalho e renda baseada nos princípios da solidariedade, cooperação, autogestão, democracia e cuidado com o meio ambiente. Surge, então, a política pública nacional de economia solidária, cujo dever é atender aos trabalhadores e trabalhadoras associados.

Nesse processo, a Igreja Católica (Cáritas Brasileira – CB) e os demais *agentes institucionais do chamado movimento da economia solidária* (em processo de organização a partir dos anos 2000), nomearam as trabalhadoras e os trabalhadores como "protagonistas" da economia solidária que, no Documento Final da II Conferência Nacional de Economia Solidária – CONAES (BRASIL, 2010), figurarão como "sujeitos de direito" aos quais o Estado deve atender, mediante a interlocução com as "organizações da sociedade civil" (OSCs ligadas a igrejas, movimentos sociais e empresas privadas), para garantir-lhes o direito ao trabalho associado e à economia solidária no Brasil.

Ocorre que a construção simbólica e política desses "sujeitos de direito" é dirigida pela Igreja Católica (CB e Instituto Marista de Solidariedade – IMS), por entidades ligadas ao Movimentos dos Trabalhadores Rurais Sem Terra – MST e à Central Única dos Trabalhadores –

CUT, por diversas OSCs e pelo Estado (a partir da Secretaria Nacional de Economia Solidária – SENAES, do MTE, parlamentares e gestores públicos estaduais e municipais). Esses atores vêm, na sua relação reticular, construindo o argumento político que funda o trabalho associado e a economia solidária como "direito de produzir e viver em cooperação de maneira sustentável" (*ibidem*), mas que, paulatinamente, tem sido efetivado como "inclusão de populações pobres" nos processos de trabalho, de produção, de crédito e de consumo, afastando-se do *projeto político*[1] de uma "outra economia" como alternativa ao trabalho e à produção capitalistas. Esse *projeto político* divulgado é o resultado das disputas e sínteses dos *projetos políticos* dos *agentes institucionais* da Economia Solidária no Brasil: a Igreja Católica, o Estado e os movimentos sociais e diversas OSCs.

Assim, a Economia Solidária aparece de duas formas: 1) como concepção e prática socioeconômica e política que se apresenta como *alternativa ao capitalismo*; e 2) como política pública de *inclusão produtiva* no contexto do combate à pobreza e à *exclusão social*. É importante sinalizar a oposição entre essas duas definições de economia solidária: uma é como alternativa ao capitalismo; e a outra como política pública dentro do capitalismo. No entanto, as duas possuem uma articulação contraditória, visto que os *agentes institucionais* que movimentam o discurso da alternativa ao capitalismo, da "outra economia", são os mesmos que atuam na concepção, no planejamento e na execução da política com acesso a recursos públicos.

---

[1] Para Dagnino (2002, p. 298), *projeto político* em uma perspectiva gramsciana designa "(...) o conjunto de crenças, interesses, concepções de mundo, representações do que deve ser a vida em sociedade, que orientam a ação política dos diferentes sujeitos".

Na minha visão, tanto o projeto de alternativa ao capitalismo como a política pública de combate à "pobreza" e à "exclusão social" estão envolvidos por uma rede de redes. Chamo de *rede de redes da economia solidária* a articulação política de atores e agentes institucionais – Partido dos Trabalhadores (PT), Igreja Católica, movimentos sociais, OSCs, sindicatos, universidades e Empreendimentos Econômicos Solidários (EES) –, que, em um constante intercâmbio de discursos e práticas políticas, harmonizam-se e conflitam-se na composição de uma complexa rede, da qual estes compõem cada um de seus nós.

Portanto, o que aqui se denomina *rede de redes da economia solidária* é o recurso teórico-metodológico com o qual abordo o chamado "movimento de economia solidária", assim nomeado pelos protagonistas da referida atividade, os quais agem no processo sociopolítico de regulação da economia solidária para a construção de uma política pública nacional.

Com base no trabalho de Scherer-Warren (2013), percebe-se como os movimentos sociais articulados em *rede* compartilham as suas diversidades e até chegam a incorporar peculiaridades uns dos outros. Nesse sentido, Lima (2015) diz que não se pode afirmar que o Movimento da Economia Solidária tem sua origem nas demandas específicas de grupos sociais. Sua constituição parte da incorporação de demandas de vários movimentos, originando um movimento maior, o que, teoricamente, pode ser considerado como *rede de movimentos sociais* (Scherer-Warren, 2013).

A *rede* à qual me refiro articula atores da *sociedade civil*[2] e do *Estado*, o que aparece claramente nas plenárias e nas conferências de economia solidária, as quais são espaços de discussão e de deliberação sobre a política pública de economia solidária, em nível municipal, estadual e nacional, com a finalidade de consolidar o direito ao trabalho associado e à economia solidária e de construir planos municipais, estaduais e o Plano Nacional de Economia Solidária (BRASIL, 2015) a ser seguido pelo Governo Federal no quadriênio 2016-2019.

É no cenário de contradições entre a alternativa ao desemprego, o *projeto político* de alternativa ao capitalismo e inclusão social com o direito ao trabalho associado e à economia solidária, no próprio capitalismo, que os "sujeitos de direito" surgem como produto de um processo sociopolítico que visa a universalização de um direito.

---

2 Para desconstruir a versão generalizadora da sociedade civil "como um polo de virtudes democratizantes", é indispensável lembrar da análise de Dagnino (2004). A autora chama atenção para a confluência perversa (ibidem, p. 96) que marca a década de 1990, já na vigência da CF/1988, quando ocorre uma confluência entre o projeto neoliberal e o projeto democrático no que se refere à atuação de atores sociais e diversas OSCs que se apresentam como sociedade civil, tomando para si o papel estatal de prestação de atividades essenciais, tais como a educação escolar, a qualificação para o trabalho, o planejamento urbano e a saúde pública, e as garantias fundamentais dos cidadãos brasileiros, enquanto o Estado foi se retirando de sua responsabilidade com os direitos sociais. Analisando esse cenário, Dagnino (2004) não deixou escapar as ONGs e as fundações privadas que se vinculam aos interesses neoliberais da classe empresarial, e que também se classificaram como "sociedade civil". Considerando as contradições analisadas por Dagnino (2004), esclareço que adoto o conceito de sociedade civil para abranger especialmente as chamadas "organizações da sociedade civil" (organizações sociais e religiosas) e movimentos sociais constitutivos do Movimento da Economia Solidária, que se relaciona com o Estado brasileiro a fim de consolidar a Economia Solidária como política pública nacional.

O trabalho associado e a economia solidária como um direito da cidadania

O "protagonista" da política pública de economia solidária é o "pobre" – "excluído" – "trabalhador associado", o sujeito da ação das entidades religiosas (especialmente da Igreja Católica), ONGs, movimentos sociais e Estado, que é conduzido ao lugar de "cidadão" pelo Movimento da Economia Solidária e pelos *espaços públicos*[3] criados na articulação entre o movimento e os governos, na relação *sociedade civil* e *Estado*, a exemplo da Conferência Nacional de Economia Solidária – CONAES e do Conselho Nacional de Economia Solidária – CNES.

A consequência política e jurídica da construção simbólica desse sujeito "pobre" – "excluído" – "trabalhador associado" – "protagonista" – "cidadão" foi a criação de leis,

---

3   Para Habermas (1997), o espaço público é um lugar de debate onde todos os diferentes, orientados pelo bem comum, debatem e decidem como se fossem iguais. Porém, conforme Fraser (1995), no espaço público a democracia só seria sustentada com a necessária existência dos chamados contra-públicos subalternos. Na crítica ao conceito de espaço público de Habermas, Fraser (1995) destaca a existência de constrangimentos que demarcam relações de poder desiguais entre os diferentes que os impossibilitam de debater e de decidir como se fossem iguais. Por essa razão, a autora fala dos contra-públicos subalternos para destacar os espaços alternativos onde os subalternos têm a oportunidade de refletir com seus iguais para conseguir elaborar a sua própria função, e, assim, definir o seu lugar diante das formas de opressão e de construção de seus argumentos nos grandes espaços públicos a fim de institucionalizar suas demandas, o que pode ocorrer por meio da criação de leis que instituam políticas públicas. De todo modo, é importante salientar que Habermas reconhece a existência de relações de poder no interior dos contextos concretos de comunicação. Contudo, de acordo com seu conceito normativo de entendimento, este só é possível se os argumentantes pressupuserem como efetiva uma comunicação que se desenrole no âmbito de uma situação ideal de fala, que funcionaria como uma antecipação contrafática inevitável, mesmo em contextos distorcidos de comunicação (Mccarthy, 1995, p. 315-413). Para Telles (1994), o espaço público é o local onde os conflitos são reduzidos com o reconhecimento de direitos, os quais são tomados pela autora como forma de sociabilidade e regra de reciprocidade que vão além das garantias escritas nas leis e instituições, referindo-se sobretudo a uma forma específica de regulação das relações e dos conflitos sociais.

órgãos e programas em mais de 200 municípios e em pelo menos 16 estados brasileiros nos quais iniciativas de economia solidária são tomadas como política pública.

No nível federal, leis e decretos foram criados a partir de 2003, com o primeiro governo do Partido dos Trabalhadores-PT. No mesmo ano, ocorreu, via Projeto de Lei do Poder Executivo, a criação da Secretaria Nacional de Economia Solidária – SENAES e do Conselho Nacional de Economia Solidária – CNES[4].

É no documento das resoluções da II Conferência Nacional de Economia Solidária – CONAES, homologado pelo Ministério do Trabalho e Emprego – MTE, que se destaca o reconhecimento necessário de um "novo sujeito social", identificado pela primeira vez em um documento público proveniente da relação entre o Movimento da Economia Solidária e o *Estado*. Sobre esse reconhecimento, vejamos o que consta da seção intitulada *Direito a formas de organização econômica baseadas no trabalho associado, na propriedade coletiva, na cooperação, na autogestão, na sustentabilidade e na solidariedade, como modelo de desenvolvimento*, do documento final das resoluções da II CONAES:

II.1. O direito a outra economia para outro desenvolvimento

....

(...) a Economia Solidária afirma a emergência de um novo sujeito social composto de trabalhadoras(es) associadas(os) e consumidoras(es) responsáveis, conscientes e solidárias(os), portadoras(es) de possibilidades de superação das contradições próprias do capitalismo, caracterizando-se, portanto, como um processo revolucionário (I Conaes, Res. 11).

Ao reconhecer a existência deste sujeito social e das potencialidades emancipatórias da Economia Solidária é igualmente necessário reconhecer novos direitos de cidadania para as formas de organização econômica baseadas no trabalho

---

4   A criação da SENAES e do CNES, no âmbito do MTE, ocorreu com a Lei nº 10.683, de 28 de maio de 2003, e a regulamentação de ambos os órgãos pelo Decreto nº 4.764, de 24 de junho de 2003.

associado, na propriedade coletiva, na cooperação, na auto-gestão, na sustentabilidade e na solidariedade. Além disso, é necessário implantar e efetivar o acesso aos bens e recursos públicos de forma subsidiada e diferenciada para seu desenvolvimento, tal qual ocorre com outros segmentos sociais, para garantir a capacidade produtiva e organizativa de todos os indivíduos que participam do movimento de economia solidária, sem discriminação de raça, gênero, classe social, etnia, de pessoas com deficiências e de pessoas em desvantagem ou em vulnerabilidade social (BRASIL, 2010, p. 20).

Mesmo com a consideração de que "(...) todos os indivíduos que participam do Movimento da Economia Solidária, sem discriminação de raça, gênero, classe social, etnia, de pessoas com deficiências e de pessoas em desvantagem ou em vulnerabilidade social", são os "Empreendimentos Econômicos Solidários (EES) e seus participantes" os "sujeitos de direito", e não cada cidadã e cidadão individualmente.

Vê-se que o "novo sujeito social" que emerge com a economia solidária é apresentado como "sujeitos de direito". Percebe-se que o processo sociopolítico de institucionalização da economia solidária, via regulação social e jurídica, segue com um foco maior nos EES, aos quais os cidadãos e cidadãs brasileiras devem estar vinculados – ou pretendam se vincular – para que sejam considerados "sujeitos de direito".

As diferenças que envolvem mulheres, idosos, povos indígenas, quilombolas, populações ribeirinhas, pessoas com deficiência física, mental e sensorial e adeptos de religiões de matriz africana foram contempladas da página 35 a 38 do Documento Final da II CONAES, tendo sido destacadas como políticas estruturantes "(...) no que se refere ao desenvolvimento da sociedade brasileira" (BRASIL, 2010, p. 35). Por isso, seriam importantes para a Política Nacional de Economia Solidária.

No entanto, o mesmo não ocorre em relação a uma abordagem mais ampla de direitos humanos, haja vista que há uma sintomática exclusão de associações de profissionais do sexo e da população de lésbicas, gays, bissexuais, travestis e transgêneros (LGBT) das ações institucionais que envolvem a direção da Igreja Católica, com OSCs e movimentos sociais no contexto da relação entre *sociedade civil* e *Estado*.

Acrescenta-se que, algumas categorias, como "gênero", estão circunscritas em um limite de possíveis valores morais religiosos, razão pela qual imprimem-se como "gênero" ou "relações de gênero" as relações entre homens e mulheres, não havendo nenhum debate que desnaturalize a categoria "gênero" e que ultrapasse a dicotomia "homem-mulher". Com isso, não há um debate sobre gênero e sexualidade que seja incorporado pelos documentos oficiais de modo a reconhecer a heterogeneidade de homens e mulheres que vivem mergulhados em desigualdades e em formas diversas de opressão.[5]

Assim, apesar de o direito ao trabalho associado e à economia solidária ser construído de modo a incorporar uma série de diferenças ligadas a várias categorias sociais, ele continua a ocorrer dentro dos limites morais e políticos de sua universalização, o que tem deixado de fora

---

[5] O Documento da V Plenária Nacional do FBES, realizada em dezembro de 2012, trouxe, pela primeira vez, o registro de uma preocupação com os direitos humanos de pessoas identificadas com a sigla LGBT, embora seja uma categoria perceptivelmente marginal na articulação política da economia solidária, estando embutida na categoria amorfa "diversidades", juntamente com "(...) pessoas com deficiências, geracional, dentre outros" (FBES, 2013, p. 54). A sigla LGBTT aparece no Plano Nacional de Economia Solidária (2016-2019) apenas uma vez, juntamente com diversas categorias de sujeitos, nos objetivos específicos do "Eixo Educação e Autogestão" (BRASIL, 2015, p. 30). Numa leitura atenta do documento, percebe-se como pessoas gays, lésbicas, travestis, transexuais e transgêneros estão bastante ausentes da construção da categoria "sujeitos de direito". Quanto às associações de profissionais do sexo, elas sequer são mencionadas. Essa presença pontual da categoria LGBTT, por exemplo, está relacionado a alguns atores sociais e entidades que atuam na rede de redes, a exemplo da Guayí, vinculada à DS/PT e à Marcha Mundial das Mulheres, que dialogava, com maior proximidade, com a SENAES, e com maior distância, com FBES, dirigido pela matriz religiosa. Mais recentemente, a partir de 2015, o coletivo Juventudes e Economia Solidária (JUVESOL), ligado política e ideologicamente à UNISOL Brasil, tem feito o debate sobre diversidade em sentido amplo, envolvendo relações de gênero, feminismo e cidadania LGBT.

categorias que não têm sido reconhecidas como integrantes dos EES como "novo sujeito social", tampouco como "sujeitos de direito".

Como ter uma "outra economia", apresentada institucionalmente como forma de garantir o direito ao trabalho associado aos "(...) indivíduos que participam do movimento de economia solidária, sem discriminação de raça, gênero, classe social, etnia, de pessoas com deficiências e de pessoas em desvantagem ou em vulnerabilidade social" (*ibidem*, p. 20)? Eis uma questão dirigida ao Movimento da Economia Solidária (com toda a sua heterogeneidade), que defende uma vida baseada na solidariedade e na justiça social.

O problema da diferença na universalização do direito ao trabalho associado e à economia solidária no Brasil

Na abordagem da universalização do direito ao trabalho associado e à economia solidária, Santos (1997), Segato (2006) e Montero (2012) são os autores com os quais dialogo para compreender a construção do "sujeito" desse direito em um cenário de contradições que envolve a sobreposição de costumes, lutas simbólicas entre comunidades morais, disputas por legitimidades e construção de consensos.

Boaventura de Sousa Santos (1997) analisa os problemas do *localismo globalizado* e do *globalismo localizado*[6] para mostrar como determinadas culturas acabam ocupando uma posição central, sobrepondo-se a todas as demais. Para o autor, a própria Declaração Universal dos Direitos Humanos, da Organização das Nações Unidas – ONU (1948), traz como direitos humanos um produto dos *países vencedores* após a Segunda Guerra Mundial, deixando

---

6   O *localismo globalizado* consiste no processo pelo qual determinado fenômeno local é globalizado com sucesso. O *globalismo localizado* consiste no impacto específico de práticas e imperativos transnacionais nas condições locais (SANTOS, 1997, p. 16).

de lado crenças, valores e normas das culturas de vários povos e países, como os países africanos, asiáticos, latino-americanos, povos de religião islâmica, povos indígenas etc.

Para superar o problema da universalização dos direitos humanos que ocorre pela atuação do Estado nacional, criador de leis e regulamentações reprodutores da sociedade, universalizando direitos sem maior atenção às diferenças, Santos (1997) propõe uma concepção multicultural dos direitos humanos, que considera os elementos culturais específicos e gerais no contexto da globalização. Segato (2006) nos conduz ao debate sobre o movimento de expansão dos chamados direitos universais, produzidos em um contexto de desigualdade e dominação de um grupo sobre o outro, levando a uma relação entre lei e costume do grupo dominante que tem lugar na ideia de "sociedade nacional".

Com essa constatação, Segato (2006, p. 212) endossa a crítica à concepção de sociedade nacional destacada por ela e opta "(...) por uma visão contratualista de nação segundo a qual a lei deve mediar e administrar o convívio de costumes diferentes, ou seja, a convivência de comunidades morais distintas".

Na mesma linha de Boaventura de Sousa Santos (1997), no que se refere ao que o autor chama de *localismo globalizado*, Segato (2006) argumenta que quando a lei adere a um dos códigos morais particulares, sobrepondo-o normativamente a todas as pessoas de todas as comunidades morais existentes em um território nacional, teríamos o que ela chama de *localismo nacionalizado*:

> Quando a lei adere a uma das tradições, ou seja, a um dos códigos morais particulares que convivem sob a administração de um Estado Nacional, e se auto-representa como algo indiferenciado com relação a esse código, encontramo-nos diante do que poderíamos chamar de 'localismo nacionalizado', dirigindo ao universo da nação a mesma crítica que levou Boaventura de Sousa Santos a formular a categoria

'localismo globalizado', para descrever o processo arbitrário de globalização de valores locais (Sousa Santos, 2002) (Segato, 2006, p. 212).

Na direção do argumento de Segato (2006), vemos como um grupo dominante pode se impor aos grupos dominados pelo uso da lei, pois, como comunidade moral, o grupo dominante estabelece a lei ligada aos seus costumes, afirmando a lei como uma expressão máxima de uma "sociedade nacional".

Com Segato (2006), é possível olhar o texto da lei, em meio às lutas simbólicas e às disputas por legitimidade, como fundamental para unificar uma posição pretensamente nacional a respeito de determinados temas (*ibidem*, p. 212-213).

A reflexão de Segato (2006) é fundamental para entendermos os porquês relacionados à ausência de certas comunidades morais – a exemplo das que endossam os direitos civis de LGBTs e de profissionais do sexo – no processo sociopolítico de regulação da economia solidária no Brasil.

Para articular a discussão sobre a construção de direitos com Santos (1997) e Segato (2006), recorro ao trabalho de Montero (2012) em que a autora articula *cidadania, direitos* e *obrigações*.

A partir de estudos clássicos da antropologia, o direito foi considerado um sistema de regulação das condutas e das obrigações mútuas independentemente da existência de um *Estado* como órgão de governo politicamente organizado e de regulação da vida, instituição presente nas sociedades ocidentais. Dessa forma, inexiste sociedade na qual não haja leis porque todas possuem sistemas de obrigações capazes de promover o controle social (Monteiro, 2012, p. 272).

A autora ratifica que somente nas últimas décadas do século XX a cidadania foi associada às formas de produção de legitimidade, que foram se deslocando do eixo das lutas por redistribuição para o eixo das lutas por reconhecimento identitário. Do econômico ao cultural, o conceito de cidadania passou a incorporar a razão dos conflitos por reconhecimento de identidades coletivas, as quais são baseadas em estruturas produtoras de consenso como língua, etnia e tradição (Montero, 2012, p. 273).

Nesse sentido, Montero (2012, p. 273) afirma que, de modo cada vez mais crescente, foram apresentadas "(...) demandas por direitos em nome deste ou daquele aspecto de uma determinada tradição cultural".

A solução que Montero (2012) apresenta para o paradoxo entre o universalismo e a incorporação das diferenças à cidadania é justamente essa "compreensão contextual" da experiência do agente, o que, para a autora, torna possível "(...) superar as dificuldades do universalismo, e, ao mesmo tempo, construir consensos mais gerais que embasem a cidadania" (*ibidem*, p. 274).

Dialogando com Montero (2012), mais que movimentos sociais, vejo setores da Igreja Católica, ONGs e agentes públicos, articulados em uma *rede de movimentos sociais e entidades*, apresentando, de modo cada vez mais crescente, demandas por direitos dos "pobres" – "excluídos" – "trabalhadores associados" – "protagonistas" – "cidadãos", "sujeitos de direito" da economia solidária, em um contexto no qual os agentes institucionais do Movimento da Economia Solidária estabelecem o "perfil" desses sujeitos, num processo simbólico e político que define quem será nomeado ou não como "sujeitos de direito".

Após o debate com Santos (1997), Segato (2006) e Montero (2012), vejo como a construção dos direitos ocorre em um contexto de diferenças, de lutas simbólicas e de disputas por legitimidade, o que se relaciona à construção de consensos para o estabelecimento de direitos a serem universalizados. Tal universalização é possível sem a anulação das diferenças e dos sujeitos que as expressam? Penso que sim, mas desde que haja o reconhecimento da existência da alteridade pela via do diálogo, da busca de uma "compreensão contextual" (MONTERO, 2012, p. 274) e da compatibilização das diferenças presentes na experiência vivenciada pelos agentes nos empreendimentos de economia solidária dispersos no território brasileiro, os sujeitos a partir dos quais se deve incorporar as diferenças à cidadania na construção do direito ao trabalho associado e à economia solidária.

Quanto às contradições presentes no processo de produção dos "sujeitos de direito", há formas de discriminação e de preconceito que fazem parte dos diversos quadros empíricos da economia solidária, no Brasil. Como exemplo, destaco um trecho de uma entrevista com Madalena[7], agente da Cáritas Arquidiocesana de Fortaleza, realizada durante uma pesquisa sobre o trabalho dos agentes de Cáritas para o desenvolvimento da Economia Popular Solidária no Ceará (2005-2007):

Madalena: você entra em choque porque a composição de uma cooperativa não poderia ter um homossexual na direção muito baseado nesses princípios católicos.
Joannes: isso acontece muito, Madalena? Vocês sempre se tencionam por conta dessas coisas?
Madalena: sim, mas aí eu acho que tachar, tentar enxergar só pelo lado da religião, você meio que limita, porque assim os conflitos e as tensões elas existem não só por isso, mas por eles e principalmente pelo choque de valor de forma global que você vai encontrar em qualquer campo. Por exemplo, se eu quiser tachar pelo lado religioso, o que é pregado é a questão da competitividade que você tem que ser competitivo, e aí é uma linguagem do SEBRAE [Serviço Brasileiro de Apoio às Micro e Pequenas Empresas] e do mundo globalizado, que também tem alguns exageros. O próprio protestantismo, se a gente quiser ver uma veia, a gente puxa. Eu particularmente não fico limitando: 'não, você é muito religioso, você não sei quê', mas, às vezes, acontece você ter núcleos, empreendimentos que são formados por um determinado tipo de religião. Uma vez, eu não trabalhava aqui

---

7   Para preservar a integridade física e moral de meus interlocutores, os seus nomes foram substituídos por nomes de personagens bíblicas do Velho e do Novo Testamento (Forte, 2008).

> na Cáritas, eu trabalhava numa agência de desenvolvimento local de Economia Solidária, na FUNDESOL [Entidade de Apoio e Fomento à economia solidária – EAF] que se localizava em Fortaleza – CE, hoje fechada], e eu era agente de crédito, e tinha um senhor que foi lá pedir financiamento pra gente, pra colocar uma Casa de artigo de umbanda e os outros grupos não queriam, e nós não éramos, e a nossa agência era que não tinha ligação nenhuma com a Igreja, mas como tinha o consórcio desses grupos e o aval solidário coletivo, não queriam que fosse colocada uma, que o recurso destinado na agência fosse destinado a artigo de umbanda. (...) artigos de umbanda, não!
> Joannes: aí ele não pode fazer?
> Madalena: ele fez outro, pra outra coisa, mas sob pressão. Ele mesmo não queria. Ele abriu uma locadora de vídeo.
> Joannes: ele era umbandista?
> Madalena: era. (Forte, 2008, p. 152-153)

Nesse caso, por um lado, luta-se pela garantia do reconhecimento jurídico dos mais diversos formatos de empreendimentos de economia solidária; e por outro, há um conflito entre os trabalhadores, as trabalhadoras de economia solidária, as EAF e o Estado em relação a diversas formas de discriminação negativa. Tais formas de discriminação são principalmente ocasionadas pelo preconceito religioso, étnico-racial e de gênero e sexualidade, conflito que se encontra diluído na categoria "sujeito de direitos".

Considerações finais

As "organizações da sociedade civil" (OSCs), os movimentos sociais, o Estado e a Igreja Católica (CB e IMS) – o mais forte agente no processo de regulação da economia solidária no Brasil – ampliaram, com a II CONAES, os chamados "sujeitos de direito" da economia solidária, chegando a reconhecer, por exemplo, índios e quilombolas. Porém, após a III CONAES, realizada em 2014, e a publicação do

I Plano Nacional de Economia Solidária (BRASIL, 2015), a atuação dos *agentes institucionais da economia solidária* ainda revela obstáculos para o reconhecimento das pessoas adeptas de religiões de matriz africana, e, principalmente, de profissionais do sexo e de pessoas LGBT na categoria "sujeitos de direito", quadro que se mantém inalterado por parte do Movimento da Economia Solidária e dos próprios órgãos estatais responsáveis pela Política Nacional de Economia Solidária nos níveis municipal, estadual e federal do poder executivo.

Assim, a universalização do direito ao trabalho associado e à economia solidária segue em meio a essas contradições, fato que chama atenção para a construção dos direitos da cidadania no risco da sobreposição de um grupo em relação a(os) outro(s), o que tenho observado especialmente em relação à supremacia religiosa do catolicismo e de denominações evangélicas sobre as relações de gênero e sexualidade e sobre as relações étnico-raciais-religiosas, ainda reservando um lugar marginal às pessoas que são profissionais do sexo, LGBT e adeptas de religiões de matriz africana.

O reconhecimento de "novos sujeitos de direito", sem exclusões, passaria pela consideração radical de que o "pobre" – "excluído" – "trabalhador associado" – "protagonista" – "cidadão" é homem, mulher, idoso, jovem, gay, lésbica, bissexual, transgênero, pessoa com deficiência, índio, quilombola, ribeirinho, católico, evangélico, umbandista, candomblecista etc.

Se essa incorporação das diferenças não for levada em consideração, os "sujeitos de direito" da economia solidária serão menos plurais e mais esquadrinhados pelas forças sociais dominantes e normativas que, contraditoriamente, estão fora e dentro da proposta segundo a qual, com solidariedade e justiça social, "outro mundo é possível".

Bibliografía

BRASIL (2010). Ministério do Trabalho e Emprego (MTE). Conselho Nacional de Economia solidária (CNES). *II Conferência Nacional de Economia Solidária – CONAES (Documento Final)*. Brasília-DF.

BRASIL (2015). Ministério do Trabalho e Emprego (MTE). Conselho Nacional de Economia solidária (CNES). *Plano Nacional de Economia Solidária (2016-2019)*. Brasília-DF.

Dagnino, E. (Ed.). (2002). *Sociedade civil e espaços públicos no Brasil.* São Paulo: Paz e Terra; Campinas: UNICAMP, 2002.

Dagnino, E. (2004). Sociedade civil, participação e cidadania: de que estamos falando? In: Mato, Daniel (Ed.). *Políticas de ciudadania y sociedad civil en tiempos de globalización.* Caracas: Faces; Universidad Central de la Venezuela, 2004, p. 95-110.

Forte, J. P. S. (2008). *A Igreja dos homens: o trabalho dos agentes de Cáritas para o desenvolvimento da EPS no Ceará.* Dissertação de mestrado, Universidade Federal do Ceará, Fortaleza, CE, 2008.

Fórum Brasileiro de Economia Solidária (FBES) (2013). V Plenária Nacional de Economia Solidária (Relatório Final). Brasília: FBES, 2013.

Fraser, N. (1995). Rethinking the public sphere: a contribution to the critique of actually existing democracy. In: Ronbins, Bruce (Ed.). *The phantom public sphere.* Minnesota: University of Minnesota Press, 1995.

Habermas, J. (1997). O papel da sociedade civil e da esfera pública política. In: *Direito e democracia: entre facticidade e validade.* Rio de Janeiro: Tempo Brasileiro, 2, 1997, p. 57-121. Tradução: F. B. Siebeneichler. (Trabalho originalmente publicado em 1992).

Lima, J. C. (2015). Economia solidária: de movimento social à política pública. In: Leite, M. P.; Araújo, A. M. C.; Lima, J. C. (Eds.). *O trabalho na Economia Solidária: entre a precariedade e a emancipação*. São Paulo: Annablume, 2015. p. 61-83.

Mccarthy, T. (1995). Fundamentos: una teoria de la comunicacion. In: *La teoria crítica de Jürgen Habermas*. 3. ed. Madrid: Editorial Tecnos, 1995. p. 315-413.

Montero, P. (2012). Cidadania, direitos e obrigações. In: LIMA, A. C. (Ed.). *Antropologia e Direito: temas antropológicos para estudos jurídicos*. Rio de Janeiro: Contra Capa; LACED; Brasília: Associação Brasileira de Antropologia, 2012. p. 271-275.

Santos, B. S. (1997). Por uma concepção multicultural de direitos humanos. *Revista Crítica de Ciências Sociais*, 48, p. 1-32, 1997.

Scherer-Warren, I. (2013). Redes e movimentos sociais projetando o futuro. *Revista Brasileira de Sociologia*, 1 (1), p. 187-217, 2013.

Segato, R. L. (2006). Antropologia e direitos humanos: alteridade e ética no movimento dos direitos universais. *Mana*, 12 (1), p. 207-236, 2006.

Singer, P. (2002). A recente ressurreição da economia solidária no Brasil. In: Santos, B. S. (Ed.). *Produzir para viver: os caminhos da produção não capitalista*. Rio de Janeiro: Civilização Brasileira, 2002. p.81-129.

Telles, V. (1994). A sociedade civil e a construção de um espaço público. In: Dagnino, Evelina (Ed.). *Os anos 90: política e sociedade no Brasil*. São Paulo: Brasiliense, 1994. p. 91-102.

A prática social da Comissão Pastoral da Terra e o impulsionamento de políticas públicas de combate à redução do trabalhador rural à condição análoga à de escravo no Brasil

Luiz Augusto Silva Ventura do Nascimento

Resumo

A exploração do trabalho em condição análoga à de escravo é um problema social, de proporções globais, caracterizado nacionalmente como ilícito criminal pela violação de direitos e garantias dos trabalhadores. Conforme estimativas da Comissão Pastoral da Terra (CPT), entre 25 mil e 30 mil pessoas são, anualmente, constrangidas a trabalhar em condição semelhante à de escravo no Brasil. Os trabalhadores rurais submetidos ao trabalho análogo ao de escravo são formados, na sua grande maioria, pelos excluídos do projeto de modernização agrícola – posseiros expulsos de suas terras, trabalhadores empobrecidos e até mesmo pequenos produtores sem condições financeiras e/ou incentivos fiscais para se modernizarem – indivíduos em situação de vulnerabilidade social e econômica. Então, o objetivo desta pesquisa é estudar a prática social realizada no cenário sociopolítico pelos agentes da CPT, desde a ideia de sua fundação, em 1971, com as quais estes pretenderam mudar a realidade conflituosa e de violação dos direitos dos trabalhadores rurais, tentando fazer com que o governo federal reconhecesse o problema e, juntamente com eles, participasse da formulação de políticas públicas direcionadas à prevenção, ao combate e à erradicação do trabalho análogo ao de escravo na zona rural. O objeto central da investigação sociológica proposta são as atitudes, as ações, as reações, os procedimentos e as práticas sociais desenvolvidas pelos agentes sociais da CPT para incitar o governo federal a formular políticas públicas de supressão ao trabalho análogo ao de escravo. O fundamento teórico está na teoria da agência, da estruturação proposta por Anthony Giddens. Trata-se de uma pesquisa documental com delineamento qualitativo, na qual os documentos são analisados, em profundidade, dentro da perspectiva hermenêutica de John Thompson. Os dados obtidos demonstram que os membros da CPT atuam como agentes sociais (agência humana) posto que, entre uma série de práticas, caracterizam as condições laborais degradantes e de exploração, compreendidas pelos trabalhadores rurais, e que os motivam a se organizarem politicamente. Desse modo, agentes e trabalhadores rurais interferem na realidade violadora de direitos, prática que levou, em 1996, o governo federal a reconhecer publicamente o problema social e abriu canais de participação para os membros da CPT na construção de uma agenda pública – planos nacionais para erradicação do trabalho escravo – em 2003 e 2008 com a finalidade de solucionar o problema e realizar mudança social.

Palavras-chave

Trabalho rural em condição análoga à de escravo; prática social; mudança social.

Introdução

O presente trabalho apresenta os resultados da pesquisa social *A atuação dos agentes da Comissão Pastoral da Terra para impulsionar políticas públicas de combate à redução do trabalhador rural à condição análoga à de escravo*[1] já concluída e apresentada ao Programa de Mestrado em Ciências Sociais da Universidade Estadual de Londrina (UEL).

Quando se reflete sobre o âmbito mundial, pode-se dizer que, mundialmente, cerca de 21 milhões de trabalhadores, ao redor do mundo, são constrangidos às mais diversas situações de violação dos direitos humanos, as quais podem ser consideradas trabalho em condição análoga à de escravo: trabalho forçado, tráfico de pessoas, servidão por dívida, em diversos setores.[2] Essa exploração ilegal possibilita o lucro aproximado de US$ 150 bilhões por ano (*International Labour Office*, 2014), consoante o *Relatório sobre as Estimativas Econômicas Globais do Trabalho Forçado* da *International Labour Office* (ILO), Organização Internacional do Trabalho (OIT), lançado em 20 de maio de 2014.

Atendo-se à realidade brasileira, a Comissão Pastoral da Terra (CPT) apurou, a partir de sua base de dados, que entre 25 mil e 30 mil pessoas são, anualmente, constrangidas a trabalhar em condição semelhante à de escravo (Organização Internacional do Trabalho e Sakamoto, 2006), números que demostram a necessidade de medidas preventivas e de combate para a efetiva erradicação do trabalho análogo ao de escravo.[3]

Cabe frisar que reduzir alguém à condição análoga à de escravo é uma prática criminosa tipificada no artigo 149 do Código Penal Brasileiro, sendo a vítima o trabalhador,

---

1 Dissertação disponível em: https://bit.ly/2IFnhnm.
2 Exploração sexual, agricultura, construção civil, mineração e trabalho doméstico entre outros.
3 "Observação de Xavier Plassat, membro da Coordenação Nacional da Campanha contra o Trabalho Escravo da Comissão Pastoral da Terra: 'O número de 25 mil é uma estimativa proposta pela CPT há três anos, como número mínimo dos trabalhadores rurais anualmente submetidos à escravidão na Amazônia brasileira. Este número não se embasa em nenhuma hipótese científica, mas resulta de interações entre os números anuais de pessoas encontradas pela fiscalização, a observação do fluxo de trabalhadores migrantes nas cidades da região norte [...]" (Organização Internacional do Trabalho e Sakamoto, 2006, p. 23).

rural ou urbano, cujos direitos fundamentais e garantias são violados em virtude do trabalho forçado ou em condições supressoras da dignidade humana dos trabalhadores – condição degradante – ou da jornada exaustiva de trabalho ou ainda daqueles em que a liberdade de locomoção do trabalhador é restringida em razão de contrato fraudulento – por dívida ilegal com o empregador ou seu preposto. Essa última conduta, também denominada de servidão por dívida, pressupõe coação física, psicológica e moral, que obriga o trabalhador a permanecer cativo até a liquidação de débitos que ele contraiu por imposições contratuais fraudulentas. Portanto, existem quatro condutas delitivas (submissão ao trabalho forçado, à jornada exaustiva, a condições degradantes e ocorrência de restrição à locomoção) as quais, conjunta ou isoladamente, configuram o crime:

> Art. 149. Reduzir alguém a condição análoga à de escravo, quer submetendo-o a trabalhos forçados ou a jornada exaustiva, quer sujeitando-o a condições degradantes de trabalho, quer restringindo, por qualquer meio, sua locomoção em razão de dívida contraída com o empregador ou preposto: (Redação dada pela Lei nº 10.803, de 11.12.2003) Pena – reclusão, de dois a oito anos, e multa, além da pena correspondente à violência. (Código Penal, 2013, p. 52).

Vale enfatizar que, ao teorizar sobre o trabalho em condição análoga à de escravo, buscando-se expor amplamente não só a intenção do legislador nacional mas o que acontece na realidade cotidiana dos trabalhadores, pode-se defini-lo como "[...] trabalho humano em que há restrição, em qualquer forma, à liberdade do trabalhador, e/ou quando não são respeitados os direitos mínimos para o resguardo da dignidade do trabalhador". É a negação dos direitos básicos que distinguem o ser humano dos demais seres vivos (Brito Filho, 2006, p. 133).

Retomando-se a questão legal, a alteração do texto adveio com a Lei nº 10.803, de 11 de dezembro de 2003, não havendo, portanto, antes dessa lei qualquer especificação do significado do ilícito penal, o que tornava sua aplicação muito mais difícil ao caso concreto, em razão de cada magistrado interpretar subjetivamente o que era "condição análoga à de escravo" como registrava o antigo texto legal, "art. 149. Reduzir alguém à condição análoga à de escravo. Pena – reclusão, de dois a oito anos" (Código Penal, 2013, p. 52).

Não se pode deixar de mencionar que a alteração do dispositivo criminal resultou de reflexões e pressões políticas de iniciativas não governamentais, bem como do compromisso do governo federal assumido no Acordo de Solução Amistosa firmado entre a CPT, *Center for Justice and International Law* (CEJIL)[4] e *Human Rights Watch*, em consequência da denúncia coletiva à Comissão Interamericana de Direitos Humanos (CIDH) da Organização dos Estados Americanos (OEA), em 22 de fevereiro de 1994 (Organização Internacional do Trabalho e Sakamoto, 2010b):

> Uma grande pressão política nacional e internacional levou a um debate ao mesmo tempo político e jurídico sobre a tipificação do 'trabalho análogo ao de escravo', culminando na alteração em 2003 do artigo 149 do Código Penal Brasileiro, estipulada como uma das ações às quais o Governo Brasileiro se comprometeu no Acordo de Solução Amistosa (Organização Internacional do Trabalho e Sakamoto, 2010a, p. 21).

Definida com mais precisão a regra, esta se tornou mais eficaz e de mais fácil aplicação e não mais dependente de interpretações subjetivas.

Desse modo, fica claro que a categoria "trabalho escravo" materializada legalmente não resulta unicamente de discussões pautadas em parâmetros históricos, filosóficos e jurídicos. Ela derivou, sobretudo, da prática de movimentações sociopolíticas intencionais como resultado de pressões de segmentos da sociedade civil organizada e da

---

4   Centro pela Justiça e o Direito Internacional.

atuação de grupos defensores dos direitos humanos, como a CPT, entre outros (Organização Internacional do Trabalho e Sakamoto, 2010b).

Então, os membros da CPT atuam como agentes sociais – agência humana –, posto que, inseridos em contextos de vulnerabilidade social dos trabalhadores em decorrência, principalmente, da violência, miséria e carência de escolarização e profissionalização, se juntam aos excluídos e se organizam, política e reflexivamente, para articularem ações sociais de mudança da realidade vivenciada no contexto histórico em que estão inseridos, ações estas de combate ao trabalho análogo ao de escravo.

Em decorrência disso, esta pesquisa sociológica tem como objeto central as atitudes, as ações, as reações, os procedimentos e as práticas sociais desenvolvidas, dentro do cenário sociopolítico, pelos agentes sociais da CPT, para pressionar o Estado brasileiro a reconhecer o problema e formular políticas públicas direcionadas à prevenção, ao combate e à erradicação do trabalho análogo ao de escravo na zona rural.[5] O recorte temporal da investigação abrange desde a ideia de fundação da CPT, em 1971, até a formulação do segundo Plano Nacional para Erradicação do Trabalho Escravo em 2008, contemplando também a primeira versão de 2003.

As questões a que se quer responder são: a) Teve a CPT, por meio de seus agentes – práticas e procedimentos – papel e posição social relevantes tanto na identificação do problema social, que reduz o trabalhador rural à condição análoga à de escravo, como na edificação (refinamento) e

---

5 Todo trabalho não-urbano: o cultivo, o extrativismo, a produção agrícola ou lavoura, a pecuária, o corte de cana-de- açúcar, a produção de carvão vegetal, a derrubada de matas para pastagem, o reflorestamento, o corte de madeira, a cadeia produtiva de minério de ferro e o doméstico rural, entre outros labores, que se valem basicamente da força física do trabalhador rural sem necessidade de profissionalização.

na formalização das políticas públicas de combate a essa prática; b) E, se relevante seu papel, quais foram os argumentos utilizados?

Este estudo é uma pesquisa documental que visa analisar os argumentos apresentados nos documentos do Centro de Documentação Dom Tomás Balduino do acervo da CPT Nacional (CDDTB/CPT): *Uma Igreja da Amazônia em conflito com o latifúndio e a marginalização social*, carta pastoral (1971 – Casadáliga); *Resoluções Finais do Encontro de Goiânia* (1975 – CNBB), *Igreja e Problemas da Terra* (1980 – CNBB); e CPT: *Pastoral e Compromisso* (1983 – CPT), e em outros documentos importantes não produzidos pela CPT como: *Relatório da Anti-Slavery International* (1992 – ASI/Sutton); *Perfil dos principais atores envolvidos no trabalho escravo rural no Brasil* (OIT – 2002-2007); *Trabalho escravo: nova arma contra a propriedade privada* (2004 – TFP/Barretto); *II Conferência Interparticipativa sobre Trabalho Escravo e super-exploração em fazendas e carvoarias: Trabalho escravo é crime, desenvolvimento sustentável é vida* (2006 – CDVDH/CB – Centro de Defesa da Vida e dos Direitos Humanos Carmem Bascarán); e *Relatório Especial das Formas Contemporâneas de Escravidão no Brasil* (2010 – ONU).

No geral, a pesquisa busca: conceituar o trabalho em condição análoga à de escravo; apresentar as características socioeconômicas dos trabalhadores rurais submetidos a essa condição[6]; descrever o modo operacional dessa forma

---

[6] Verifica-se que, no contingente de trabalhadores pesquisados, prepondera o gênero masculino, jovem, pela necessidade de esforços físicos, e de baixa escolaridade. Circunstâncias de exaustão e sofrimento reveladas por uma situação de grande vulnerabilidade social e de miséria daqueles que são aliciados são inacessíveis à aplicação da legislação nacional. A baixa escolaridade obsta a qualquer forma de qualificação dos trabalhadores rurais para outras funções, mesmo as do campo. Os números revelam serem essenciais práticas sociais tanto para alfabetização quanto para qualificação profissional.

de escravização contemporânea;[7] discutir, com base em uma sociologia reflexiva, os argumentos empregados nos embates político-jurídicos entre os defensores dos direitos humanos e os apoiadores dos interesses econômicos do agronegócio.

E o faz baseada tanto na conjuntura político-histórico-social brasileira, cuja estrutura social é caracterizada por distribuir assimetricamente o poder, na sociedade, e por contribuir para o agravamento do problema social das formas contemporâneas de escravidão quanto na análise entre a sociedade civil e as agências públicas, expondo a teoria da formação de novos espaços públicos e apresentando as influências contextuais e teóricas para a constituição da CPT.[8]

Além disso, enfoca, também, a prática social da CPT, não só analisando os argumentos da carta pastoral como construção simbólica, pelo fato de ser politicamente orientada com fundamentos teóricos e discurso intencional direcionado à ação política de mudanças da realidade dos trabalhadores rurais que sofrem com a violação dos direitos humanos nas relações de trabalho, mas também expondo a prática social da CPT, desde a sua fundação e demarcando as orientações metodológicas, os objetivos e as práticas sociais da CPT que ensejaram sua participação na construção de políticas públicas brasileiras.

---

[7] O recrutamento dos escravizados ocorre, na grande maioria, em áreas distantes, localidades de extrema miséria, analfabetismo e desemprego. São trabalhadores em situação de vulnerabilidade social. Utilizam-se meios fraudulentos para arregimentá-los e mantê-los na condição análoga à de escravo.

[8] Carta Pastoral, *Uma Igreja da Amazônia em conflito com o latifúndio e a marginalização social* (1971).

Marco teórico-conceitual

A Teoria da Agência, formulada por Anthony Giddens, serve de aporte teórico à presente investigação sociológica por fornecer fundamentos conceituais e analíticos que facultam verificar se a CPT – na qualidade de agência humana, composta por um grupo de indivíduos, que atuam em conjunto com os trabalhadores rurais explorados em suas relações laborais e vinculada à Igreja Católica – foi capaz de processar mudança, na esfera política, para impulsionar políticas de erradicação do trabalho análogo ao de escravo.

Fornece, também, meios para verificar se a CPT atua ativamente no combate ao trabalho análogo ao de escravo, bem como se, por meio de suas práticas sociais e argumentos, conseguiu influenciar, de modo participativo, o Estado brasileiro no reconhecimento do problema social e, a seguir, o levou a elaborar medidas, ou seja, regulamentações e leis para a prevenção e combate a esse problema, objetivando sua erradicação.

Segundo o entendimento teórico giddesiano, inexiste um padrão comum único na sociedade que determine o agir dos agentes sociais; de igual modo, a estrutura social não exerce coerção sobre eles, impondo-lhes um só destino ou uma só forma de agir. Isso porque eles são sujeitos "cognoscitivos", isto é, sua vida não é governada, estritamente, por imposições estruturais insuperáveis; eles são capazes de refletir e encontrar meios, nas regras sociais, para atingir seu objetivo (Giddens, 2003).

Ainda sob esta perspectiva teórica, é válido citar o conceito de "reflexividade transformadora" de José Machado Pais cujo significado está na capacidade dos agentes, inseridos em situações de conflito, para realizar mudanças por meio de suas práticas sociais. Com a reflexividade, os indivíduos conhecem melhor as regras da estrutura social podendo encontrar meios para uma eventual mudança da realidade vivenciada.[9]

Metodologia

Seguiu-se o método proposto pela hermenêutica de profundidade de John Thompson, uma vez que esta entende a realidade inserida dentro de um contexto histórico, marcado por disputas (espaço de poder e conflito), no qual é possível realizar análises argumentativa e de conteúdo para verificar se resultam em mudanças sociais ou não:

> A HP [hermenêutica de profundidade] nos fornece como que um esquema intelectual que nos possibilita ver como as formas simbólicas podem ser analisadas sistemática e apropriadamente – isto é, de uma maneira que faça justiça ao seu caráter de construtos situados social e historicamente, que apresentam uma estrutura articulada através da qual algo é representado ou dito (Thompson, 1999. p. 377).

Os procedimentos seguem três etapas: a contextualização histórica, a análise argumentativa e de conteúdo e a interpretação.

---

9 "[...] as convenções sociais reproduzidas no dia-a-dia estão pendentes de um controlo reflexivo por parte dos sujeitos. Sujeitos a quê? Ao peso dessas convenções, embora de um modo não inevitável. Quer isso dizer que entre realidade (normativa) e reflexo (cultural) não há uma simples correspondência mecânica, há também oportunidade para que esse 'reflexo cultural' possa intervir na reconstrução da 'realidade social', ou seja, há lugar à *reflexividade transformadora*, à capacidade de intervenção na realidade, passando pela modificação das representações que a refletem (CALVO, 2001, p. 136 e seguintes) – o que pode dar origem a novas representações que, sendo efeito dessa *reflexividade transformadora*, passam a ser legitimadas na sua circulação social" (PAIS, 2007, p. 24-25, grifo do autor).

A reconstrução histórica desvela a estrutura social excludente que confere poder a muitos agentes políticos, os quais, recorrendo a ideologias do segmento social dominante ou a alianças econômicas, operam na contramão do dever de assegurar aos jurisdicionados já excluídos, social e economicamente, uma existência digna, opondo-se à justiça social, como meio de adequar-se à extrema desigualdade social perpetuando o subdesenvolvimento.[10]

A análise argumentativa (formal) pressupõe que as expressões utilizadas em suas práticas são construções complexas de estrutura articulada. Essas construções são produtos de ações contextualizadas e baseadas em regras e recursos acessíveis ao agente cuja finalidade é influenciar posicionamentos, opiniões e atitudes. Elas, também, são complexas por terem características estruturais capazes de comunicar algo (Bauer, 2007, p. 192). Por essa razão, é indispensável recorrer a uma análise que compreenda as organizações internas das práticas sociais da CPT com suas especificidades estruturais, metodológicas e organizacionais (Thompson, 1999, p. 369) e, ao mesmo tempo, consiga analisar os argumentos utilizados para a mobilização política relacionada ao trabalho análogo ao de escravo, no Brasil.

Essa análise formal será conduzida pelos meios técnicos de construção de mensagens e transmissão, base material da produção e comunicação das informações que se pretende dar, nível de reprodução e possibilidade de participação dos agentes (Thompson, 1999, p. 367). Os meios técnicos revelam as competências culturais que tornam os indivíduos aptos a agir na sociedade. Os agentes sociais

---

10 Celso Furtado, em seus últimos livros (Furtado, 1992, 2001, 2002), procurou demonstrar como ainda é possível utilizar, na atualidade, a noção de subdesenvolvimento para caracterizar a forma, não a fase, do capitalismo que vigora no Brasil. Nesse sentido, a noção de subdesenvolvimento utilizada ao longo deste trabalho se refere a um padrão de organização econômica e de domínio político.

possuem conhecimentos específicos que os ajudam a conseguir desempenho linguístico e empírico nas relações entre indivíduos (GhisleniI, 2005, p. 229).

Em suma, é possível produzir expressões significativas seguindo as regras e os recursos disponíveis aos produtores dos documentos. Trata-se, portanto, de uma produção orientada à circulação de determinada informação ou conteúdo na sociedade,[11] como parte da estratégia explícita dos produtores (Thompson, 1999, p. 368), que consideram as particularidades de cada documento quando propõem soluções para os problemas dos quais tratam e que são objeto de sua luta (Queiroz, 2008, p. 126).

A análise formal ou discursiva é conduzida por meio da análise argumentativa,[12] examinando-se como os argumentos aparecem nos documentos e como são abordadas as proposições ou asserções, bem como os tópicos, os assuntos e as questões que, conjunta e coerentemente interligados, são capazes de convencer (Thompson, 1999, p. 374-375).

---

[11] "[...] faz-se necessário valorizar o documento, como portador de significados que podem ajudar a desvendar uma época, não somente pelo que ele oculta, mas, principalmente, pelo que ele explicita das relações entre múltiplas configurações interdependentes (Estados, organismos internacionais, movimentos sociais, partidos políticos, governos, associações profissionais e econômicas, organizações não governamentais, instituições sociais e políticas) as quais devem ser entendidas, conforme diz Elias (1999: 142), como um feixe de tensões flexíveis que tornam possível um entrançado de interrelações, situações e circunstâncias" (Rezende, 2015a, p. 2).

[12] Embora a análise argumentativa parta do pressuposto de que há uma autonomia semântica e sintática do texto, este estudo não toma os argumentos como autônomos porque eles são *constructo social*, noutras palavras, eles estão inscritos em contexto histórico e em condições sociopolíticas que os tornam aptos a dizer algo. Então, o texto pode ser entendido somente se considerado o âmbito sócio-histórico: "análise histórico-hermenêutica que se pretende realizar não tem como objetivo tomar o texto como portador de autonomia semântica (o que é dito) e sintática (os meios de expressão). Obviamente, as análises documentais necessitam realizar a análise textual (Thompson, 1995, p.362), mas devem, dependendo da perspectiva teórico-metodológica utilizada, estar voltadas para a compreensão do contexto social e político no qual o texto foi produzido e veiculado" (Rezende, 2015b, p. 4).

Para melhor análise do documento, uma série de elementos precisam ser verificados:[13] a natureza do texto, a descrição dos acontecimentos, aquilo que aparece com ênfase maior ou menor em diferentes aspectos, as fontes, a autoria, a relatoria, as opiniões, os julgamentos, as avaliações,[14] a postura ideológica,[15] os conceitos-chave e os interesses mais evidentes (Lang, 1992, p. 86; Cellard, 2012, p. 299-303; Queiroz, 2008, p. 138).

E mais, os documentos, no geral – cartas, artigos, livros entre outros – são pontos de vista, crenças e convicções de autores, que geralmente aparecem dispersos no texto ou discurso, podendo, por conseguinte, apresentar argumentos convincentes, e, consequentemente, ser capazes de impulsionar a construção de políticas públicas (Thompson, 1999, p. 374-375; Bauer, 2007, p. 193).

Análises e discussão de dados

A "reflexividade transformadora" dos membros da CPT, fica evidente ao se examinar sua atuação no interior da rede de relações sociais. Tome-se, como exemplo, o simples fato

---

13 "[...] embora seja importante ligá-los [os documentos] aos autores (os significados pretendidos, seja por um jornalista ou o autor de um diário ou de uma autobiografia) os textos são sempre utilizados de maneira que dependem da situação social do público (o significado recebido pelo leitor)" (May, 2004, p. 224).

14 Os documentos transmitem os acontecimentos passados, materializando-os, contêm conhecimentos, narram acontecimentos ou situações, manifestam julgamentos e opiniões sobre temáticas, como testemunha avaliadora (Queiroz, 2008, p. 126).

15 Os textos dos documentos revelam uma fonte extremamente rica, evidenciando os ideais expostos nos movimentos, sua organização, o encaminhamento no dia-a-dia, os problemas enfrentados e as vitórias alcançadas (LANG, 1992, p. 84).

desses agentes produzirem significados para suas ações[16] com sua prática social, atuando para transformar a mentalidade dos trabalhadores rurais, pessoas simples, tachadas de "inferiores".

A CPT atua diretamente na construção de uma nova perspectiva para definir o que é trabalho análogo ao de escravo, recorrendo à retórica para a construção de um conceito que servirá de fundamento para atuação política de combate. É dessa maneira que ela consegue influenciar conceitos legais, definições acadêmicas e proposições de documentos estatais, sobretudo, no próprio sentido de vida dos libertados que passam a experienciar, de forma consciente, a escravização em determinados contextos de exploração, bem como o desdém por seus direitos. A isso pode-se denominar reflexividade que se pretende transformadora.

Os trabalhadores rurais resistentes passam, normalmente, a se envolver em outras ações da CPT, a incorporar o significado da sua condição de trabalho, a reivindicar medidas de combate às violações existentes, de redistribuição de terras e outras referentes a questões agrárias e ambientais, como uma forma de intervir na montagem da agenda pública para a mudança da realidade social.

Então, os membros da CPT são dotados de reflexividade; eles engendram, objetiva e intersubjetivamente, o significado de "trabalho escravo" nas suas relações sociais com base em uma engenharia política que evidencia a situação de exploração laboral extrema – usurpação dos direitos humanos – e prioriza a relação do homem com a propriedade – discussões sobre o direito de propriedade, função social da propriedade rural, necessidade de reforma agrária com redistribuição fundiária entre outras reflexões – e a

---

16 Uma atuação processual e dialética – de mão-dupla – que permeia mediações e imposições entre os interlocutores. A ação deixa de ser percebida como comportamento para ser uma construção intersubjetiva dos significados das relações (Melucci, 2005, p. 40).

natureza do trabalho e da vinculação da terra ao direito daquele que dela retira seu sustento e de sua família com o próprio esforço.

Com esta prática, o trabalhador rural assume a luta política de erradicação do trabalho análogo ao de escravo, agindo diretamente contra as condições que antes tinham como natural. Essa capacidade de mobilização cooperou para alterar a redação do art. 149 do Código Penal em 2003, que resultou numa melhor aplicação da legislação criminal.[17]

O conceito atual de "trabalho escravo" é, então, um constructo social, resultante da atuação de intelectuais, juristas, segmentos políticos e organizações da sociedade civil, como a CPT, que trabalham, separada e conjuntamente, a fim de caracterizá-lo, evidenciando, assim, situação de exploração laboral extrema.

Em relação à CPT, pode-se dizer que, ao colaborar para a construção conceitual do trabalho em condição análoga à de escravo, ela arquiteta certa composição política capaz de engendrar significativos movimentos sociais que se articulam com outros conceitos já existentes como, por exemplo, *trabalho forçado, função social da propriedade rural, terra de exploração ou terra de negócio, terra de trabalho e terra de produção*. Com isso, consegue mobilizar o debate político e pressionar o Estado brasileiro a agir, de algum modo, para combater a exploração do trabalho análogo ao de escravo, chegando a participar da formulação dos planos nacionais para erradicação do trabalho escravo.

---

[17] Insta registrar que, na esfera política, têm sido travadas disputas para o esvaziamento do conceito legal de *trabalho em condição análoga à de escravo* como, por exemplo, a Portaria do Ministério do Trabalho n.º 1.129, assinada em 13 de outubro de 2017, que, entre outras medidas, dispõe sobre os procedimentos dos auditores-fiscais do trabalho durante as operações referente à fiscalização móvel responsáveis pelo resgate dos escravizados, acaba por excluir do conceito as condutas de *jornada exaustiva* e condições degradantes, afrontando diretamente a Constituição Federal e o Código Penal.

Em suma, os agentes formadores da CPT (agência humana), em suas relações sociais, contribuem significativamente para definir o que é "trabalho escravo" mediante estratégia política discursiva que integra dois conceitos socialmente conhecidos e estruturados: "trabalho" e "escravidão". Além de difundir conceitos da Teologia da Libertação que, diante das condições socioeconômicas e políticas, servem de instrumento de reflexão. Os trabalhadores rurais deixam de ver a pobreza como objeto de caridade e passam a considerá-la como ponto de partida para a libertação (indivíduo consciente dos seus direitos e da posição que ocupa na sociedade) e para a transformação da realidade vivenciada. Uma prática social significadora e ressignificadora que demonstra terem os agentes condições de atuar para a alteração social ou, pelo menos, abalar as estruturas fixadas que, por sua vez, afetam também a construção teórica: hermenêutica de mão-dupla, isto é, os agentes influenciam ao mesmo tempo que são influenciados por outras agências, tais como os movimentos sociais, os sindicatos, as associações, as produções científicas, os partidos políticos e o próprio governo federal. Assim, os membros da CPT agem e influenciam a vida dos trabalhadores libertos a fim de que compreendam o contexto de exploração e de violação de direitos.

Além disso, os agentes da CPT também atuam, reflexivamente, objetivando mudanças nas injustas condições de trabalho impostas aos trabalhadores rurais, por meio de práticas sociais – (1) denúncia, (2) resistência, (3) resistência armada, (4) justiça, (5) pedidos administrativos de desapropriação, (6) reivindicações, abaixo-assinados, manifestações e atos públicos, (7) ocupações, (8) grupos de reflexão (estudo da Bíblia), (9) participação sindical, (10) participação política, (11) formação de grupos de estudos (política), (12) união com outros grupos (Comissão Pastoral da Terra, 1983), (13) levantamento de dados (trabalho de base, informações desde 1970), (14) participação no Fórum Nacional contra a Violência no Campo (discussões sobre, por exemplo, a PEC n.º 438/2001[18] e a redação do art. 243 da Constituição Federal,[19] (15) denúncia a entidades internacionais, (16) atuação política em comissões nacionais e confederações (CONTAG),[20] (17) campanhas nacionais, (18) realização de congressos nacionais, (19) materiais de sensibilização (jornais, cartilhas e Conflitos no Campo, desde 1985) e (20) publicações no sítio eletrônico da CPT[21] – combatendo violações dos direitos mais básicos dos trabalhadores rurais com estratégias disponíveis para realizarem as mudanças pretendidas.

Por fim, pode-se afirmar que documentos analisados têm possibilidade argumentativa, por terem tanto a intenção e a capacidade de convencer seus leitores sobre as condições desumanas impostas a trabalhadores rurais socioeconomicamente vulneráveis, quanto a capacidade de mobilizar o debate político sobre a problemática social do trabalho análogo ao de escravo, no Brasil. Os argumentos

---

[18] "As propriedades rurais e urbanas de qualquer região do país onde forem localizadas culturas ilegais de plantas psicotrópicas ou a exploração de trabalho escravo serão expropriadas e destinadas à reforma agrária e a programas de habitação popular, sem qualquer indenização ao proprietário e sem prejuízo de outras sanções previstas em lei, observando, no que couber, o disposto no Artigo 5º da Constituição Federal" (texto aprovado para a discussão que iniciou no Senado Federal – PEC n.º 438 de 2001).

[19] "Art. 243. As propriedades rurais e urbanas de qualquer região do País onde forem localizadas culturas ilegais de plantas psicotrópicas ou a exploração de trabalho escravo *na forma da lei* serão expropriadas e destinadas à reforma agrária e a programas de habitação popular, sem qualquer indenização ao proprietário e sem prejuízo de outras sanções previstas em lei, observado, no que couber, o disposto no art. 5º. Parágrafo único. Todo e qualquer bem de valor econômico apreendido em decorrência do tráfico ilícito de entorpecentes e drogas afins e da exploração de trabalho escravo será confiscado e reverterá a fundo especial com destinação específica, na forma da lei" (Constituição da República Federativa do Brasil de 1988, 2013, p. 67, grifo nosso).

[20] Confederação Nacional dos Trabalhadores na Agricultura.

[21] A exposição e o mapeamento destas práticas foram realizados noutro artigo de comunicação científica, *A atuação da agência social Comissão Pastoral da Terra para a formulação de políticas de combate ao trabalho análogo ao de escravo no Brasil*. Disponível em: <http://diferencias.com.ar/congreso/ICLTS2015/ponencias/Mesa%2034/ICLTS2015_mesa34_Nascimento.pdf>.

articulados pelos membros da CPT foram sistematizados – interpretados por meio de categorias criadas a partir da sua recorrência[22] nos documentos – em: a) *descrição de como os projetos de modernização da Amazônia levam ao empobrecimento, desqualificação, expropriação e ofensa aos direitos dos trabalhadores rurais;* b) *exposições das condições desumanas caracterizadoras do trabalho análogo ao de escravo a que submetem os trabalhadores rurais para a sua sobrevivência;* c) *demonstração de que os ruralistas têm representatividade política na esfera do Poder Legislativo em defesa dos seus interesses econômicos, não importa que contrários aos direitos dos indivíduos do campo;* d) *informações sobre a inércia do Poder Judiciário ou sobre a inaplicabilidade da legislação vigente às violações – necessidade de ações judiciárias repressivas;* e e) *importância do grupo de fiscalização móvel e do Cadastro de Empregadores que tenham submetido trabalhadores a condições análogas às de escravo no combate às formas contemporâneas de escravidão no Brasil.*[23]

Conclusões

Em vista do exposto fica evidente que o fenômeno social da redução do trabalhador à condição análoga à de escravo está associado a uma multiplicidade de fatores históricos, sociais e econômicos – elementos objetivos –, tais como

---

[22] Presença em todos os documentos ou em sua grande maioria.

[23] Em relação ao último item sistematizado, registre-se que só podem ser tidos, como representações centrais significantes, os documentos elaborados depois de suas criações: o grupo de fiscalização móvel, em 1995; e o Cadastro de Empregadores que tenham submetido trabalhadores a condições análogas à de escravo, em 2003. A divulgação do cadastro no sítio do Ministério do Trabalho foi suspensa por força de medida liminar no Supremo Tribunal Federal em ação direta de inconstitucionalidade no final de 2014. O cadastro atualizado voltou a ser publicado, somente em 23 de março de 2017, por decisão judicial, em disputa entre o Governo Federal e o Ministério Público do Trabalho (Esposito, 2017), mas, atualmente, o Ministério do Trabalho não disponibiliza qualquer informação sobre os empregadores infratores.

miséria, pobreza, desemprego, analfabetismo, desrespeito aos direitos humanos e falhas na administração da justiça, não só resultantes do processo histórico de formação social da sociedade brasileira, marcado pela exclusão de grande parcela pobre da sociedade, mas também marcados por aspectos políticos e jurídicos que caminham na contramão do respeito à dignidade da pessoa humana, fundamento constitucional do Estado brasileiro.

Em resposta a essa conjuntura histórica, justamente caracterizada por distorções socioeconômicas e político-jurídicas, agentes humanos encontram meios de se organizar e lutar pela superação de todas as adversidades que defrontam, atuando em defesa dos direitos e garantias dos trabalhadores rurais com o fito de alterar, de certo modo, a realidade de violência e conflitos vivenciada não somente pelos trabalhadores, mas também pelos agentes.

Em 1975, foi fundada a CPT com finalidade de propor um projeto de agricultura popular de luta pela terra e de politização dos trabalhadores por meio de reflexões sobre as situações enfrentadas nas relações de trabalho, no campo. Em face disso, a CPT se configura como uma agência humana cujos membros são responsáveis pela inserção dos rurícolas no processo político e se esforçam para, com eles, conseguir encontrar estratégia e recursos na luta por mudança da realidade.

Basta ver, para tanto, as práticas interventivas, por exemplo, a mobilização da opinião pública e, principalmente, a do governo federal para a discussão da temática e formulação de políticas públicas como os planos nacionais para erradicação do trabalho escravo, primeira e segunda versões, respectivamente, em 2003 e 2008.

Deve-se, contudo, registrar que as participações na esfera pública com possibilidade de pautar a agenda política não são caracterizadas exclusivamente por avanços com reconhecimentos e políticas públicas; existe enfrentamento contínuo e cotidiano, principalmente, na esfera política. Existem momentos com avanços, com estagnações e, mesmo, com retrocessos, como o caso da recente Portaria do Ministério do Trabalho n.º 1.129, de outubro de 2017, que esvazia o conceito legal de redução à condição análoga à de escravo nas inspeções dos auditores do trabalho.

Em razão disso, apesar de existirem medidas importantes na prevenção, combate e erradicação do trabalho análogo ao de escravo, faltam ações e políticas que promovam distribuição de renda e riquezas, como também justiça e condições para o desenvolvimento humano. Isto é, fatores que promovam autonomia econômica em prol dos trabalhadores, tornando-os, assim, capazes de enfrentar a miserabilidade e as desigualdades sociais existentes e de reduzir a vulnerabilidade social do segmento social suscetível à escravização contemporânea.

Bibliografía

Bauer, M. W. (2007). Análise de conteúdo clássica: uma revisão. In: Bauer, M. W.; Gaskell, George. (Eds.) *Pesquisa qualitativa com texto, imagem e som: um manual prático.* 6 ed. Petrópolis: Vozes, 2007. p. 189- 217

BRASIL (1988). Constituição da República Federativa do Brasil. Brasília: Senado Federal, 2013.

Brito Filho, J. C. M. (2006). Trabalho com redução à condição análoga à de escravo: análise a partir do tratamento decente e de seu fundamento, a dignidade da pessoa humana. In: Velloso, Gabriel; Fava, Marcos Neves (Coord.). *Trabalho escravo contemporâneo: o desafio de superar a negação.* São Paulo: LTr, 2006. p. 125-150.

Cellard, A. (2012). A análise documental. In: Poupart, J. et al. *A pesquisa qualitativa: enfoques epistemológicos e metodológicos.* 3. ed. Petrópolis: Vozes, 2012. p. 295-316.

Código Penal (1940) e Código de Processo Penal (1941). (2013). 6. ed. Porto Alegre: Tribunal de Justiça do Estado do Rio Grande do Sul.

Comissão Pastoral da Terra. (1983). *CPT: Pastoral e Compromisso*. Petrópolis: Vozes, 1983.

Esposito, I. (2017, março, 24). Governo volta a divulgar lista suja do trabalho escravo após decisão judicial. 24 mar. 2017. Disponível em: http://agenciabrasil.ebc.com.br/direitos- humanos/noticia/2017-03/ministerio-volta-divulgar-lista-suja-do-trabalho-escravo-apos. Acesso em: 17 set. 2017,

Furtado, C. (1992). *Brasil: a construção interrompida*. 2. ed. Rio de Janeiro: Paz e Terra, 1992.

Furtado, C. (2001). *O capitalismo global*. Rio de Janeiro: Paz e Terra, 2001.

Furtado, C. (2002). *Em busca de novo modelo*. Rio de Janeiro: Paz e Terra, 2002.

Ghisleni, M. (2005). Sociologia histórica e cultura material. In: Melucci, Alberto. *Por uma sociologia reflexiva: pesquisa qualitativa e cultura*. Petrópolis: Vozes, 2005. p. 214-236

Giddens, A. (2003). *A constituição da sociedade*. 2. ed. São Paulo: Martins Fontes, 2003.

International labour Office (2014). *Profits and poverty: the economics of forced labour*. Genebra: ILO. Disponível em: www.ilo.org/wcmsp5/groups/public/—ed_norm/—declaration/documents/publication/wcms_243391.pdf. Acesso em: 23 jan. 2015

Lang, A. (1992). Documentos e depoimentos na pesquisa histórico-sociológica. In: Lang, A. (Org.) *Reflexões sobre a pesquisa sociológica*. São Paulo: CERU, 1992. p. 78-96.

May, T. (2004). *Pesquisa social: questões, métodos e processos*. 3. ed. Porto Alegre: Artmed, 2004.

Melucci, A. (2005). Busca de qualidade, ação social e cultura: por uma sociologia reflexiva. In: Meluccci, A. *Por uma sociologia reflexiva: pesquisa qualitativa e cultura*. Petrópolis: Vozes, 2005. p. 25-42.

Organização Internacional do Trabalho; Sakamoto, L. (2006). *Trabalho escravo no Brasil do Século XXI*. Brasília, OIT, 2006.

Organização Internacional do Trabalho (2010a). *As boas práticas da inspeção do trabalho no Brasil: a erradicação do trabalho análogo ao de escravo*. Brasília: OIT, 2010.

Organização Internacional do Trabalho (2010b). *Combatendo o trabalho escravo contemporâneo: o exemplo do Brasil*. Brasília: OIT, 2010.

Pais, J. (2007). Cotidiano e reflexividade. *Educ. Soc.*, 28 (98), p. 23-46, jan/abr. 2007.

Plano Nacional para Erradicação do Trabalho Escravo [PNETE]. (2003). Brasília: SEDH/PR, 2003.

Plano Nacional para Erradicação do Trabalho Escravo [PNETE], II. (2008). Brasília: SEDH/PR, 2008.

Queiroz, M. (2008). Análise de documentos em Ciências Sociais. In: Lucena, C.; Campos, M.; Demartini, Z. (Orgs.). *Pesquisa em Ciências Sociais: Olhares de Maria Isaura Pereira de Queiroz*. São Paulo: CERU, 2008. p. 119-145.

Rezende, M. (2015a). Uma abordagem histórico-hermenêutica dos relatórios do desenvolvimento humano (PNUD/ONU). *Revista electrónica de estudios latino-americanos*, Buenos Aires, 13 (51), 1-18, abr/jun. 2015.

Rezende, M. (2015b). As prescrições feitas pelos Relatórios do Desenvolvimento Humano (RDHs/PNUD/ONU) para efetivar, nos anos vindouros, a associação entre o direito ao desenvolvimento e os direitos humanos na América Latina: uma análise fundada na teoria histórico-configuracional. In Congreso Latinoamericano de Teoría Social: Por qué la teoría social? Las posibilidades críticas de los abordajes clásicos, contemporáneos y emergentes, 1, 2015, Buenos Aires, Argentina. *Anais*.

Thompson, J. (1999). *Ideologia e cultura moderna: teoria social crítica na era dos meios de comunicação de massa*. 3 ed. Petrópolis: Vozes, 1999.

Inquirindo as epistemologias do Sul

Estratégias de enfrentamento da desigualdade social a partir do associativismo no Brasil

Marilia Verissimo Veronese y Geovani Fachini Da Silva

Resumo

O texto deriva de ampla contextualização empírica e teórica oriunda de investigações anteriores, através dos projetos de pesquisa intitulados "Em busca das epistemologias do Sul: saberes sobre a vida coletiva entre grupos 'subalternos'" (executado de 2010 a 2013), e "Inquirindo as epistemologias do Sul: saberes e práticas sociais entre catadores de material reciclável" (entre 2014 e 2016). O conceito de epistemologias do Sul refere-se ao conjunto de intervenções epistemológicas que denunciam a supressão/opressão dos saberes populares que não cabem nos cânones da ciência oficial, ao longo dos últimos séculos, sob a égide do colonialismo, do capitalismo e do patriarcado. Na primeira pesquisa citada, "ouvimos as vozes" de grupos quilombolas, indígenas e pescadores artesanais; na segunda, as dos catadores de materiais recicláveis urbanos. Houve um fio condutor nesses trabalhos, que pretendeu realizar o que Boaventura de Sousa Santos denomina de sociologia das ausências e emergências, bem como a compreensão do que significam as epistemologias do Sul e os grupos sociais que as produzem localmente. Todos os grupos trabalhados, a despeito de significativas diferenças, tinham algumas características em comum: eram trabalhadores associados enfrentando precariedades econômicas e vivenciavam diversidades culturais

– étnico-raciais, de construções de gênero, religiosas, ético-estéticas. A investigação buscou identificar suas visões de mundo e formas de resistência à pobreza e à exclusão social. Utilizamos a metodologia Sociopoética que tem influências da pedagogia do oprimido, teatro do oprimido, pesquisa ação participante, filosofia da diferença e Análise Institucional, sendo compatível com a epistemologia do Sul e sua orientação ético-estética, por já conter em si uma experiência de tradução Norte-Sul. Trabalhou-se com a construção de um grupo pesquisador, com a participação das culturas de resistência, utilizaram-se diferentes técnicas artísticas para produção de dados, e encerrou-se a experiência com a experimentação de uma forma de saber definida pelo grupo, para sua produção e socialização. Identificou-se que, embora convivam com a vergonha e a humilhação, presentes no sofrimento ético-político, decorrente da discriminação e do preconceito que a sociedade ainda manifesta, as grupalidades que formam podem gerar experiências positivas e agregadoras – especialmente no coletivo construído por eles cotidianamente. Na proposta de combate às desigualdades, pensa-se em uma **ética**, e é *estando junto* daqueles que por suas condições sociais são colocados no lugar de "inferioridade"; em uma **estética**, que visa o caráter inventivo em valorização da vida; e de uma **política**, que concebe o sujeito em seus contextos históricos e culturais em busca da cidadania.

Plavras-chave

Epistemologias do Sul; Sociopoética; Associativismo.

Introdução

As experiências econômicas associativas, pautadas em princípios comunitários, autogestionários e solidários, especialmente entre atores sociais periféricos, avançaram significativamente nas últimas décadas, representando por vezes a persistência de antigas, por vezes a emergência de novas, sociabilidades em meio às dificuldades provocadas pelas pressões globais em contextos locais de desigualdade social acentuada. A pesquisa que embasa este texto trabalhou com sujeitos associados para o trabalho, cooperativados ou que vivem em comunidade, no âmbito de distintas experiências de economia solidária e vida coletiva. Estavam ligados a grupos quilombolas, indígenas, de pescadores artesanais e de catadores de material reciclável urbano. A ideia básica de ouvir essas "vozes do mundo" é concretizar a posição epistemológica de que são muitos os conhecimentos possíveis do mundo e que o conhecimento científico é apenas um entre eles (CES, 2008; Santos, 2012).

São pesquisas já concluídas que ensejam uma perspectiva mais ampla de investigar o associativismo entre atores sociais periféricos como possibilidade de enfrentamento ao problema das desigualdades socioeconômicas. Tais estudos foram conduzidos através de técnicas etnográficas como observação participante, entrevistas e diário de campo; e também com base na metodologia Sociopoética (Gauthier, 2001).

Marco teórico/marco conceitual

No que se refere à economia, em sua versão moderna e científica, teoriza e fomenta a acumulação material, sancionando a exploração e naturalizando a desigualdade. Num sentido dominante, portanto, a economia caracteriza-se como uma "gramática colonial" (Meneses, 2009, p. 232). Contudo, seu dinamismo provoca reações, mais ou menos desafiadoras, a exemplo da economia solidária, que questiona em suas práticas o individualismo utilitarista, a busca do lucro a qualquer custo e o descompromisso social (Gaiger e Laville, 2009). Suas expressões empíricas são as mais variadas, geralmente envolvendo trabalho associativo e autogestionado (organizado em cooperativas e associações) realizado por trabalhadores e trabalhadoras, mas também redes e sistemas de poupança e comércio justo e muitas outras formas organizativas, onde existe a proposta do primado da solidariedade, do atendimento da demanda social e ambiental e do igualitarismo. A realidade da economia solidária é bastante complexa, formada por empreendimentos econômicos de diversos segmentos e tipos, que apresentam graus muito variáveis de gestão coletiva, sendo os princípios norteadores praticados em alguma medida, conforme os grupos avançam nas práticas associativas, geralmente com bastante dificuldade.

O objetivo do empreendimento solidário é a obtenção da quantidade e da qualidade do produto ou serviço que venha a atender a demanda social, maximizar o bem-estar e não apenas maximizar o lucro. O excedente terá sua destinação decidida pelos trabalhadores em assembleia, pois a propriedade e concepção coletivas dos meios e da gestão do trabalho deverá ser característica do empreendimento solidário, seja ele cooperativo, associativo ou comunitário. Tais critérios, obviamente, não são encontrados de forma absoluta nos empreendimentos, existindo diversos graus de apropriação dos mesmos, bem como de práticas autogestionária (Veronese e Scholz, 2013).

Trabalhamos, durante a investigação, na perspectiva dos saberes e práticas cotidianamente produzidos e intercambiados como produção de subjetividade, sendo esta entendida enquanto fronteira entre o psicossocial e o cultural, a um tempo categoria analítica e realidade empírica. Nesse processo, a mediação semiótica desempenha um papel fundamental, pois além de constituir as funções psicológicas superiores, possibilita a socialização e a individuação do sujeito inserido em uma determinada cultura (Jovchelovitch; Priego-Hernández, 2013).

Norte e Sul – não geográficos, mas epistêmicos, metafóricos –, constituíram-se mutuamente através de processos históricos de colonialismo e dominação, e a natureza hierárquica das relações que estabelecem entre si permanece atual, a partir da noção de colonialidade. No Norte global, os saberes não alinhados à ciência e à técnica têm sido produzidos como não existentes e excluídos dos cânones da racionalidade moderna. A subalternização ou invisibilização de outros saberes e interpretações do mundo significa que esses não são considerados formas relevantes ou mesmo inteligíveis de ser e estar no mundo, e Boaventura Santos denominou-as, por isso, epistemologias do Sul (Meneses, 2008).

O Sul metafórico, portanto, remete ao sofrimento ético-político de ter sido invadido, saqueado, explorado e finalmente marginalizado pelos mecanismos sociais complexos do colonialismo e colonialidade do poder (Quijano, 2005). Ouvindo as vozes do Sul, podemos, através delas, ampliar a nossa sensibilidade de escuta qualificada e solidária das necessidades do mundo (Benzaquen, 2008). Ou ainda, como referem Santos e Nunes (2004), ampliar o cânone do reconhecimento, da diferença e da igualdade.

Para Gaiger (2016), inspirado na visão de Karl Polanyi em seu artigo "Our obsolete Market mentality", publicado em 1947, o problema da nossa civilização não é econômico, mas sim justamente o desafio de abandonar a dimensão econômica como fonte de resolução de todas as mazelas sociais. É preciso superar a obsoleta crença no determinismo econômico, que se apresenta através da supremacia da racionalidade de mercado capitalista. Urge valorizar outros sistemas de vida, outras formas de subjetivação, modos não mercantis e não utilitaristas de existência social, baseadas, sobretudo e primordialmente, em *vínculos sociais vinculantes*, tal como proposto nas diretrizes das práticas associativas na economia solidária (Gaiger, 2016); os grupos contatados se consideram parte dela, unanimemente.

Metodologia

Sobre referencial da sociopoética, que reforça o princípio do pesquisar **com** e não pesquisar **sobre**, achamos que é também apropriada à ideia das epistemologias do Sul. A pesquisa sociopoética apresentou-se como possibilidade a ser experimentada e avaliada, e de fato possui fundamentos teórico-epistemológicos e técnicos compatíveis com elementos requeridos à produção de conhecimento na perspectiva da pós-colonialidade, especialmente pelo protagonismo dos sujeitos da pesquisa. Por serem eles, ao compor o grupo-pesquisador, sujeitos dos rumos do processo. Desde a escolha do tema, até a validação dos resultados apresentados pelos pesquisadores-institucionais, que reúnem novamente o grupo que produziu os dados para discutirem/validarem as interpretações.

O método tem influências da pedagogia do oprimido (Freire, 1997), teatro do oprimido (Boal, 1988), pesquisa ação participante (Brandão, 1999; Fals-Borda, 1999), filosofia da diferença (Deleuze e Guattari, 1980; Guattari e Rolink, 1993) e Análise Institucional (Lourau, 1975; Lapassade, 1979), sendo compatível com a epistemologia do Sul e sua orientação ético-estética, por já conter em si uma experiência de tradução Norte-Sul.

Sua proposta metodológica baseia-se em cinco considerações iniciais:

A primeira delas afirma a *construção de um grupo pesquisador*, ou seja, não se trata do pesquisador e seus pesquisados, mas sim de um grupo, do qual o pesquisador institucional também faz parte e coletivamente todos são responsáveis pelos caminhos que a pesquisa encontrar á para se desenvolver. O método prevê, numa segunda consideração, a *participação das culturas de resistência*; em terceiro lugar, Gauthier propõe que no processo da pesquisa se dê *atenção ao corpo inteiro daqueles que integram o grupo pesquisador*; em um quarto ponto, Gauthier sugere que sejam usadas *diferentes técnicas artísticas* para produção de dados e finalmente, na quinta consideração, Gauthier pondera que o estudo desenvolvido conforme a sociopoética culmine na *experimentação de uma forma de saber definida pelo grupo*, para sua produção e socialização. No nosso caso, tivemos desde a produção de um conto que resgatasse o imaginário de uma comunidade indígena até um vídeo de 12 minutos que mostrasse o cotidiano de catadores de material recicláveis urbanos. O *corpus* de imagens, produzido junto a eles, poderá vir a compor também uma exposição fotográfica que possa registrar suas visões de mundo e seus referenciais ético-estéticos-políticos.

Análise e discussão de dados

Os principais achados apontam para a pluralidade das experiências, a não diretividade de suas cosmovisões e práticas laborais/comunitárias; e ainda o quanto a diversidade étnica, de gênero e geração impactam na construção de suas identidades e trajetórias, marcadas pela adversidade da pobreza e sofrimento ético-político, mas também pela superação e transformação de alguns aspectos importantes de suas condições de vida. O vínculo social e a reciprocidade (Gaiger, 2016) são fundamentos da vida que levam, sendo compreendidos como "família" muitas vezes, noção que os acompanha apesar das contradições que esta carrega em sua memória afetiva.

A família que exige, explora, agride física e emocionalmente é a mesma que acolhe, sustenta e é a base da inserção no mundo. Talvez por esta razão a família seja levada consigo na hora de atribuir sentido à cooperativa, à comunidade de trabalho, sendo que ali precisam tentar construir uma "família de irmãos" (palavras deles) na tentativa de evitar a dependência das lideranças da cooperativa.

O primeiro grupo selecionado para a realização da prática sociopoética foi a Comunidade Kaingang Por Fi, localizada na cidade de São Leopoldo, no Rio Grande do Sul. A comunidade é composta por cerca de quarenta famílias, que vivem hoje em terras cedidas pelo município, porém não legalizadas como domínio indígena. A cidade de São Leopoldo foi território indígena antes da colonização alemã. Como aconteceu em todo o país, as etnias indígenas locais foram sendo "espremidas" em territórios cada vez menores e mais precários (Severo, 2011).

A cidade é dividida pelos estratos sociais, encarados como faixas de demanda de mercado (Veras, 2010). Uma vez que não significam uma faixa privilegiada no mercado de consumo, os grupos indígenas urbanizados são relegados às áreas degradadas, que oferecem poucas possibilidades de inserção laboral qualificada ou comercialização de seu artesanato típico.

Através de contatos e entrevistas realizadas com a pajé, fomos informadas que a história da tribo estava se perdendo, e em função da falta de material didático na língua indígena, compreendemos a demanda de criar um registro histórico daquele povo, para as novas gerações. A tradição oral estava se perdendo, relatava a pajé, pois os jovens não queriam mais ouvir as histórias dos velhos: queriam ver novela, sair à noite e beber cerveja. Quando era criança, ficava a noite ao redor da fogueira, ouvindo as histórias dos velhos; mas a vida "dos brancos" nas cidades "dos brancos" estava acabando com essa prática, lamentava ela. Assim, Nimpré (que aparece na foto abaixo, em atividade na escola), narrou-nos a história da origem da comunidade, e a transformamos num conto, que foi impresso e 10 cópias foram entregues para que fosse utilizado na educação das crianças.

O **Quilombo da família Silva**, segunda comunidade visitada, constitui um fenômeno social dos mais interessantes. Incrustado no meio de um bairro de classe média alta na capital gaúcha, o terreno na área do metro quadrado mais caro da cidade abriga os negros, pobres e aparentados entre si há mais de 60 anos. Sofrem pressões terríveis, com a especulação imobiliária, o autoritarismo da polícia (criminalização dos pobres), os vizinhos hostis que não os querem ali. Pelo tamanho do terreno (4.445,71 metros quadrados) pode-se imaginar o quanto a iniciativa privada almeja adquirir a área. A comunidade possui 16 núcleos familiares, totalizando uma população de 68 pessoas. Possuem uma identidade étnica, uma ancestralidade comum, que impacta em suas formas de organização política e social, e também em elementos linguísticos e religiosos. O Quilombo Silva tem um grupo atuante, praticando uma militância ativa em movimentos urbanos, procurando articular-se com outras demandas da cidade.

O **Quilombo da Praia do Rosa – SC**, foi a terceira comunidade em foco. Esses sujeitos estão morando ali há mais de 150 anos, segundo relatos dos moradores (atualmente são 140 pessoas em 40 famílias, todas aparentadas entre si); foram reconhecidos legalmente, mas o processo de demarcação das terras ainda está em andamento, moroso e conflituoso. Estão organizando, há alguns anos, uma associação para organizar e fortalecer seus vínculos e potenciais, que começa a despertar para a necessidade da defesa de direitos e militância política (a associação foi criada em 2006 e a pesquisa lá realizada em 2012).

Trabalham em vários segmentos (produção de leite, pequena agricultura familiar, a maioria em pequenos negócios urbanos – **comércio**) buscam fortalecer o coletivo. Perdeu-se a prática da agricultura de maior porte e da pesca, querem retomar no coletivo; são católicos fervorosos, inclusive a benzedeira da comunidade, D. Adelaide, que realiza suas bênçãos e tratamentos de saúde mesclando os santos da Igreja Católica com crenças de origem popular, ervas, chás e benzeduras. Mas Cristo, para ela, é o fundamento e o sentido de toda a existência. A benzedeira é respeitada e procurada por negros e brancos, até mesmo por turistas (a Praia do Rosa é muito bonita e procurada para turismo, especialmente na temporada de verão).

A **Associação de pescadores do Pântano do Sul (Florianópolis, sul da Ilha) – SC**, foi o quarto grupo visitado. ÚÚÚÚ! É o grito – o apupo – emitido pelos pescadores do Pântano do Sul, ilha de Santa Catarina, para avisar que tem um cardume de tainhas se aproximando da praia.

É ele que avisa e reúne toda a comunidade na praia para o milenar ritual do cerco e o arrasto dos peixes. Essa comunidade, que tradicionalmente vive da pesca, no entorno do mar, apenas mais recentemente passa a dedicar-se também às atividades ligadas ao turismo, pois um problema ambiental e comercial ameaça seu modo de vida e sustento: a pesca industrial. As redes industriais arrastam e matam os peixes antes que cheguem onde os pescadores artesanais possam pescá-los; isso provoca vários problemas, práticos e vivenciais. A geração de pescadores mais nova está beirando os 40 anos; os jovens não querem mais ser pescadores e a vida precariza-se, na medida em que o peixe escasseia.

De modo geral, vivem em contato com a modernidade, alguns com acesso à internet e outras facilidades da vida moderna, mas há uma parcela que resiste. As benzeduras são parte da cultura e necessárias na hora da pesca. Na comunidade do Saquinho, próxima a Pântano do Sul – SC, mas de mais difícil acesso, um informante nos diz: "Não queremos luz elétrica aqui, porque a gente nunca sabe o que vem atrás do poste...".

As **Comunidades indígenas e ribeirinhas na Amazônia,** participantes do projeto da ONG italiana ISCOS, entraram no horizonte empírico do projeto pois um dos membros da equipe de pesquisa atuava como técnico, em 2012, em um projeto junto aos indígenas e ribeirinhos do Alto Solimões, na Amazônia. O projeto, com duração de três anos, tinha o objetivo geral de melhorar as condições de saúde e de renda de vinte comunidades ribeirinhas do município de Benjamin Constant – AM, na Região do

Alto Solimões. Tivemos a oportunidade de visitar 4 dessas comunidades e acompanhar os modos de vida e as trocas de aprendizados que se dão entre os moradores locais e os técnicos do projeto. A metodologia produtor-a-produtor previa esse aprender horizontal, visando a diversificação da produção, a potabilização da água, a produção de sementes crioulas e a independência das comunidades da semente estéril que o governo fornece, gerando dependência da Monsanto e outras transnacionais do agronegócio. Saberes tradicionais vão se articulando com saberes de agricultura sustentável e o resultado é um interessante empoderamento das comunidades; por serem comunidades tradicionais, há o problema de uma intensa desigualdade de gênero, típica das culturas tradicionais, que fica como um desafio a mais para todos.

Em 2014, começamos o trabalho junto aos catadores de materiais recicláveis. Visitas exploratórias foram feitas em várias cooperativas; aprofundamos a prática da sociopoética em duas. São elas a COOPCAMATE (Canoas, RS) e a COOTRE (Esteio, RS). A primeira teve seu início no ano de 1986, quando cinco pessoas moradoras do bairro Mathias Velho, em Canoas – RS, iniciaram a organização de um grupo de coleta de resíduos sólidos recicláveis no bairro. A segunda, primeiramente Associação de Recicladores de Esteio (ARCA) e depois cooperativa COOTRE, foi fundada no ano de 2003. Ou seja, são empreendimentos longevos e que fazem parte da base da cadeia produtiva da reciclagem no RS há mais de uma década.

O trabalho realizado por esses sujeitos, de catar, separar, transportar, organizar, acondicionar (em casos mais raros, beneficiar) os resíduos recicláveis, recoloca o material numa condição de obter valor de mercado, de gerar renda. Desse modo, o catador opera uma transformação que, além de ajudar em seu sustento e renda, tem valor simbólico: ele mesmo se recicla nesse processo, ou seja, adquire um papel social com sentido e se produz como sujeito.

Embora convivam com a vergonha e a humilhação, presentes no sofrimento ético-político (SAWAIA, 2013), decorrentes da discriminação e do preconceito que a sociedade ainda manifesta, ser catador pode gerar experiências positivas e agregadoras – especialmente no coletivo construído por eles cotidianamente. Esse registro positivo passa também por ser reconhecido/a como trabalhador honesto, distinto da atividade de mendigos e bandidos, adquirindo o indivíduo a capacidade de se organizar e mobilizar *coletivamente* na luta por melhores condições de trabalho e vida. É nesse ponto que o grupo, o coletivo, adquire uma significativa importância na vida dos catadores.

Nos casos em questão, sentidos ligados à família e à casa emergiram fortemente nos grupos pesquisadores. A cooperativa como segunda casa e como meio de, ao gerar renda, proporcionar o sonho de uma casa própria – que muitos ainda não têm –, assume lugar central na vida dos sujeitos, a ponto de constituir também a "segunda família".

Nesse ponto, citamos Sader (1995, p. 55) para (res)significar a noção de *coletivo protetor*: "[...] uma coletividade onde se elabora uma identidade e se organizam práticas através das quais seus membros pretendem defender seus interesses e expressar suas vontades, constituindo-se nessas lutas".

Conclusões

Pesquisar "com" e não "sobre" possibilita o enfrentamento dos desperdícios de experiências pelo paradigma engendrado na modernidade ocidental, afirmando a potência da diversidade humana com sua imensa pluralidade cultural, tão intensa e rica como a biodiversidade do planeta que abriga nossa espécie. Tivemos contatos com grupos como os quilombolas, indígenas, pescadores artesanais e catadores urbanos, e percebemos que nesses casos, a preservação dos recursos naturais depende da diversidade cultural, tanto quanto esta última depende do meio ambiente, do território e da paisagem para continuar existindo; portanto, associamos biodiversidade e pluralidade cultural como indissociáveis. Tais reflexões serão desenvolvidas em trabalhos posteriores, estando ainda em fase de elaboração teórica, mas foram despertadas, sem dúvida, pela vivência empírica deste projeto de pesquisa.

O método da sociopoética coloca o sujeito pesquisador em contato com os afetos produzidos nos encontros que fomenta, realizando produções coletivas. Tratam-se de dimensões singulares, que produzem *diferença* como nos propõe Gauthier, que tiram o sujeito do âmbito da repetição (de pensamentos e ações) e o colocam diante do questionamento e da reflexão. Continuam sendo, para fins de pesquisa acadêmica, uma forma de produção do conhecimento, mas com sua epistemologia própria, propiciando debates e análises sobre emergências contemporâneas, vindas das "vozes do mundo" – daqueles que mais sofrem e mais urgentemente necessitam das transformações sociais.

O protagonismo econômico dos pobres (Gaiger, 2009) precisa ser ativado pois demonstra ser um caminho que transforma não somente sua vida econômica, mas comunitária e pessoal. Ao inserir-se em projetos de captação de recursos, pesquisa e extensão etc., os grupos aumentam seu cabedal cognitivo e seu repertório de ação, o que por si só já demonstra esse potencial de minimizar as desigualdades, inclusive no interior do próprio grupo e em suas comunidades de entorno.

Verificamos que as próprias relações familiares são modificadas, pois leva-se o questionamento iniciado nas práticas laborais associativas para o interior dos conflitos afetivo-familiares, impactando nos seus desdobramentos.

Muitas foram as possibilidades de análise construídas nesse percurso. Apareceram diversas formas de subjetividades, interagindo com significativo conflito, mas também com potência para combater a desigualdade, a opressão e o esmagamento do sujeito, perigo sempre iminente para os periféricos do mundo; pôde-se, também, produzir subjetivação no entorno dos territórios existenciais por nós transitados, pela forma de intervenção da sociopoética.

Acreditamos e procuramos desenvolver o pluralismo metodológico, e a articulação teórico-empírica produzida persegue justamente referências que possam potencializar o protagonismo dos sujeitos em foco, tornando-os ativos no processo e fazendo da própria pesquisa um ato (também ele associativo) de combate às múltiplas desigualdades, materiais e imateriais.

Na proposta de combate às desigualdades, pensa-se em uma *ética*, e é estando junto daqueles que por suas condições sociais são colocados no lugar de "inferioridade"; em uma *estética*, que visa o caráter inventivo em valorização da vida; e de uma *política, que concebe o sujeito em seus contextos históricos e culturais em busca da cidadania.*

Bibliografía

Benzaquen, J. F. (2008). As vozes-saberes do musseque do mundo. Ampliar a audição através de uma leitura de Luandino Vieira, e-cadernos ces [Online], fev. 2008. Colocado online em: 01 dez. 2008, acesso em 01 out. 2016. <http://eces.revues.org/1291; DOI: 10.4000/ eces.1291>.

CES (2008). *Apresentação do projeto "As Vozes do Mundo".* Disponível em: http://www.ces.uc.pt/emancipa/pt/voices/.

Dickel, K. (2012). *Experiências interculturais: Estudantes Kaingang numa escola não-indígena.* Dissertação de mestrado – Curso de Educação. Universidade Federal do Rio Grande do Sul, Porto Alegre, 2012.

Dowbor, L. (2016). Economia solidária: novos paradigmas culturais. In: Serra, N.; Faria, H. (Orgs.): *Economia solidária da cultura e cidadania cultural: desafios e horizontes*. São Bernardo do Campo, SP: EdUFABC, 2016.

Germany Gaiger, L. (2009). A associação econômica dos pobres como via de combate às desigualdades. *Caderno CRH*, 22 (57), p. 563-580, 2009.

Gauthier, J.; Fleuri, R.; Grando, B. (orgs.). (2001). *Uma Pesquisa Sociopoética: o índio, o negro e o branco no imaginário de pesquisadores na área de educação*. Florianópolis: UFSC/NUP/CED, 2001.

Jovchelovitch, S; Priego-Hernández, J. (2013). *Sociabilidades subterrâneas: identidade, cultura e resistência em favelas do Rio de Janeiro*. Brasília: UNESCO, 2013.

Sader, Éder. (1995). *Quando novos personagens entram em cena*. Rio de Janeiro: Paz e Terra, 1995.

Santos, B. S. (2006). *A Gramática do Tempo: para uma nova cultura política*. São Paulo: Cortez, 2006.

Santos, B. S.; Meneses, M. P. (orgs.). (2009). *Epistemologias do Sul*. Coimbra, Portugal: Almedina, 2009.

Santos, B. S.; Nunes, J. A. (2003). Introdução: para ampliar o cânone do reconhecimento, da diferença e da igualdade. In: Santos, B. S (Org.), *Reconhecer para libertar: os caminhos do cosmopolitismo multicultural*. Rio de Janeiro, Civilização Brasileira, p. 25-68.

Santos, B. S. (2012). *As vozes do mundo*. Rio de Janeiro: Civilização Brasileira, 2012.

Véras, M. (2010). Cidade, vulnerabilidade e território. *Revista ponto-e-vírgula*, 7. p. 32-48.

Acerca de los autores

Inés Cortazzo

Profesora consulta de laFacultad de Trabajo Social (FTS), Universidad Nacional de La Plata (UNLP), Argentina. Docente de grado y posgrado en instituciones nacionales e internacionales. Directora del Programa de Investigación Movimientos Sociales y Condiciones de Vida (UNLP, 1998-2013); investigadora del Programa de Incentivos a Docentes Investigadores de la Secretaría de Políticas Universitarias del Ministerio de Educación de la Nación. Ha desempeñado cargos de gestión, formado parte de comisiones por el claustro docente y de consejos asesores y directivos. Autora y coautora de textos en la especialidad, exposiciones en jornadas, congresos y paneles. Miembro de tribunales de evaluación de tesis, concursos docentes, revistas académicas, investigadores y programas de investigación. Se desempeñó en la organización de eventos científicos y dirección de becarios y de tesis de especialización, maestría y doctorado. Coordinadora en el Proyecto Internacional: Movimientos sociales, participación social y género: investigación participante en Puno y Cusco (Perú). icortaz@yahoo.com.ar

Lorena Custodio Pallarés

Directora de la División Estudios Sociales y Trabajo de Campo de la Dirección Nacional de Evaluación y Monitoreo del Ministerio de Desarrollo Social en Uruguay. Es docente asistente del Departamento de Sociología de la Facultad de Ciencias Sociales de la Universidad de la República. Se ha especializado en políticas sociales y pobreza, investigación aplicada y educación.

Geovani Fachini da Silva

Psicólogo pela Universidade do Vale do Rio dos Sinos (UNISINOS). Foi integrante na modalidade de iniciação científica no Grupo de Pesquisa em Economia Solidária e Cooperativa – ECOSOL, sob orientação da professora e pesquisadora Dra. Marília Veríssimo Veronese. Possui experiência no campo da assistência social, saúde mental e direitos humanos. Atua principalmente com os seguintes temas: Saúde Mental, Reforma Psiquiátrica e Direitos Humanos.
geovani_hc@hotmail.com

Carla Fainstein

Licenciada en Sociología, magíster en Estudios Urbanos y doctoranda en Ciencias Sociales por la Universidad de Buenos Aires. Su tesis se centra en el análisis de procesos de implementación de políticas públicas urbano-ambientales en asentamientos informales, enmarcadas en litigios judiciales. Desempeña sus tareas de investigación dentro del grupo INFOHABITAT de la Universidad Nacional de General Sarmiento, dirigido por la Dra. María Cristina Cravino, y desarrolla tareas docentes en el Ciclo Común Básico de la Universidad de Buenos Aires.
carla.fainstein@gmail.com

Reyna Felipe Álvarez

Egresada de la licenciatura y maestría, y actualmente estudiante del Doctorado en Sociología, UAM-Unidad Azcapotzalco. Su tesis de investigación (en proceso) se titula "Hacia una teoría de la clase ociosa para el siglo XXI: El coevolucionismo de Thorstein Veblen y su relevancia sociológica contemporánea". Entre otros eventos académicos, participó en el Séptimo Congreso Internacional de Sociología 2016 "Voces de Resistencia: Miradas críticas desde la Sociología", con la ponencia en coautoría con Arturo Grunstein Dickter y José Hernández Prado titulada "Proeza y riqueza: reflexiones comparativas sobre las clases ociosas veblenianas y las del México porfirista, posrevolucionario y contemporáneo".
reynafelipe4@gmail.com

Patricia Feliu

Licenciada y profesora en Sociología, Eespecialista en Planificación y Gestión de Políticas Sociales y magíster en Políticas Sociales por la Universidad de Buenos Aires (UBA). Es especialista en Docencia Universitaria por la Universidad Nacional de Tres de Febrero (UNTREF), Argentina. Actualmente se desempeña en la Carrera de Administración y Gestión de Políticas Sociales de la UNTREF como docente en el área de intervención social, formulación y gestión de políticas sociales; investigadora en problemáticas de implementación de políticas sociales y extensionista en Municipios del conurbano bonaerense y en convenios con organismos del gobierno nacional.
pfeliu@untref.edu.ar

Valeria Gradin

Licenciada en Sociología por UDELAR, con formación de posgrado en Psicología Sistémica Familiar (UCUDAL), estudiante de la maestría en Trabajo Social de UDELAR. Ha trabajado en programas dirigidos a primera infancia, infancia y familias (como Plan CAIF, Centro de atención a la infancia y la familia y SOCAT, Servicio de orientación, consulta y articulación territorial), y desde 2008 en el Ministerio de Desarrollo Social de Uruguay (en INFAMILIA; en Cercanías – programa de acompañamiento familiar gestionado por MIDES e INAU; desde 2017 en el equipo de la División Territorios para Crecer de Uruguay Crece Contigo).
valeriagradin@gmail.com

Arturo Grunstein Dickter

Doctor en Historia Latinoamericana por la Universidad de California en Los Ángeles (1994). Desde 1992, es profesor investigador en el Departamento de Sociología de la Universidad Autónoma Metropolitana, Unidad Azcapotzalco. Fue coordinador de la Maestría y Doctorado en Sociología de 2008 a 2014. Se especializa en historia empresarial y sociología histórica y es autor de varias publicaciones sobre estos temas. Actualmente participa junto con Reyna Felipe Álvarez en un proyecto de investigación sobre la evolución de la cultura de las clases altas mexicanas desde el período colonial hasta el presente.
agrunst@correo.azc.uam.mx

Vanesa Herrero

Licenciada en Trabajo Social por la Facultad de Trabajo Social (FTS) de la Universidad Nacional de La Plata (UNLP), Argentina. Doctoranda en Ciencias Sociales (Facultad de Humanidades y Ciencias de la Educación, UNLP), Diplomada en Desarrollo Social, Promoción, Protección Integral y Restitución de Derechos, con énfasis en Infancia y Adolescencia por la Universidad Nacional Arturo Jauretche, Argentina. Es docente de la cátedra Investigación Social II de la carrera de Trabajo Social de la FTS-UNLP, integrante del Laboratorio Movimientos Sociales y Condiciones de Vida (FTS-UNLP) y becaria doctoral UNLP. Su estudio se centra en los procesos de organización y acción colectiva de trabajadores de la economía popular, rama cartonera. Ha realizado diversas tareas de extensión con comunidades migrantes y organizaciones sociales en barrios populares.
vaneherrero@hotmail.com

María María Ibáñez Martin

Doctora en Economía por la Universidad Nacional del Sur, asistente de Docencia en el Departamento de Economía, Universidad Nacional del Sur (Argentina) y becaria postdoctoral del Instituto de Investigaciones Económicas y Sociales del Sur (CONICET-UNS). Es integrante de distintos proyectos locales de investigación y ha realizado instancias de investigación doctorales en la Universidad Federal Fluminense y la Universidad de Barcelona. Se especializa en el área de Desarrollo Económico y ha estudiado principalmente los temas de exclusión social y pobreza desde un enfoque multidimensional. Sus trabajos se encuentran publicados en diversas revistas académicas nacionales e internacionales.
maria.ibanez@uns.edu.ar

Eliana Lijterman

Licenciada en Trabajo Social y magíster en Investigación en Ciencias Sociales por la Facultad de Ciencias Sociales de la Universidad de Buenos Aires, Argentina. Becaria de Doctorado del Consejo Nacional de Investigaciones Científicas y Técnicas, con asiento en el Instituto de Investigaciones "Gino Germani" (IIGG, Universidad de Buenos Aires). Miembro del Grupo de Estudios sobre Política Social y Condiciones de Trabajo (IIGG) y del Grupo de Trabajo de CLACSO "Esquemas del bienestar en el siglo XXI". Docente en la carrera de Trabajo Social de la Universidad de Buenos Aires.
eliana.lijterman@gmail.com

Silvia London

Doctora en Economía por laUNS. Es investigadora principal (CONICET), profesora titular (Dpto. de Economía-UNS) y directora del IIESS, UNS-CONICET, Argentina. Realizó estancias de investigación en UNAM (México), Universidad de Bolzano (Italia), UDELAR (Uruguay), entre otras. Investiga sobre desarrollo económico con un enfoque teórico y empírico, análisis institucional y de trampas de pobreza, y sobre medio ambiente y desarrollo sostenible. Dirigió once tesis de doctorales. Publicó más de cuarenta artículos en revistas indexadas como *IJC*, *Ecology&Society*, *Economics Bulletin*, *Letras Verdes*, *Investigación Económica*, *Revista de la CEPAL*. Fue conferencista invitada en varias oportunidades.
slondon@uns.edu.ar

Carolina Gabriela Maglioni

Profesora y licenciada en Sociología y magíster en Intervención Social por la Universidad de Buenos Aires (UBA). Especialista en Desarrollo Local en Regiones Urbanas por la Universidad Nacional de General Sarmiento (UNGS). Doctoranda en Ciencias Sociales por la UBA. Es docente de la carrera de Trabajo Social en la UBA y la Universidad Nacional de José C. Paz (UNPAZ), investigadora del Instituto de Estudios de América Latina y el Caribe (IEALC) y el Centro de Estudios de Ciudad (CEC), ambas de la Facultad de Ciencias Sociales UBA. Participa de diversos proyectos de investigación en temáticas vinculadas a las políticas sociales y la pobreza urbana.
carolinamaglioni@yahoo.com.ar

Mercedes Najman

Licenciada en Sociología por la Universidad de Buenos Aires y magíster en Diseño y Gestión de Programas Sociales (FLACSO). Es becaria doctoral CONICET con sede en el Área de Estudios Urbanos del Instituto de Investigaciones Gino Germani y desarrolla tareas de docencia en la carrera de Sociología de la Universidad de Buenos Aires. Su tesis doctoral en ciencias sociales se focaliza en las transformaciones sobre las condiciones de vida de los hogares destinatarios de las políticas de relocalización en complejos urbanos de vivienda social en la Ciudad de Buenos Aires, mediante un análisis biográfico de trayectorias residenciales y socio-ocupacionales.
mercedesnajman@gmail.com

Alicia Itatí Palermo

Socióloga, doctora en Educación por la Universidad de Buenos Aires, profesora titular regular, coordinadora de las áreas Metodología de la Investigación y Estudios Interdisciplinarios de Educación y Género, del Departamento de Educación de la Universidad Nacional de Luján. Se ha especializado en temas de género, políticas sociales y juventudes, y metodología de la investigación. Es docente investigadora categoría 1 del Programa de Incentivos del Ministerio de Educación.

Joannes Paulus Silva Forte

Doctor en Ciencias Sociales por la Universidad Estatal de Campinas (UNICAMP-SP-Brasil). Profesor de la Universidad Estatal Vale do Acaraú (UVA-CE, Brasil), a cargo de los cursos de Ciencias Sociales, Derecho y Maestría Profesional de Sociología en la Red Nacional (ProfSocio). Sus estudios e investigaciones abordan los siguientes temas: trabajo y política; la regulación socio jurídica de la economía solidaria; pobreza, desigualdades y exclusiones sociales; movimientos sociales y políticas públicas; educación y enseñanza de las ciencias sociales. Actualmente, es vicepresidente de la Asociación Brasileña de Investigadores de Economía Solidaria (ABPES).
joannespaulus@virtual.ufc.br

Stella Maris Pérez

Licenciada y profesora en Sociología por la Universidad de Buenos Aires (UBA). Magíster en Metodología de la Investigación por la UNER y doctora en Ciencias Sociales por la UBA. Es profesora asociada de la Universidad Nacional el Sur e investigadora del Instituto de Investigaciones Económicas y Sociales del Sur CONICET-UNS. Coordina la Maestría en Sociología (UNS) y es secretaria de Investigaciones de la Universidad Salesiana. Es miembro de distintos proyectos de investigación sobre inclusión social, educación y trabajo. Posee varias publicaciones al respecto, siendo su último libro, en colaboración con London, S., *Los pilares del desarrollo económico. Salud, educación y empleo* (2017). smperez@criba.edu.ar

Emilio José Seveso Zanin

Doctor en Estudios Sociales de América Latina y licenciado en Sociología. Es investigador asistente del CONICET y docente de la Facultad de Ciencias Humanas de la Universidad Nacional de San Luis (Argentina). Integra el Programa de Investigación "Ideología y prácticas sociales en conflicto" (CIECS-CONICET) desde el que participa en diversos proyectos financiados por organismos nacionales. En la actualidad indaga el cruce entre experiencias en situación de pobreza y políticas sociales (tanto condicionales como de seguridad), a partir de una mirada que articula problemáticas urbanas y la sociología del cuerpo/las emociones. emilioseveso@hotmail.com

Luiz Augusto Silva Ventura Do Nascimento

Sociólogo, advogado e professor vinculado ao Departamento de Ciências Sociais da Universidade Estadual de Londrina (UEL), à Escola de Direito das Faculdades Londrina e aos cursos de pós-graduação do Instituto de Direito Constitucional e Cidadania. Mestre em Ciências Sociais, especialista em Ensino de Sociologia e em Direito Civil e Processo Civil, todos pela UEL. Graduado em Ciências Sociais pela

UEL, em Direito pela Universidade Norte do Paraná e em Letras pelo Centro Universitário de Araras Dr. Edmundo Ulson. Pesquisador sobre temáticas relacionadas ao Estado, à sociedade civil, aos direitos humanos e ao trabalho em condição análoga à de escravo no Brasil.
lsventura1@hotmail.com

Mónica Velásquez Pineda

Trabajadora social y magíster en Estudios de Familia y Desarrollo (Universidad de Caldas, Colombia). Candidata a doctora en Ciencias Sociales (Universidad Nacional de General Sarmiento e Instituto de Desarrollo Económico y Social, Argentina). Profesora de la Escuela de Trabajo Social y Desarrollo Humano de la Universidad del Valle, Colombia. Integrante del Grupo de Investigación "Estudios de familia y sociedad" de esta escuela y universidad. Las áreas de investigación en las que ha trabajado son: procesos familiares relacionados con la participación política, las políticas públicas, el cuidado y el desplazamiento.
monica.velasquez@correounivalle.edu.co

Marilia Verissimo Veronese

Mestra e Doutora em Psicologia Social pela Pontifícia Universidade Católica do Rio Grande do Sul (PUCRS). Realizou estágio sanduíche na Universidade de Havana (Cuba) em 2001 sob orientação do prof. Miguel Roca e no Centro de Estudos Sociais da Universidade de Coimbra (Portugal) em 2003, sob orientação de Boaventura de Sousa Santos. Professora Titular do Programa de Pós-Graduação em Ciências Sociais da Universidade do Vale do Rio dos Sinos (UNISINOS). Integra o Grupo

de Pesquisa em Economia Solidária e Cooperativa – EcoSol, desenvolvendo pesquisas na área de economia solidária e alternativas econômicas, autogestão e saúde no trabalho.
mariliav@unisinos.br

María Isabel Verstraete

Psicóloga egresada del Instituto de Filosofía Ciencias y Letras (IFICLE), con formación de posgrado en Psicología Sistémica Familiar (UCUDAL). Sus últimos trabajos realizados son: INFAMILIA, como integrante del equipo técnico de SOCAT (Servicio de orientación, consulta y articulación familiar), y la supervisión de equipos técnicos de atención familiar (ETAF) CERCANIAS.
marisaverstraete@gmail.com

Ana Vigna

Docente e investigadora del Departamento de Sociología de la Facultad de Ciencias Sociales de la Universidad de la República. Es integrante del Núcleo de Análisis de la Criminalidad y la Violencia. Se ha especializado en temas vinculados a género y delito, sistema penitenciario, políticas públicas.

Este libro se terminó de imprimir en julio de 2019 en Imprenta Dorrego (Dorrego 1102, CABA).